无冕女王

宋霭龄

陈廷一 著

人民东方出版传媒
東方出版社

序　言

百年中国，百年梦想

2016年11月12日是伟大的民族英雄、伟大的爱国主义者、中国民主革命的伟大先驱孙中山先生诞辰150周年纪念日。为缅怀孙中山先生为民族独立、社会进步、人民幸福所建立的历史功勋，学习、继承和发扬孙中山先生的爱国思想、革命意志和进取精神，巩固和发展海内外中华儿女的大团结，巩固和发展最广泛的爱国统一战线，维护两岸关系和平发展，共同推进祖国和平统一大业，最大限度地把全民族的力量凝聚起来，致力于实现“两个一百年”奋斗目标和中华民族伟大复兴的中国梦，中国人民政治协商会议第十二届全国委员会常务委员会决定届时举行隆重的纪念活动。人民东方出版集团潘少平先生策划了纪念孙中山诞辰150周年的“百年中国传记丛书”，我看很好，有重大纪念意义。

细看了一下目录，其中不少书目是我在任上的畅销书、获奖书。比如孙中山的传记《共和之路：孙中山传》曾获得首届华侨文学纪实类最佳作品奖，同时亦获新闻出版总署的畅销书奖；还有“宋氏三姊妹”的书，值得一提的是《宋庆龄传》，是当年青岛出版社的名牌看家书，一版再版，最多一年6次重版，社会效益和经济效益都是相当可观的。许世友的书一直占据着畅销书的排行榜，可谓是中国青年出版社的看家书，印数达百万册之多。此书也得到了刘白羽、王愿坚、唐达成老作家，以及李德生、杨成武、王首道、罗应怀老将军的首肯。还有很多书目，我都有印象。大浪淘沙，把好的，或者说闪光的出版物传承下来，变成经典，是时代赋予现代出版的使命。因此我愿意为此丛书作序。尤其是对百年中国要实现百年梦想，是一笔不可忽视的精神财富。中国百年梦想，不仅仅是经济指标，还有精神指标和文化指标等。

再者，这套丛书的作者陈廷一先生，也是我多年的老朋友，他今年已近七旬，仍笔耕不辍，应该说这是他一生的写作精华，抑或心血。他已经出版108部书（含修订重版）。去年9月获得上海基尼斯传记类书最多纪录，用他夫人的话说："一生笔耕苦作乐，留下藏书任评说。"我很欣赏陈廷一的笔耕精神和他惊人的毅力，他正像一头黄牛，马不停蹄地写作，已留下3700多万字的纸质出版物，这是何等的壮观！去年10月26日，13家文化（文学）单位在中国现代文学馆联合举办他的百部书纪念座谈会，也是对他笔耕精神的最大褒扬。今年又出版这套"百年中国传记丛书"，正如他自己所说："这十六书倾注了自己一生心血，紧追时代脚步，紧扣时代主旋，囊括自己写作路上的中国梦、图强梦、复兴梦。"我相信这是他的真心话。他写作梦的实现，也是中华民族复兴梦的雏形，因此这套"百年中国传记丛书"，应该是对伟人孙中山150周年诞辰最好的纪念、最好的礼物、最好的天时。用"机遇给有准备的人"来形容，最为贴切不过了。

是为序。

于友先

2016年2月　北京

目　录

孙中山热情地向宋霭龄伸出手:“这么大了，没想到，没想到，在我的印象里，你还是那个扎羊角辫、穿灯笼裤的小姑娘呢!”宋霭龄紧握着孙中山温暖的大手，脸红了一下，刚要张口，孙中山又认真地说:“噢，霭龄同志!谢谢你了，这两年就是你在协助查理先生与我联系，你每次提供的情况又准确又生动，每封信和电报都写得像优美的散文哩!”

宋霭龄拥着被子坐了起来。虽然冻得牙关打架，她还是在床上，懒得动一下。脑海里的活动够激烈了，用不着身体运动……孙中山是父亲的挚友，他的年龄同父亲一样大，他一直把自己当小侄女看待，自己的一片痴心他会接受吗?

宋霭龄直言不讳地向孙中山袒露了心迹，表示愿意为他的事业献身，为自己崇拜的英雄捧出一片冰心，同他喜结良缘，共修百年之好。但这次谈话的结果使她大失所望。她无法忍受这种好心不被领情的痛苦。

一谈到钱，两个人都特别兴奋，脸上泛起美酒和血液酿成的红光。宋霭龄说:“真的，我从小就有这种感觉，钱这个东西非常奇怪，非常神秘，它有时候就搅得你脑袋发晕，不知道是人掌握着钱，还是钱掌握着人……”孔祥熙笑笑说:“当然是人掌握钱咯。”

宋霭龄想起了一句名言:人最不能容忍的，是看见一个傻瓜在自己曾经失败的领域取得成功。宋庆龄固然不是傻瓜，而

引 言

财产之谜

关于宋氏姐妹有一种流行的说法：宋庆龄爱国，宋美龄爱权，宋霭龄爱钱。宋霭龄一生究竟积聚了多少财产，一直是许多人感兴趣而又不得要领的问题。

宋美龄与杜鲁门斗法，惹恼了这位粗声大气的美国总统。当他得知宋美龄的活动受到宋霭龄的钱财支持时，立即命令美国联邦调查局查清宋霭龄财产的来源和数量。

宋美龄的演说进一步刺痛总统时，杜鲁门跳脚大骂："他们全都是贼，他妈的，没有一个不是贼……他们从我们送给蒋介石的38亿美元中偷了7.5亿美元。他们偷了这些钱，把它投资在圣保罗的房地产中，有些就投资在纽约！"

孔祥熙坚持每周三天坐最豪华的轿车到华尔街的银行上班。当杜鲁门激烈的言辞传到他耳中时，宋霭龄与他一起开始了到美国朋友家里串门的活动。这些朋友有参议员、众议员，有大公司的老板，有美国驻外大使。宋霭龄一遍又一遍地向美国朋友解释，自己的财产都是孔祥熙步入政界以前，在山西老家经商积攒下来的。她请这些朋友帮他们澄清财产来源的误解，适当时提醒杜鲁门注意说话的根据和分寸。

这些话传入杜鲁门耳中时，杜鲁门轻蔑地一笑，向这些人出示了联邦调查局的材料：

> 孔祥熙从政之前虽然很会赚钱，在义和团运动以后取得了山西全境的美孚石油经销全权，同时还经营肥皂之类的小日用品，但由于本钱小和时间短，所得十分有限。材料说，孔祥熙和所有山西人一样，喜欢保值的银子，同时

> 也为了防盗，积到一定数目，就铸成一个大锭，称之为“莫奈何”。孔祥熙当年经营所得，一共只铸了三个1000两银子的大锭，也就是3000两银子。这与他和宋霭龄今日拥有的财富相差何止千百万倍。

一些人看到这些材料后耸耸肩走了，但一位红衣主教则坚持说，现在中国内地已落入共产党之手，联邦调查局不可能深入大陆地区把这些年代久远的事实查清，他对这些材料表示怀疑。

杜鲁门说，今天大家都能看到的孔、宋的财产，也不是1920年的中国一个普通的财主所能拥有的，甚至就是一个清朝王爷也不可能有这样巨大的财力。但主教威胁说，对私人财产的这种调查，是违反美国法律、侵害人权的，总统如果坚持这种观点，他就要将这种违法的调查公之于众。杜鲁门见势不妙，只好转入更秘密的调查，以掌握确实的材料。

联邦调查局报回新的材料：1943年时，宋霭龄在美国花旗银行的存款是8000万美元，宋子文是7000万美元，宋美龄则是1.5亿美元。

这是十年前一个银行的数字，那么现在他们一共有多少财产呢？

一些银行界人士告诉杜鲁门，宋家和孔家确有20亿美元存在曼哈顿，不光在花旗。

杜鲁门愤愤不平地到处谈论蒋介石政府里的“贪官和坏蛋”，但是20亿美元的确切情况他无法查到。

杜鲁门犯了一个错误。他向宋霭龄的朋友出示材料暴露了他正在进行的调查，宋霭龄和孔祥熙已经警觉起来，他们展开了保护自己财产秘密的反调查活动。

联邦调查局掌握了宋霭龄在大通国民银行、花旗银行、西雅图和波士顿银行都有巨额存款的线索，但是他们无法进一步核实具体数目。

胡佛向联邦调查局在美国全国各地的机构发出指示，说“联邦调查局希望立即了解所表明的个人以及他们所控制的工业、公司或企业的国内银行户头的钱数”。各地银行做出了回答，有的说“我们根本没有同宋家打过任何交道”，有的开始同意在“十分谨慎和严格保密的基础上”进行合作，透露了宋家一些户头。但是当几天后调查局前往具体了解时，这些银行却采取了完全相反的态度。对于每一个问题，银行方面都回答以“无可奉告”。银行的理由是如果他们泄露存户存款的秘密，那些大户们就会由于担心而取走存款，银行就将无法生存。而联邦调查局如果非要银行提供情况，则必须出示传票。但是这样就有公开透露总统调查的危险，而杜鲁门是严格禁止这样做的，特别是如果院（参、众两院）外援华集团抓住把柄，就会引起政治反应。

有人提供情报，宋霭龄在纽约的中国银行有大量存款，而且这些存款常常被用作向美国政界人士的政治捐款。但这更是一个无法进行调查的地方，因为中国银行就掌握在孔祥熙自己手里，就像旧金山的广东银行就是宋子文个人的一样，到那里去调查岂不是自讨没趣?

专栏作家皮尔逊自孔、宋流亡美国后一直在追踪他们的活动，这时他提醒说，中国银行是“院外援华集团的神经中枢”，那里是万万碰不得的。

杜鲁门的调查眼看以失败告终，皮尔逊及时发出报道进行总结：

“孔博士对美国政坛的了解之深不亚于他对中国财政的了解，在路易斯·约翰逊参加杜鲁门的内阁以前很久，孔曾挑选他做他的私人律师!”

“约翰逊当上国防部长的时候，最坚决主张美国支持台湾……孔博士是声望很高的新罕布什尔州参议员斯泰尔斯·布里奇斯的座上客……”

“布里奇斯在1948年竞选连任的时候，曾经列举纽约的艾弗雷德·科尔伯格在竞选中提供2000万美元的捐款。科尔伯格是院外援华集团的头面人物，是孔博士的朋友。”

“布里奇斯不仅投票和发表讲话支持院外援华集团的政策，而且让孔、宋王朝得到极大的好处……”

“布里奇斯从科尔伯格那里得到院外援华集团捐款那一年，布里奇斯任命爱达荷州前参议员克拉克为参议院拨款委员会的公正代表……布里奇斯占有拨款委员会主席的重要职位。”

皮尔逊说，这些人中有一部分是领着国民党的津贴的，有些甚至受到孔祥熙、宋霭龄的资助，因而他们在执行一种能使宋霭龄的财产得到保护并不断增值的政策。

皮尔逊还提供材料，说宋家的人在朝鲜战争爆发前几个星期购买了大量的大豆，朝鲜战争一爆发，大豆价格立即猛涨，他们抛出这批大豆就赚了3000万美元……显然他们做这笔生意是从美国某重要部门得到绝密情报的。

他接着说，宋子良的儿子宋尤金和宋霭龄的儿子孔令杰把大量珍贵的锡卖给了大陆共产党人……

宋霭龄和孔祥熙在美国政府中有那么多铁杆的朋友，他们顶住了杜鲁门总统的私下调查，杜鲁门没有直接抓到他们贪污美国贷款的证据，也无法核实他们的财产，当然无法对他们进行打击。至于皮尔逊的报道，美国是新闻自由的国家，在报纸上说说可以，但要说因此就定下个为了赚钱而卖战略物资给共产党的罪名，还差十万八千里。

宋霭龄渡过了提心吊胆的一关。

自以为能干的联邦调查局不愿意就此罢手，他们继续对宋霭龄的财产进行侦查。

宋霭龄的公寓——里弗代尔独立大道4904号周围出现了一些形

迹可疑的人，清洁工、修鞋匠、乞丐，他们日夜在周围活动。但是结果证明宋霭龄比他们有远见得多，当初购买和修建这些房子时，她就在这方面用了心计——地方极其偏僻，行人稀少，没有几个人有正当理由长期待在这里；树木茂密，视野受限；楼房都隐藏在树从之中，彼此相隔很远，从远处观察基本上不起作用。对宋霭龄住宅的监视没有取得成效。

但是在其他方面的侦查却有意外收获。他们查到从东海岸到西海岸许多城市都有宋霭龄及其子女的公寓大楼和办公大楼。在洛杉矶郊区范奈斯一个偏僻的私人机场，发现了孔、宋从中国运去的大量黄金。

杜鲁门可以肯定宋霭龄和孔祥熙拥有数额庞大的财产，虽然具体数目无法查实。

美国《镜报》发表了一篇文章，披露了宋霭龄财产的大约数目，立即引起了美国朝野人士的兴趣。

宋霭龄自到美国，一直躲着那些爱寻根问底的记者。但是一天她从医院出来时，一群记者却堵在她的雪佛兰轿车前。

一个大鼻头的记者说话瓮声瓮气："孔夫人，你的妹妹在美国一再呼吁美国国会和民众，必须协助蒋介石防守台湾，否则台湾就会落入共产党之手，你认为是否有这种必要呢？"

宋霭龄点点头，算是做了回答。

大鼻头跨前一步："求人莫如求己。我认为中国人首先应该自救，孔夫人为什么对台湾局势袖手旁观呢？"

"我是爱国的。"宋霭龄既是驳斥又是回答。

"那么，能否请孔夫人首先捐出3亿美元，购买先进武器加强台湾防守，以缓台湾之急呢？"

宋霭龄额头上沁出了汗珠，随即又掉下了眼泪："我是落魄流亡美国的难民，看病、生活都非常困难，怎么可能有3亿美元的钱捐出来呢？”

记者们一片乱嚷：“孔先生是世界知名的大富豪，捐出3亿美元也不过一小半……”

“请问孔夫人，你说自己拥有的财产到底是多少？”

“范奈斯的黄金，圣保罗的房地产，俄亥俄州的石油……”

宋霭龄一边往车前挤，一边说：“你们在场的每一个人，都比我更富有……”

一位女记者突然把拿在手里的收音机高高举起：“请听BCU电台的广播——”

收音机里正传出男播音员雄浑的声音：“……新资料，现在公布世界富豪前50家排名榜：第一名，摩根，金融业，美国；第二名，洛克菲勒，石油业，美国；第三名，孔祥熙……”

侧耳倾听的人群爆发出一阵呼叫，宋霭龄柳眉倒竖，从牙缝里挤出一句：“胡扯！”随即打开一辆计程车的门钻进去，向司机喊了声：“里弗代尔！”计程车一溜烟开走了，围在她轿车前的记者们摇摇头，悻悻地散开了。

宋霭龄回到家，还没开口，孔祥熙就讲起了自己被记者纠缠的经过。不一会儿，孔令侃进门，把一张报纸摔到桌上：“瞧瞧，什么布朗的狗屁文章，瞧，就这儿：‘美国多数民众及国会议员，认为必须协助国民政府防守台湾，以免落入共产党手中，不过在此危急存亡之秋，中国人应该先行自救。何以素称爱国而富有如孔、宋者，尚袖手旁观，坐视不救呢？’瞧瞧，这可是打到门上了，怎么办吧？”

孔祥熙叹口气：“防民之口，甚于防川。难哪！”接着把头歪一边，发愁去了。

宋霭龄缓缓地说：“看来再装聋作哑或者被动应付是不行了，必须想一个根本解决的办法……”

宋霭龄请美国朋友到家做客，向他们诉苦。一位“美中文化交流协会”副主席无意中说：“你们到底有多少财产，自己都说不清，难怪外界胡乱猜疑……”

宋霭龄立即抓住：“你是说因为不明而产生猜疑——”

“是的！”

“那么，可否请人出个证明之类的东西？”

“律师事务所出具证明是要先调查的，对他们的调查无法隐瞒事实！”

宋霭龄不吱声了。

孔祥熙还在那里搓手，宋霭龄忽然笑逐颜开。他们一起谈了些轻松的话题，然后请“副主席”在府上用餐。

孔祥熙知道宋霭龄已经有办法了。

宋霭龄心里最清楚，官场比律师的话更有权威，但却好说话得多。何况杜鲁门总统已经下台，艾森豪威尔时代来临了。

不久，美国参议院外交委员会和财政部公布了一个华人在美资产的材料。这个材料说，全部华侨连同各银行在内，所有在美国银行的存款，不超过5000万美元。其中最大的存户，只有100多万美元。而且这些存户中，大部分是侨居美国经营商业的华侨，且都在美国居住年代很久。

这里面虽然没有单独提到孔祥熙，却包括孔祥熙。虽然不是一个简单的证明，却比什么证明都有力。

材料公布后，多年来一直设法躲避记者的孔祥熙在华尔街一家酒店召开了记者招待会。他再次出示了这份材料，请这些“有正义感、客观公正”的记者们为他澄清以往的谣传。他说：“我的祖上在中国经营商业，被推为‘山西首富’，家产是有一些的。后来我把它投资在发展中国的工商业上，随着大陆沦陷于共产党之手，这些财产都丢失了。现在我只靠少量的积蓄维持最低水平的生活。美国财政部公布的这份材料，给我做了最好的证明。请你们主持正义，再不要听任那些居心叵测者往一个落难者身上泼污水了。”

孔祥熙讲完，有的记者提了几个无关痛痒的问题，孔祥熙做了回答。然后由孔令侃向每位记者送了一个“装有有关材料”的袋子，这些记者就高高兴兴地回去发报道了。

报刊广播开始出现“孔博士丢掉大陆财产，来美后生活拮据”的报道，善良的人们不忍心再去打扰一个塌台人物贫困潦倒的生活，一段时间来唉声叹气、度日如年的孔府里又传出了得意的欢笑。

宋霭龄在家里举行了盛大的招待会，向每一位有功者表示感谢。中美朋友济济一堂，一片欢声笑语。

宋霭龄又恢复了昔日的雄心。她衣着华贵，染黑了两鬓的白发，看上去比实际年龄要年轻十几岁。在保镖、医生的护卫下，她又一次踏上了南美的土地，视察她的财产。在圣保罗，在巴伐利亚，在圣地亚哥，在里约热内卢，在加拉加斯，她目睹了自己的资产在正常运转，不断增值。兴奋之余，她向教会医院和孤儿院捐赠了一笔现款。她感谢仁慈的基督的保佑，她要用上帝恩赐的财产帮助那些需要帮助的人，像她年轻时所做的一样。她获得了“慈善家”的声誉。

回到美国，她又参加了路易斯安那州新油田的开钻仪式。她不顾别人劝阻，坚持登上井架平台，极目远眺。几十个巍峨的井架已耸然竖立，只等一声炮响就全部开钻。埋藏地底几千万年的石油就要喷涌而出，变成一沓沓崭新的美元滚滚而来……忽然，一个骑马放牧的牛仔出现在井架之间，她要过望远镜，镜筒里出现了一个高鼻子卷曲头发的美国小伙，她一下子注意到了这儿是美国的土地，美国的石油最终还是供应美国人使用，究竟是自己开采了美国石油赚了美国人的钱，还是自己替美国人开采了石油，让美国人使用了自己的投资？她有些模糊起来。宋霭龄眼睛湿润了，自己小时候玩耍的上海地底下有没有石油？生活了几年的黄土连天的太谷地下有没有石油？查理父亲出生的海南文昌椰树林下有没有石油？她不能往下想了，她招招手，下令在自己站立的这个井架顶上挂一面红旗。所有的人都惊呆了：

“夫人，红旗可是共产党的旗，在这里挂合适吗？”

孔令杰疑惑地问：“妈，你，你想……大陆……”

“不，这是中国人一种传统的做法，无论什么工程，都要在最高处挂一块红布，它的含意是‘姜太公在此，诸神退位’，保佑平安吉祥的意思。”

“夫人没有别的用意？”

“红布避邪，使妖魔鬼怪不敢来犯。挂吧！”宋霭龄用不容置疑的口气下了令。

井架上的红布迎着猎猎西风舞动起来，鲜艳火红。一声炮响，几十台钻机同时开动，草原上一片轰鸣。

宋霭龄把孔令杰叫到车内，口授了一个包括美国政界、军界、新闻界几十位要人在内的名单，让令杰分头去请他们对油田开发入股，条件是如果赔钱，保证他们的投资分文不少地送还；如果赚钱，他们就可以按股分红。

孔令杰抬起头：“这也太便宜他们了……世界上恐怕再也找不出这样不冒风险只赚钱的好事了……”

“马上去办吧。这儿是美国。”宋霭龄毫不犹豫地说。

1959 年，孔祥熙来到他曾就读的柏林大学参加纪念会，会上孔祥熙宣布捐出 50 万美元设立一项奖学金。与会者热烈鼓掌后，一名记者又站出来问他前些年盛传的拥有巨额财产的情况是否属实，孔祥熙摇摇头，一脸沮丧，把前几年记者招待会上的话又重复了一遍。这名记者发出一篇报道，称赞孔祥熙积蓄微薄而不忘母校云云，令许多读者摸不着头脑。

20 世纪 60 年代，赫鲁晓夫脱下皮鞋敲击联合国桌子，孔祥熙害怕苏美爆发核大战，愁得吃不下饭睡不着觉。孔令杰安慰说：“没关系，我已经在休斯敦选好地皮，建一座躲避核武器的防空避难所……”

宋霭龄说：“儿啊，我说件往事。1943 年，日本飞机在重庆轰炸，市民们都躲进防空洞。那次轰炸持续时间长，结果飞机没炸死多少人，倒是防空洞里的人因缺氧窒息死了几百个，光尸体就拉了几十卡车，最后把重庆市市长也撤了……”

孔令杰说：“二老放心，我这个防空避难所……等着瞧，绝不会出现那样的问题。”

数年后，孔令杰在得克萨斯州的这个防空避难所忽被曝光。报道说这个避难所共有上下两层，计 3.8 万平方英尺，比希特勒在柏林国会大厦底层的地下室还要大。里面有三套供电系统，三套灭火系统，五百多个床位，几十间双人卧室和男女卫生间，还有诊室、娱乐室、健身房、餐厅。避难所上面是特意修建的人工湖，因为孔令杰认为湖水有防止中子穿透的作用。避难所入口处修有炮楼，大门上装着钢甲，可以防止坦克进攻。地面上还有四架飞机，一队卡迪拉克装甲车，有一连武装卫士守卫。其余不论，而仅仅这个怪物般的避难所，造价就高达 1800 万美元。

宋霭龄一家究竟有多少财产，这一来更加扑朔迷离，连认为最知底细的美国朋友议论时也口齿不清了。

1973 年 10 月 20 日，宋霭龄以 85 岁的高龄在纽约逝世。《纽约时报》以极简洁的文笔这样概述了她的一生：“这个世界上一个令人感兴趣的、掠夺成性的居民昨天在一片缄默的气氛中辞世了。这是一位在金融上取得巨大成就的妇女，是世界上少有的靠自己的精明手段敛财的最有钱的妇女，是介绍宋美龄和蒋介石结婚的媒人，是宋家神话的创造者，是使宋家王朝掌权的设计者。”

第一章

留学美国

据近代中国统计，她是第一位出国留学的女子。一路多坎坷，一路多奇遇。她到了美国海港，海港说她护照有问题，拒绝她上岸。她心中民主国度的形象倾斜了。

——题记

一

喧嚣忙乱的上海刚刚退去令人心烦意乱的暑热，正是天高云淡、金风送爽的季节。一艘装满了中国宋代钧瓷、唐三彩陶马、汉朝瓦当以及敦煌壁画、龙门石佛和各种珍宝玉器的美国轮船“高丽”号，在上海港高鸣着亢奋的汽笛，卷扬机把沉重的铁锚从海底一寸寸收起。参加八国联军攻打北京趁火打劫发了财的军官、来中国“考察”顺手牵羊的“学者”，还有专门来廉价骗购中国古董的商人，心满意足地手拿盛满威士忌的银杯，向上海海关钟楼送去此行最后的一瞥。他们要永远记住这个与他们的财宝紧紧相连的国度，以便回国后向人炫耀他们宝贝的来源和价值，也准备适当的时候旧地重游。

在这艘船的甲板上，还有一位身着洋装的中国姑娘，此刻她正倚靠着栏杆，目不转睛地望着“维多利亚”号小船。那艘船载着她的父亲——宋查理，正沿着黄浦江向上海码头航行。一切的嘱咐她已记在心里，一切送别的仪式已经举行，她心里空空荡荡，就那么一动不动地站着。直到小船隐没在江水泛起的一片白光之中，什么也看不清的时候，她才突然咬住肩膀上的衣服，忘情地哭了起来。

轮船平稳地滑向了碧波万顷的东海，看着一群群洁白的海鸥在轮船上方振翅飞翔，姑娘慢慢地停止了哭泣。她在心里安慰自己，这没有什么好哭的，这是自己情愿做的事情。她已经踏上了查理父亲为她安排的道路，要到美国去接受教育了。

这位苗条的姑娘就是宋霭龄，她已在马克谛耶学校度过了将近十年的学习生活。如今她 15 岁了，国内没有适合她进一步学习的学校，她要到大洋彼岸去，那里——佐治亚州梅肯城里，有世界上第一所为女子专设的学院——威斯里安女子学院。她要在那里获得知识，结交朋友，为她一生的事业奠定基础。

现有的资料表明，宋霭龄是第一位正式到美国留学的中国女子。为她这次异国求学之行，在宋家和他们的邻居朋友之间，发生过一场不大不小的风波。许多人听到宋霭龄要到美国读书的消息，都翻出了白眼。他们说：若是男孩子出国留学尚无不可，一个女孩子出国学什么？学了又干些什么？女孩子最大的事情不过是要找一个婆家，嫁一个好男人；父母若是真的为她着想，就应该给她攒一笔钱做嫁妆。如今到国外几年，那得多大的开销？岂不是等于把女儿的嫁妆钱给打了水漂？再说在国外待过的人大都会变得古里古怪，像宋霭龄这样一个女孩子，如果也装了满脑子愚蠢思想回来，谁还肯娶她？这不是要剥夺她一生的幸福，使她成为一个终生嫁不出去的老姑娘吗？查理坚决反对这种僵化的思维和过时的说法，他以自己的经历证明，当今之世，必须学习西方的文明才能成就大事。宋霭龄也不为这些闲言碎语所动摇。父女俩勇敢地冲破旧思想的罗网，为女性留洋蹚出了一条道路。

宋霭龄是个刚强自信的姑娘，她很快就为自己刚才的流泪感到难为情。这又不是别人硬要把她孤零零地推到一个不明不白的地方去。与她同行的是愿意悉心照顾她的步惠廉牧师夫妇和他们的四个儿子。在她哭泣的时候，步惠廉牧师就站在她不远的地方，但他装作没有看见。他认为让她哭一下也是必要的，感情总要发泄出来才能进入下一步更佳状态。

步惠廉是查理在万德毕尔特神学院的同窗好友。他身材高大，性情诙谐，学生时代曾和查理开过不少玩笑。查理回国后，步惠廉也主动申请来中国传教，这使得查理有机会在自己的国家对昔日的好友极尽地主之谊。步惠廉多次到查理家中做客，他与宋霭龄用英语会话，向宋霭龄讲解美国的风土人情，两人已十分熟悉。这次宋霭龄赴美留学，还是步惠廉为她联系的学校。趁步惠廉回国休假之机，把宋霭龄带到美国，所有的人都认为这是万无一失的最好安排。

步惠廉夫人在中国刚刚患过一场伤寒，身体虚弱。宋霭龄和夫人以及她的小儿子住在一个舱里，途中可以互相照顾。度过了离家那一刻的伤感以后，宋霭龄心情开始好转。她的心咚咚地跳着，盼望早日到达父亲和步惠廉一家向她描绘的那个美丽的国家。

人生总是要时时面临一些考验。宋霭龄此行的路上，就有一连串的不顺在前面等待着她。几天以后，“高丽号”停靠在了第一站日本神户。这时船上有一个旅客因病死去。船上的医生说是死于肺炎，而日本海关检疫人员却怀疑是死于鼠疫，那是一种由老鼠传染的死亡率很高的疾病。为了防止船上的人把这种病毒传入日本港口，日本海关人员对轮船进行了药剂熏蒸消毒。同时搞来一批大木盆，在里面放上消毒药水，让全体人员在木盆里浸泡。虽说已是五月天气，但在海滩上进行的这种消毒方式，却让许多人吃不消。轮船在神户整整被扣留了十天才被允许开往下一个日本港口横滨。步惠廉夫人虚弱的身体经过一番折腾，发起了高烧。船一到横滨，她就被紧急送往医院抢救，不久死在了那里。显然，步惠廉已经无法按原定的计划继续航行，他必须留下来处理夫人的后事。前面的航程还很遥远，步惠廉想把宋霭龄交代别人带回中国，适当的时候再安排她赴美。宋霭龄坚决不同意，她认为自己一个人也能随船到达美国。步惠廉拗不过这个倔强的姑娘，只好把她托付给同船上的另一对美国夫妇，请他们帮助宋霭龄到达佐治亚州。

船从横滨开出，宋霭龄换了一身漂亮的衣服，头上扎了美丽的蝴蝶结，兴致勃勃地去找这对美国夫妇，准备和他们聊聊天，共同打发船上寂寞的时光。她来到这对美国人的舱门口，无意间听到这位美国太太大声的话语：“噢，上帝！船总算开了！离开这些肮脏的中国人和野蛮的日本人，我心里才好受些。先生，这辈子我可再不愿跟你到这种地方来，再不愿看见那些中国人和日本人了！”

这是宋霭龄第一次亲耳听到美国人对中国人的诬蔑，她感到非常震惊，非常屈辱。以往从父亲口里，从马克谛耶学校的理查森小姐口里，她一直受到的是美国的自由民主、平等博爱的渲染。查理在林乐知那里受到的歧视和白眼，并未给孩子们提起过。今日她自己第一次听到美国人这样看待东方民族，她顿感像有人当头砸了一棒，脑袋昏昏沉沉。她准备敲舱门的手久久举着，如同蟠桃园里被孙悟空施了定身法的瑶池玉女。直到有人从另一侧走来，宋霭龄才醒过神来。她急匆匆地返回自己的舱里，趴在铺上牙咬枕巾啜泣起来。

望着船头被劈开的白色海浪，宋霭龄心情变得灰暗起来，她不知道此行前程究竟如何。她现在是孤零零一人，谁知道还有多少美国人对中国人抱有这种看法。对那个陌生的国度，她毕竟只从别人口里听到一鳞半爪的介绍，其中有多少是客观的情况，有多少是他们主观的想法，她现在真拿不准了。她后悔不该不听步惠廉的安排，现在想返回去也不可能了。对一个心地纯洁透明，虔诚得像朝圣一样的 15 岁少女，她以往心目中天堂一般的美国究竟会怎样迎接她呢？

二

宋霭龄这次是去美国读书，却首先对中国文化有了一种全新的理解。比如一些古老的谚语格言，真是精警深刻得让人一言过耳，终生难忘。一句“福无双至，祸不单行”，就足以让宋霭龄铭心刻骨了。

宋霭龄没有了平日挂在嘴边的美国南方小曲，她把一身洋装脱下，换上了中国旗袍。她不想吃饭，懒得动弹，第一次体会到了惆怅的滋味。

一天，她恹恹地靠在甲板栏杆上，漫无目的地注视着天水相连的远方，她感到海上的景色是如此单调，如此无聊。海风掠乱了她的秀发，她理了几次毫无作用，低声咕哝了一句："讨厌的风！"便转身准备回舱。忽然背后传来一声热情的招呼，回头一望，是一位朝鲜妇女。她依稀记得前两天见过一面，但没有打过招呼。

这位朝鲜妇女约40来岁，穿着典型的朝鲜高腰裙子，她的脸上已微有皱纹，但仍显得很美。她来到宋霭龄面前，热情地说："小姐，认识一下吧。我叫金水姬，是朝鲜开城人。我的父亲在美国经商，他患了重病，我在日本横滨换上了这艘船，到美国去看望他。小姐，你是中国什么地方人？我小时候曾随父亲到过中国威海、青岛、上海，那些地方的风情我记忆犹新，那些中国人的热情好客我永远不会忘记。小姐你叫什么名字？这两天没有看到你，你好像不大出来活动……"金水姬显然对碰上中国旅伴非常高兴，她一说起来就没完。宋霭龄心情不好，但也不得不对这位热情的朝鲜妇女表示出礼貌。她用缓慢的语调说："我是上海人，要到美国读书。这几天身体不太舒服……"

金水姬并不知道宋霭龄不舒服的原因，她还以为是女孩子通常来的那种情况，她关切地说："那好，甲板上风大，你要不要到我舱里坐坐？"宋霭龄说："我想回去了。"金水姬说："好，好吧。我送你回去。"

宋霭龄无法拒绝人家的好意，只好由金水姬伴着回到自己的船舱。金水姬回舱拿来自己带的苹果和朝鲜点心，劝宋霭龄吃一些，宋霭龄这时才感到确实饿了，她不好意思地笑笑，大口吃了起来。金水姬谈兴很高，她不停地讲自己对中国的感受，讲对遇上中国小姐的兴奋。特别是因为宋霭龄家在上海，金水姬恰恰到过上海，使得她们彼此有了一些共同的话题。宋霭龄被她的情绪所感染，心情逐渐好起来，也说了自己此行的一些情况，当然她没有讲那对美国夫妇的谈话给她的刺激。宋霭龄对这位朝鲜女人产生了明显的好感。

在海上航行的那些天，幸亏有这位朝鲜妇女做伴，宋霭龄不再感到孤独和寂寞，不再为那位美国妇人的偏见所缠绕，她的心情变得明快起来。

1904 年 7 月 1 日，“高丽号” 驶进了美国旧金山港口。宋霭龄和金水姬老早就来到甲板上。

糟糕的事情还在后面。在海关入口处，一个满脸横肉的海关官员看了宋霭龄的护照后，粗野地高声吼叫，说宋霭龄的护照有问题，不许入境，要把她抓起来遣返回国。宋霭龄惊呆了，也吓坏了，她一时不知该如何应付。一路陪伴宋霭龄的金水姬勇敢地站了出来，向那个家伙发出质问，究竟护照有什么问题，怎能这样对待一个远涉重洋来求学的姑娘？那个海关官员粗野地推开金水姬，威胁说这里没有她的事，命令她立即上岸走开，否则连她一起关起来。金水姬坚决地拒绝了，她说，不让宋霭龄上岸，她也不会走，必须把问题搞清楚。那个官员傲慢地说：“问题就出在你身上！这女孩尚未成年，她不能独立行动。她的护照副本上表明，她是由一对美国夫妇护送来美的，那对美国夫妇在哪里？你这个猪狗不如的朝鲜人，你难道还想冒充美国人吗？” 金水姬忍着极大的愤怒，解释了步惠廉夫妇在日本上岸，不能护送宋霭龄的原因。真实的原因是美国国会 1894 年通过了旨在把更多的华人挤出美国的排华法案，所以任凭金水姬和宋霭龄怎样解释都无济于事。当这个家伙要把宋霭龄抓进拘留所时，又来了一个满脸胡子的官员，他耸耸肩膀说：“美国的拘留所不适合关畜生般的人，这个中国偷渡妇女只能返回船上，等船重新启航时把她带走。”

一筹莫展的宋霭龄不得不带着悲愤和屈辱退回“高丽号”，她做梦也没想到在赫赫有名的民主自由的国度里，竟会发生这样粗暴的事情。这个她一直认为是最讲自由博爱的国家居然不接纳她。金水姬表现出了她真诚的友谊和高度的责任感，尽管探视重病在身的父亲使她急如星火，她还是毫不犹豫地陪宋霭龄留了下来。她们在船上发泄了不满和愤慨，但还得赶紧想办法。宋霭龄的一切都是按照步惠廉夫妇护送制订的计划，可现在一路上的情况已完全超出了查理当初的设想。宋霭龄哭干了眼泪，憋坏了脑子，还是无法可想。即使想起了什么人，但美国海关不许她迈进一步，又如何联系呢？她们四目相对，一次次坐到天黑，不知道明天该怎样度过。

不过，她总算没有被立即遣返。美国人有美国人的思维方式和处理问题的方法。他们只是不准宋霭龄上岸，至于她待在哪艘船上，在船上待多久他们是不管不问的。按照他们的思维逻辑，不论哪艘船，总不会一辈子停在港口，迟早是要开走的，船走了，船上的人当然也就会离开。毫无处世经验的宋霭龄也沿着这个方向想，越急越没有主意。但是年龄大的金水姬却琢磨出这里有空子可钻。当“高丽号”开走的时候，她就带宋霭龄换到另一艘刚进港的船上。她们就这样接连换了几次船，海关官员并不来干涉。宋霭龄这才逐渐冷静下来，开始搜索枯肠，极力回想她听到过的美国人名字。终于，她想起了临行前好像父亲和步惠廉谈话时，隐隐约约说起过当他们在美国港口上岸时有一个叫什么里德的人会来接他们。她把这个名字赶紧告诉了金水姬。但是里德住在哪里，怎样才能找到，他为什么没有在船靠岸那天来找他们，宋霭龄都一无所知。不过总算有了一个线索，金水姬安慰宋霭龄，有了这个人的名字，她就能想出办法，摆脱目前的窘境。

金水姬把宋霭龄安顿在船上等待，自己上岸去打电话。她通过查号台查找里德的电话号码。但美国人名字好像总共就那么几个，不仅不同的家庭里重名的人特别多，就是一个家庭里面，一个名字也会爷爷用了孙子用，叔叔用了侄子用，遍地都是约翰、亨利、汤姆逊。就这个出现频率不算高的里德，在旧金山电话局的电话簿上也有上百个。金水姬不厌其烦，拨出一个个电话，向一个个里德发出询问：是否认识一个在中国传教的步惠廉，是否接到通知在 7 月 1 日到“高丽号”上接人？

皇天不负有心人。当金水姬拨到第 33 个电话时，终于那边传来了惊奇的声音，接着是连连道歉，表示他马上到港口来。

金水姬回到船上，拉住宋霭龄的手绕着圈跳了起来。两个人高兴得笑一会儿，埋怨一会儿里德。她们都觉得这下可有救了，里德一来，一切误会都可以解释清楚，她们立即就能上岸了。金水姬忙着收拾东西，宋霭龄把两个没吃完的罐头，在甲板上狠狠地甩到海里，口里说着：见鬼去吧，罐头瓶子，我们要上岸吃牛排啦！结果引来一个水警的大声呵斥，宋霭龄向着金水姬吐吐舌头，做个鬼脸钻进舱里去了。

时间不长，一个黄头发、高颧骨的清瘦中年男子急匆匆地来到船上，这个人就是里德。他轻轻抱住宋霭龄拍拍她的背，接着坦率地叙说了那天接人的情况。

7 月 1 日那天，他按时来到码头，因为他的女友要拉他去出席一个亲戚举办的舞会，他没有上船，而是陪着女友在外面等，结果看见船上的人都出来了，也没有步惠廉一家，他以为定是改了船期，没有多想就跟女友出席舞会去了。由于后来没有消息，他早把这件事忘在了脑后，根本不知道发生了宋霭龄被扣的事件。他做了道歉和自责，安慰了宋霭龄，向金水姬表示谢意，就匆匆去找海关官员，准备马上把宋霭龄带走。

但是却又一次出乎意料。海关官员说，他们早把这个中国姑娘的事忘记了。当里德要求他们允许入境时，海关与移民局之间又互相踢起了皮球，每个部门都说应该去找另一个部门解决。里德在码头上跑来跑去，被人支使着转了一圈又一圈，就是不得要领。没有人说不应该解决，但也没有人肯签署准许入境的意见。里德跑了两天毫无结果，终于忍无可忍，他破口大骂这些官员都是狗官，是狗娘养的。但那些人听了，大都是一副笑嘻嘻无所谓的样子，都认为里德该骂，不过骂的是该对这件事负责的人，和自己没有关系。

宋霭龄丧气透了，她觉得自己好比一只撞在蜘蛛网上的蜻蜓，虽然一时不会被吃掉，却被折磨得精疲力竭，快要坚持不住了。

幸亏里德想起了另一种办法。他通过教会的渠道把这件事反映到了华盛顿高级官员那里，教会以查理是受美国教会派遣到中国传教的人员为由，对他的子女返回美国教会学校读书受到阻挠，表示了强烈的不满。最后华盛顿的政府官员出面，总算使问题得到了解决。只不过到宋霭龄被允许上岸时，距里德出面活动又过去了整整一周。

宋霭龄一共换了四艘船，被山姆大叔堵在国门之外四个星期，总算踏上了美国的陆地。“高丽号”驶出日本横滨的第三天，步惠廉牧师在日本处理完夫人的丧事，改乘另一艘船也到了旧金山。他们无心再在此地停留，匆匆启程赶往佐治亚州梅肯城，因为经过这一番折腾后，威斯里安女子学院开学的时间已经迫在眉睫了。再稍有延迟，宋霭龄就要耽误掉整整一个学年。

三

宋霭龄和步惠廉乘火车转道圣路易斯，然后前往佐治亚州的梅肯城。8 月 2 日午夜，他们顺利到达了威斯里安女子学院。宋霭龄睡了一会儿，天就亮了。她的心情非常好，她想象着全家此刻一定围坐在餐桌旁，父亲又在讲解他的美国奇遇，并且会安慰母亲，说她的大女儿这会儿到达了一个什么样的地方，那地方有些什么特点。

女儿会愉快地生活在讲文明、有涵养的美国人中间，叫她放心。她想到父亲一贯地料事如神，不由笑了起来。如果有直拨电话，把自己这会儿的情况马上告诉家里多好，当然这时打电话是不可能的。她想到外面散散步，熟悉一下环境，然后给父母写信。在旧金山被扣的事还写不写？这不太愉快，徒惹母亲担忧，这次就不写了，以后再说。那么这封信要写点让家里高兴的事，对，把美国的气候、地理、人们行事方法中一些可笑的方面写写，把学院的环境写写，让全家人高兴、放心。宋霭龄做了仔细观察和准备，并且开始琢磨形容学院设施和教师同学服饰语音的词汇。一出门，她忽然发觉一些同学拿着报纸，在远处指着自己叽叽喳喳。宋霭龄感到奇怪，这些人尚未谋面，他们对自己知道些什么，又能议论些什么呢？难道报纸会对一个中国姑娘的到来做出评论吗？

宋霭龄感到疑惑，买了一份当天在梅肯出版的《电讯报》。报纸一拿到手，她就全明白了。美国真是一个奇怪的国家，这家报社居然对宋霭龄来这儿读书的事有那么大的兴趣，不惜在一版显著位置发出一条不短的消息。宋霭龄急忙从头阅读起来。

[本报最新消息] 前来威斯里安学院途中被扣在旧金山船上的中国姑娘宋霭龄小姐，已随同步惠廉牧师于今天凌晨零点三十分来到梅肯。步惠廉牧师离开上海后在路上耽搁了一段时间。大家不会忘记，步惠廉夫人回国途中在横滨病逝。这位中国姑娘在旧金山耽搁的时候一直在等待着步惠廉。

宋小姐的母亲是一位中国基督教徒，她是在上海长大的。她的父亲希望把她送到美国来念书，完成学业后回国在她的同胞中传播基督教。

“她从小就受到我们教会的熏陶，”威斯里安学院院长格里昨天说，“我们的传教士步惠廉先生今年夏季回国休假时很乐意把她带到美国。他当然希望最好是威斯里安学院录取她，因为他的许多姐妹侄女外甥女都毕业于我们学院。”

步惠廉牧师给格里院长写了一封信，欣然为这位基督教传教士的女儿前来美国做好了安排，并按照威斯里安学院的规定为她做好了一切准备。

步惠廉牧师到达旧金山后，这位中国姑娘同她会合。因此她不是孤零零地一个人横越大陆，前来威斯里安学院的。据说这位中国姑娘相当聪明。

“当然，学院方面不会勉强其他小姐同这位中国姑娘交朋友，不会的，我们不会强迫或勉强其他任何人这样做。”格里院长还说，“她们不会因为学院里来了中国姑娘而受到约束，完全可以按照自己的意志行事，一点不用担心，相信她会受到礼貌和友好的对待。”

根据格里院长所掌握的情况，宋小姐是前来威斯里安学院学习的第一位中国姑娘，也是专为读书从中国来到美国的第一位中国姑娘。众所周知，该学院过去曾录取过印第安姑娘。

宋霭龄开始看这条消息时还怀着一种忐忑不安的心情，她觉得在美国这样的国家里，自己那么渺小，怎么可以占据报纸一版的显赫位置呢？看到报纸说她相当聪明，她有些自得地笑了，虽然笑得是那么含蓄，但是笑在心里，甜蜜只有自己才感觉到。但是看到后来，她明白了那些同学指指画画的原因，也注意到了格里院长此番谈话的用意和报纸如此公开报道的目的。什么不会勉强其他白人小姐同中国姑娘交朋友，什么这个学院过去曾录取过印第安姑娘，通篇报道的主旨原来在这里！在这些人眼里，中国人显然被置于劣等民族之列，录取一个中国姑娘如同一件慈善事业。不会勉强其他小姐同自己交朋友，难道同中国姑娘交朋友是一件耻辱的事情吗？礼貌的对待是一种什么情形？宋霭龄竭力支持住，不让眼泪掉下来，不让自己有任何失态，她从小养成的坚强性格使她成功地掩盖住了内心的愤怒和悲哀，迎着那些同学观赏怪物的目光，从容地走回宿舍。

宋霭龄的家信一时没有心情写了，她要仔细考虑如何应付目前的处境。这是别人帮不上忙的。

她整整思考了三天，终于有了一套行动计划，她要靠中国人的聪明智慧，靠自己的友善真诚，改变那些人对中国人的不正确看法，为自己赢得友谊，让那些白人小姐自愿地同自己交朋友，圆满地完成学业。

“事不过三”，这也是一句有名的中国格言，宋霭龄想到了它。也许明天以后的生活会是另一番情景。宋霭龄在思考和行动中迎来了正式开学的日子。

第二章

留学逸闻

在白宫，她有幸受到总统接见。她盯着罗斯福质问：“把一个15岁的女孩拒之门外，这不会是总统的命令吧？如果有美国姑娘到中国，她们绝不会受到这样的对待。这不符合我们中国人的待客之道。今天我把这件事告诉总统，会有助于总统了解下面的混乱，更好地治理这个国家。”闹得总统尴尬万分。

——题记

一

一路上的经历使宋霭龄成熟了许多，还没有正式开课她就学到了不少东西。金秋的 9 月，宋霭龄进入了预科班，进一步学习美国英语和一些基础知识，为以后的正式课程做准备。

宋霭龄的性格发生了明显的变化，最主要的是像她这个年龄的女孩子常有的银铃般的笑声很少听到了，她不过分热情地主动去接近和讨好谁。她总显出一副不苟言笑、落落寡欢的样子。但在那些从前没有接触过她的人看来，并不会感觉这种变化，他们会认为她从来就是这种性格，认为这是由于东方女孩的羞怯。

宋霭龄性格上的变化给她带来了意想不到的效果。她自己很少笑，结果却使围绕她的友善的笑声多了起来，她没有表现硬拉谁做朋友的企图，反而使她赢得了不少真诚的朋友。

仅仅过了几个星期，那些曾被明确告诫不勉强她们跟中国小姐交朋友的美国同学就发现，这个矮胖的中国姑娘并没有什么丑陋和野蛮的地方，完全不对她们构成威胁。相反，她含蓄持重，富有教养，善解人意，心性率直，是一位很值得信赖、遇事很有办法的可爱的伙伴。

在宋家所有孩子中，查理与宋霭龄一起相处的时间最多。那时查理虽然事业上很有发展，但毕竟还不是太忙，到其他孩子一个个成长起来的时候，查理已经拥有很多的企业需要照料。再后来他又担任了革命党的执行秘书，闲暇时间就很少了。宋霭龄小的时候，查理经常与她一起坐黄包车到上海的大街小巷转悠。他们一边观看建筑和行人，查理一边给宋霭龄讲解城市的秘密。各种人怎样赚钱，怎样生活；怎样判断那些匆匆而过的人是什么职业，在社会上有什么地位；那些房子为什么那么盖，它的主人有多少财产，这样的建筑表明了主人什么样的心态等。这是宋霭龄显得早熟和富有社会经验的原因。现在当宋霭龄独处异国的时候，这些知识和经验帮了她很大忙。她不爱慕虚荣，不像与她同年龄的女孩那样过分追求华丽的服饰。她能够确切地判断出每位同学的父亲真正拥有多少财产，她们真正属于社会的哪个阶层。

开始，还有些同学想看宋霭龄的笑话。她们利用英语中一些词尾相同而词义不相干的词来打岔，想陷宋霭龄于两难之中。一次同学们上山采果子，一个同学问："坚果是从哪里来的？"宋霭龄用流利的语言说："当然是从树上来的！"接着同学又问："那么炸面包圈是从哪儿长出来的？"宋霭龄知道这是利用炸面包圈的词尾与榛子相同的双关用语，她略一思索，大声说："是从厨房上长出来的！"同学们都笑起来。宋霭龄的回答太巧妙了，厨房的词尾与树谐音，如果问的是炸面包圈，那她对的是厨房，如果意在词尾的榛子，那么这里的词尾则是树。真是天衣无缝！宋霭龄从小跟父亲学，在马克谛耶学校跟理查森小姐学，她的英语水平一点不比其他同学差。斗嘴是斗不过她的。

后来有的同学又开始精心设计一些小把戏。比如，在半开的门上面放上一把笤帚之类，然后装出煞有介事的样子，去喊外面的宋霭龄快进教室，其他人则等着看她推门进屋时被掉下来的笤帚砸一下子的狼狈相。然而，宋霭龄往往能从别人的眼神中判断出事有蹊跷，她会以守为攻，乘机转移话题，使别人被她牵了鼻子，结果反而使设计这个陷阱的同学忘记了自己的把戏，进屋时被自己放上去的东西砸了头。她邻座的一位同学几次在一上课全体起立向老师致意时，悄悄抽掉她的凳子，想叫她贸然坐下时蹾在地上。但宋霭龄从来没有那么匆忙，坐下前总是回头看一下凳子，或者用手扶住后才坐。宋霭龄的稳重使她极少上当，但如果偶有一次她上了别人的当，她定会查出是谁的主意，谁干的，然后寻找机会给予加倍的报复，让她出更大洋相。几次下来，这些同学说，让这个中国姑娘上当不容易，让她上了当可了不得。当然这时还是孩子之间玩闹，但宋霭龄的这种性格却逐渐成形，贯穿了她的一生。几十年后，她瞻前顾后，虑事周全，几乎没有人能够愚弄她。而她的报复心却是越来越重，令许多和她打交道的人提心吊胆。

随着同学们对宋霭龄戒心的消失和逐渐熟稔，她慢慢使出了一套笼络人心的手段。她用家里寄来的多余的钱，经常花几个美分买一些棒棒糖、爆米花之类，和同学分享。她极善于发挥这几个小钱的作用。她不是买上一堆，平均分给大家。她知道那样徒惹招摇，大家会以为她有意摆阔，结果是没人领情。她也不是只给关系亲近的少数几个人，而是经常变换对象，每次往往只给一两个人。她们总是先在一起玩耍，到适当的时候，她显出随便的样子，再做出蓄谋已久的事来，使这些人都以为自己是宋霭龄最喜欢的朋友。

最令同学们眼馋的还是宋霭龄拥有的那些中国货。漂亮的衣服是最令女孩子们神往的圣物。在一些集会或是出外游玩的时候，宋霭龄会穿上中国的丝绸旗袍，在辫子上扎一条艳丽的缎带。这些江浙出产的绸缎，本来就属于世界奇珍，加上精心剪裁缝制，穿在一个中国姑娘身上，会令周围那些身着棉布或亚麻布的即使是最美丽的美国小姐也黯然失色。美国小姐们对宋霭龄衣服那细密的质地、艳丽的色彩、典雅的图案惊羡不已，她们极力讨宋霭龄欢心，想从她手上得到一件。这一点又被宋霭龄巧妙地利用。她给父亲写信，请他经常寄一些最新花色的绸缎。查理深知这些丝织品对宋霭龄的作用，他毫不吝啬，第一次就给宋霭龄寄来 40 码。以后每隔一段时间，他就挑选一批，扯成合适的衣服料子，给宋霭龄寄来。她会根据平时的留心观察，在恰当的时候，给人送上一块颜色合适的衣料，或桃红浅红粉红紫红玫瑰红，或淡绿翠绿墨绿翡翠绿，或鹅黄海蓝藕荷色。当这些同学得到绸料的时候，不仅为它的质地，更为宋霭龄拿出的是自己最喜爱的颜色而激动不已。活泼开朗的美国姑娘会发疯般地和宋霭龄拥抱，在她额上脸上脖颈上狂热地亲吻。宋霭龄成了学校里最有人缘的学生。放假的时候，一些同学宁肯不回去和家人团聚，也要陪宋霭龄到外地旅游。留学期间，宋霭龄周游了美国很多有名的地方。她旁听了不少大学的讲座，参加了各式各样的在美华人聚会，不仅开阔了眼界，还结识了一大批朋友。在一次纽约华人社团的募捐活动中，她还和未来的丈夫孔祥熙有了一面之交。

二

赴美留学的第二年，美国的生活方式已越来越深地影响着宋霭龄。她剪掉了辫子，梳起了美国流行的高发式；她的大部分衣服换成了美国式的、深色的西式裙子，领口低得露出了乳房边缘的大开领上衣；她还学会了五花八门的美国俚语，如果不仔细观察她的鼻子，你会把她当成一个地道的美国姑娘。

查理想到了这一层。他不断地给她寄来中国的书籍，要求她仔细阅读，并以自己的切身经历和体会特别提醒她，根还在中国，不论在美国待多久，最终还得回到中国，只有在中国，才能因为受过洋教育而突出出来，受到重视，获得远大前程；如果在美国，终会因为是外族移民政治上发展受到限制，顶多经商赚几个小钱，生活得舒服一些，那样于国无益，也违背送她留学的初衷。父亲的教诲如警钟在宋霭龄耳边常鸣，她一边尽情地享受着美国的物质文明，吸收着大量知识，一边顽强地在内心深处保留着炎黄子孙的自尊。

学院里有一座蓄水池，一股清凉的河水穿过围墙被引进来，流过几级低矮的水泥阶梯形成宽宽的白色瀑布。蓄水池却是斜斜的土岸，草色青青，池里游荡着五颜六色的金鱼，岸边有高大的桉树，树下摆放着一些石桌石凳。宋霭龄非常喜欢这儿的景色和幽静的环境，下午上完课后，她喜欢独自一人来到临水的石桌旁，捧一本父亲寄来的中国书，背向夕阳，靠在石凳上，乘着习习凉风，专心致志地阅读。查理寄给她的书，有一部分是中国古代思想家们的经典著作，更多的则是反清志士们新写的关于国家形势和中国前途的言辞激烈的小册子。宋霭龄通过这些书，和传统的中国保持着割不断的瓜葛，和国内革命者保持着同步的思想和情感。

一次历史课上，马克涅教授在听完宋霭龄回答关于美国独立战争的一个问题后，非常满意。他用教鞭在全班同学头上比画着说："瞧！好学生应该是这样回答问题的！"接着他又提出了一个问题，"请你描述谢尔曼进军佐治亚州的情景。"这等于是要宋霭龄当模特，再给其他人做示范。宋霭龄为了避免其他同学对他刚才受到表扬的嫉妒，轻声说："哦，这个问题我不能回答。"说完就自己坐了下来。教授立即借题发挥说："我想霭龄同学绝不是回答不出，而是出于和我们大多数南方人同样的情感。不管美国南北战争的性质如何，谢尔曼是北军将领，他率兵进攻我们南方，对我们南方人都是一种感情上的伤害。霭龄同学不愿回答这个问题，说明她已经把自己当成一个美国南方人了。"对教授的这种风马牛不相及的牵强附会，宋霭龄感到好笑，认为这是强加于人，但她不愿引起不快，就默不作声。谁知教授意犹未尽，顿了一下又说："我认为，现在可以说，宋霭龄小姐已经是一位优秀的美国公民了。"这下宋霭龄可不愿再沉默了。她忽地站起来说："马克涅教授，我想我应该提醒一句。我不是美国公民，更谈不上优秀的美国公民。我是中国人，我家祖祖辈辈都是中国人，而且永远是中国人。我为我是中国人感到自豪！"

课堂上响起了哧哧的笑声。教授感到自己的好心被当成了驴肝肺，有些下不来台，便说："嗯，是的是的。当然谈不上优秀。对，谈不上，谈不上。”女学生们想到教授平时在课堂上目空一切、侃侃而谈的神气劲儿，再看眼下的尴尬相，哧哧的笑声终于转变成咯咯的肆无忌惮的笑。马克涅为了摆脱窘境，大声说：“有什么好笑，有什么好笑！我感到一点也不好笑。你们这是不尊敬师长，课没法上了，下课！”说完真的夹起讲义包，愤愤地离开了教室。

宋霭龄没想到搞成这种结局，她感到对不起教授，本想去做解释，但想了又想，自己实在也没有做错什么，只好由他去。其他同学却因此知道在宋霭龄心目中她的祖国是不容亵渎的，反而对她生出了敬意。

宋霭龄出国两年以后，她的父亲查理也到了美国。他是为了扩大自己的生意，以便为革命党筹措更多经费而来的。查理在美国会见了许多过去的朋友，为生意上的事忙得不可开交。一次他在饭店进餐时，恰巧遇上了好友及姐夫温秉忠。他是受慈禧太后派遣，率一个代表团到美国考察教育的。谈话中，当温秉忠知道查理因为忙于生意抵美两个月还没顾上见宋霭龄一面时，立即批评：“你这个狠心的父亲！那些美国朋友能帮你赚多少钱，使你连女儿都顾不上见了？”查理辩解说：“你又不是不知道，国内几次举事都失败了，最大原因是缺钱，组织不起更多的人，没有充足的枪械……”

温秉忠更为不满：“革命固然重要，但我们革命为的什么？还不是为了孩子们，再说我们革命也需要源源不断的人才。你马上叫她来，你顾不上见她，我还想她呢！”

宋霭龄接到查理的信，知道父亲和姨夫都到了美国，欣喜万分。她获得校方特别批准，乘火车来到华盛顿。但当她兴冲冲地走出站台时，却没有看到父亲的身影。查理因为生意上的事又去找美国朋友了，迎接她的是笑容满面的温秉忠姨夫。

宋霭龄见了亲人，激动不已，一肚子话要说。但当晚美国总统西奥多·罗斯福要在白宫设宴招待中国教育考察团，时近黄昏，温秉忠要立即赶往白宫，便带了宋霭龄一同出席。

宴会开始前，罗斯福总统在休息室先会见了中国代表团。总统的侍从和随行官员有几十个人，再加上一大群新闻记者，排场不同一般。当罗斯福和温秉忠等一一握手时，摄影记者的镁光灯“噗噗”地闪个不停。宋霭龄还从未见过这样隆重的场面，心里不免有些紧张，又想到自己并非代表团成员，一时不知做何姿态。当罗斯福到跟前时，她就有些想往人后钻。温秉忠及时走过来，向总统介绍说：“这位是我的外甥女，她目前正在美国自费留学。她对您非常敬重，渴望见到您，我今天把她带来了。”罗斯福听了这番恭维，又见宋霭龄是位 16 岁的中国妙龄女子，心情极好。他久久拉住宋霭龄的手仔细端详，接着露出满脸笑容问道：“姑娘，欢迎你来美国留学！能跟我谈谈你对美国的印象吗？”

宋霭龄见总统并没有怪罪自己混进代表团的意思，反而对自己很亲切，刚才的羞怯早已忘得无影无踪。她不等翻译开口，就用流利的英语做了回答：“总统先生，美国是个非常美丽的国家。我在这里生活得很愉快！”

罗斯福听了，顿时显出了美国人惯有的优越和自豪感。他得意地哈哈笑起来：“是啊，我们美国是世界上最美的国家，也是最著名的自由之邦，任何人到美国来，都会受到最热情的欢迎！”

罗斯福不说此话犹可，一说这话，宋霭龄立即想起了自己初来时在旧金山的痛苦遭遇。她不顾一切地反问：“总统先生，您怎么能说美国是自由之邦呢？我为求学而来，刚到旧金山就被您的官员粗暴地拒之门外，竟在港口的船上耽搁了四个星期……”

温秉忠一听宋霭龄扯到这个话题，顿时慌了，急忙给宋霭龄递眼色，示意她不要在这种场合讲这件扫兴的事。但这时宋霭龄被勾起的旧事激动着，哪里还顾得了许多。温秉忠又去扯宋霭龄衣服后摆，宋霭龄抽出握着罗斯福大手的左手，一把把姨夫扯衣服的手推开，回头嗔怪地看了一眼说：“你扯我干什么？我想这事绝不是总统的意思。”她盯着罗斯福又问：“把一个15岁的女孩拒之门外，这不会是总统的命令吧？如果有美国姑娘到中国，她们绝不会受到这样的对待，这不符合我们中国人的待客之道。今天我把这件事告诉总统，会有助于总统了解下面的混乱，更好地治理这个国家。”

敏锐的记者们早嗅出了这段小小插曲的新闻价值，他们不顾警卫人员的阻拦，涌到前面侧耳倾听宋霭龄激昂的谈话，并当场在采访本上“沙沙”地记下了整个过程。休息厅里掀起了一阵不小的骚动。

罗斯福总统在众目睽睽之下，被宋霭龄的直率的问话弄得十分尴尬。他面红耳赤，低声咕哝了一句：“噢，我很遗憾！”迅速放开宋霭龄的手，转身出了休息厅。

一些记者感到这件事比例行的官方招待会更有报道价值，他们争先恐后地挤出门，赶回去抢发新闻。

第二天，美国不少报纸登出大字标题“中国女留学生向总统抗议美国的排华政策”。宋霭龄又一次在美国成为新闻人物。

当时不在场的查理从报纸上知道了详细过程，父女一见面他就给了宋霭龄一阵热烈的赞扬。

三

宋霭龄在威斯里安女子学院独自度过了漫长的三年学习生活后，1907年夏终于在美国迎来了她的两个妹妹——文静的宋庆龄和活泼的宋美龄。三姐妹在美国重聚了。

1906年查理在华盛顿见过宋霭龄以后，便随温秉忠的教育考察团渡过哈德逊河，到新泽西州的小镇萨米拉，在那里一起参观了克拉拉·波特温小姐创办的一所朴实无华的学校。

查理拿出宝贵的时间参观这所学校，怀着明确的目的。他知道自己参加反清活动，随时都可能遇到危险，一旦被发现抓获，脑袋就会搬家。狡兔尚有三窟，他不能不对家事预做安排，以免流亡逃命时牵肠挂肚。此时宋霭龄已在美国，宋子文即将从上海圣约翰中学毕业，不久就要到美国哈佛大学深造。宋子良、宋子安年纪还很小，不会成为大的累赘。那么就只有宋庆龄、宋美龄让他放心不下了。宋庆龄已经 15 岁了，完全可以送往美国读书；宋美龄只有 8 岁，还不是出国留学的年龄，但查理为安全起见，决定让她和宋庆龄一起走，懂事的宋庆龄完全可以照顾好这个小妹妹的。

波特温小姐的学校坐落在一片桦树林的边缘，环境幽雅。学校虽然简陋，但是管理得井井有条。查理很喜欢这所学校，他向学校捐了一笔钱，同时提出了让他的两个小女儿到这里学习的希望。波特温小姐愉快地答应了下来。

1907 年夏天，温秉忠又一次访美，他利用这个机会，亲自带宋庆龄和宋美龄乘坐“满洲号”豪华客轮，横渡大洋直抵美国。由于温秉忠的外交官身份，加上同行的还有几位美国头面人物，宋庆龄和宋美龄入境时没有遇到麻烦，顺利通过了移民局的检查。

宋霭龄迎接了两个妹妹的到来，她们兴奋地拥抱说笑，庆祝在异国土地上的相会。宋庆龄在萨米拉小学经过一年预习后，进入了威斯里安女子学院。宋美龄因为年龄太小，转入距此不远的皮德蒙特小学，但她被允许住在威斯里安学院，三姐妹可以天天在一起了。

宋霭龄除了学习，努力尽到大姐的责任。她向宋庆龄介绍学校各方面的情况，使她能尽快适应。晚上，三姐妹凑到一起，探讨学习上的问题，聊天，聚餐。一天天愉快的日子，好打发得很。

一天，宋霭龄收到步惠廉给三姐妹寄来的一个纸盒子，里面有烤火鸡、咸肉、腰果、瓜子、桃仁等等一大堆好吃的东西。通常这些东西都是由一群女孩子共享的，因为其他同学每次回家带好吃的来都会分给她们。但是这次宋美龄提议不让别人知道，三姐妹好好饱餐一顿。学校熄灯的时间到了，其他同学陆续离去，宋庆龄示意自己的两个好朋友留下。就寝时间一到，五个女孩打开盒子，把各种食品摊在餐巾纸上，准备大嚼一顿，馋猫宋美龄的口水已经流出来了。就在这时，外面好像响起了脚步声。宋霭龄喊了声："不好！查铺的老师来了。"这种聚餐是违反校规的。几个女孩都慌了。宋霭龄把一件脏衣服往食品上一盖，扯到了床底下。宋庆龄、宋美龄和另两个女同学，有的钻进了壁橱，有的钻进了卫生间。宋霭龄打开房门大声说："杰克老师，今天你查夜啊？"接着传来杰克老师的男中音："是啊，已经熄灯了，我听见你屋里还有人说话。都是谁在这里？"接下来又是宋霭龄的声音："没有啊，我屋里早没有别的人了。"接着又是杰克的男中音："不对，我明明听见有人说话。我得进屋看看！"钻在壁橱、卫生间的女孩子听见脚步声进来，吓得大气不敢出。只听杰克老师说："我想她们一定藏在哪里了。我要坐在这里等一会儿。"宋霭龄说："真的没人，你快去别处看看吧。"杰克老师的声音更大了："不行，我一定要等等看！"接下来什么声音也没有了。女孩子们在里面憋了半天，也听不见杰克老师离去的动静。宋美龄实在憋不住了，悄悄把壁橱门推开条缝一望。呀！哪里有什么杰克老师，只有宋霭龄在那里大嚼，一只鸡腿快要啃完了。宋美龄跳出来就去扯宋霭龄的头发，姐妹俩一笑，其他女孩才知道刚才是宋霭龄在演口技，而她的逼真表演把大家都骗了。

1908 年最后的日子，光绪皇帝与慈禧太后先后死去。勉强支撑清朝王朝的朽柱已经彻底摧折，朝廷内群龙无首，分崩离析。在孙中山领导的革命党不断发动的武装起义的冲击下，这个王朝最后覆灭的时刻就要来临，父亲宋查理奋斗目标实现的日子已经为期不远。三姐妹为此专门搞了一次小小的庆祝活动。

转眼之间，宋霭龄在威斯里安女子学院已经度过了五年，她以优异的成绩完成了学业。这时她已19岁，是个成熟的大姑娘了。

毕业典礼上，宋霭龄朗诵了莎士比亚的一段戏剧台词，她用惟妙惟肖的拟音表演剧中人物的对话，博得了热烈的掌声。

宋霭龄要回国了。梅肯城出版的《电讯报》像她初来时那样，又专门发了一条消息。美国人也预感到了中国即将发生的变化，记者借这则文字不着边际地驰骋想象，一改数年前报道中对宋霭龄的刺激性语言，堆砌了一连串的溢美之辞。标题是“未来中国的改革者”。文中写道：

> 宋霭龄小姐以优异的成绩学完了她在威斯里安学院的全部课程，昨日取得了毕业证书。她在美国学得的知识和吸收的民主思想，必将在回国后引起一场闻所未闻的伟大变革！飘扬了三百年的龙旗将被她和她的同志扯下。年轻貌美的宋小姐将成为革命后中国的总统夫人，领袖的妻子是支持宝座的真正力量！由于她的英明睿智，中国已大步迈进！

当同学们把这份报纸送到宋霭龄手上时，她看了一眼脸就红了，随口说：“净是胡扯！”她假装要撕掉这份报纸，却被激动的同学抬起来呼喊着：“第一夫人驾到——”还有个同学学着中国戏剧里的情节，在前面喊：“肃静！回避！当当——”

宋霭龄对美国报纸信口开河的作风早已司空见惯，但这一次对这种近乎肉麻的吹捧她却有些怦然心动，毕竟是对自己前途的预测和祝愿，天晓得它会不会应验呢？临行之前，宋霭龄到报摊上买了十份报纸，悄悄地塞进了回国的行囊……

送别的时候，宋庆龄伏在姐姐肩上动情地哭了。宋美龄似乎还不懂离别的难过，她调皮地说：“大姐，你好漂亮啦！一定会有很多人追你。有了姐夫，可不要忘了给我寄喜糖噢!”带泪的宋霭龄扑哧笑了:“别瞎说！听二姐的话，好好学习。等你们回国见!”

“回国见!”

“回国见!”

宋庆龄和宋美龄高扬着小手，目送她们的大姐乘车渐渐地远去。

第三章

献身革命

父亲对宋霭龄说："从今天起，你就在我身边工作。教会学校的主日教师仅仅是你的公开身份，你的实质身份是我的秘书——不是企业董事长秘书，而是同盟会司库秘书！你要协助我处理革命经费的筹措和安排使用，协助我处理和各地同盟会以及其他会党的联络工作，特别是与孙中山先生的联络要迅速及时，准确无误。"

——题记

一

轮船的时间从来不像火车那样准确，尽管船上电台不断修正着到港时间，查理和倪桂珍还是在港口望眼欲穿地等待了大半天。红日斜挂西天的时候，他们盼望的那艘船才在水天相接的地方露出头来。

五年了，他们的爱女离家整整五年了。这五年中，母亲倪桂珍只在梦里和照片上见过自己的女儿。她为女儿做过多少次祈祷，愿耶稣基督保佑她的平安，保佑她早日回到自己身边。现在女儿就要回来了，就要相见了，母亲的眼中噙满泪花。她的心在扑通扑通地跳。为女儿去美国留学，她听过多少闲言碎语啊。就在前几天，还有一位远房亲戚的老太太，拐弯抹角地向她暗示，一个姑娘家，到外国住这么多年，回来满口洋话，一身洋装，必定是这也看不惯，那也不顺眼，为人处世轻佻孟浪，没有了女人气。结婚要找个正经人家，都难啊！那老太太劝母亲为女儿婚事及早留心，否则，老姑娘难养啊！倪桂珍不愿听这些絮絮叨叨，可是不听不行呀，毕竟有几分道理。现在她心里是又兴奋又紧张，她想女儿，更怕女儿变得真成了人们说的那样。噢，上帝，她的宋霭龄究竟会变成什么模样呢？

查理不断地来回搓手。这中间，他是见过女儿的。他对宋霭龄的成长和进步已经看在眼里，他从自己当年回国的经历中知道，她要有一个适应期。他远没有妻子的那种过分担心。他想的主要是怎样让她从以往懒洋洋的校园生活状态中脱离出来，并很快适应国内革命的紧张工作节奏，怎样从只是和一群无忧无虑的女孩子交往，变得能够和五花八门的反清组织、派别以及形形色色的人联络、协调、沟通。她回国后将担负的任务，他早已经考虑成熟，单等她走马上任了。

“爸爸，妈咪!”一声清脆的招呼，把二老从沉思的天涯拉回到阳光下的现实，从等待的焦灼推向迎接的兴奋。

“霭龄!”“南希!”二老的四只胳膊一齐张开，像在等着接住快要摔倒的孩子。

宋霭龄顾不得领取行李，斜挎一只坤包，在人流最前面直向父母扑来。

啊！霭龄！再不是那个掏空人家的南瓜，往里面塞小鱼小虾的淘气包；再不是那个骑自行车围绕大胡子锡克族交通警转圈的倔女孩。如今，她体态丰满，秀发飘逸，浑身散发着青春的光泽青春的气息。她从甲板上跑来，像春风刮过田野，使人眼睛发亮，让人看了舒坦。

一直担心女儿装束人不人妖不妖的母亲，仔细打量去，只见她紧身的美式夏装，显出胸脯的高耸，臀部的浑圆。一双高跟鞋使她的步伐一跷一颠，别具韵味。巴拿马草帽上的一支艳丽羽毛，颤颤巍巍，是那么招摇，惹人注目。这有点出乎妈咪的意料，但似乎又本该如此，反正倪桂珍第一眼看了，没有反感，没有失望，倒感到自己的女儿确实漂亮。不愧是自己的孩子。对！也许应该是这个样子。留学生嘛，年轻人嘛，难道还能像老一辈的姑奶奶，穿大对襟褂子，脑后盘发髻吗？

宋霭龄扑过来了。围着父母旋转、叫嚷，搂爸爸的脖子，贴妈咪的脸颊，欢笑、泪水、不成句地问候。

一阵热烈的激动之后，三人乘汽车回虹口家中。宋霭龄透过车窗饱览她朝思暮想的大上海。街道两旁新添了不少房子，但她总感到楼房没有童年时看着高了，街道似乎窄了，一座座建筑灰头土脸。

“能找个有本事的男人就不错了，说什么总统夫人!”母亲似乎还在被那些闲话困扰，她并没有过高的奢望。

临睡之前，宋霭龄把这篇报道又仔细看了一遍，然后把所有的报纸都压在了箱底。一连几天，宋霭龄从早到晚忙着寻访昔日的朋友。回到家里，她多是发泄种种看不惯的牢骚，奚落那些人的僵化和守旧。

终于有一天，查理忍不住了："我亲爱的女儿，你现在踩的是中国的土地，不要再用美国的眼光看这看那。我有重要的工作等着你做，从明天起，是不是尽量用中国话表达你的思想，多一点时间穿中国衣服。要知道，也有人在盯着你摇头呢。"

父亲并没有激动，但这话却不啻一条鞭子，抽在宋霭龄心上。这些天，刚见面的亲热和客气还笼罩着全家和她所见到的亲友，留学归来的优越感还不时在心头痒茸茸拱起，父亲所说的问题她连想都不曾想到过。现在父亲轻轻一点，她恍然大悟，顿感惭愧赧颜。她重重地点了点头，疾步跑回了自己的卧室……

宋霭龄换上了中国服装，尽力在思考问题时就用汉语词汇。五年前，为了适应美国的学习，她进行过一次艰难的转轨。现在那一套刚刚习惯，又要再转回来，这一次显然更困难一些。那时候她还是孩子，现在她已经20岁了，各个方面都有一种定型的趋向。说话除非特别留神，否则英语就会脱口而出。她在镜子里看西装和自己的身体是那么和谐，西装把自己衬托得那么富有青春朝气。她看那些在上海住久了的传教士夫人，也不如自己的穿着入时顺眼。唉！改吧，自己是中国人，以后也许还要嫁给中国人，还要在中国的土地上建功立业，没有这个转变终究是不行的。好在宋霭龄是个个性坚强的姑娘，一旦想明白了，她就有足够的毅力控制自己本能的冲动。

早上，宋霭龄穿上了一件白底粉花真丝旗袍。额上的头发压低了梳在后面，挽了个蓬松的发髻，脚上的鞋子换成了半高跟。她在镜子里仔细端详以后，满面春风、信心十足地蹦到了父亲面前。

“爸爸，早上好！”她说的是地道的上海话。

“啊！我的女儿好漂亮哟！”查理脸上绽开了会心的笑。

二

查理把宋霭龄带到了华美印书馆自己的办公室，那儿新添了一张办公桌。查理把这张桌子指给宋霭龄：“从今天起，你的大部分时间要在这里工作。教会学校的主日教师仅仅是你的公开身份，你的实质身份是我的秘书——不是企业董事长秘书，而是同盟会司库秘书！你要协助我处理革命经费的筹措和安排使用，协助我处理和各地同盟会以及其他会党的联络工作，特别是与孙中山先生的联络要迅速及时，准确无误。”

宋霭龄轻轻地“啊”了一声，她避开父亲的目光，坐下来随手拨拉了几下桌上那台小巧的英文打字机，又站了起来：“爸爸，这么重要的工作，我，能行吗？”

查理用炯炯的目光注视着女儿：“你说呢？”

宋霭龄低头沉思了片刻，猛地扬起头，坚定地迎着父亲的目光：“我能行，我能干好！”

查理变得严峻异常：“这项工作的重要性我找不出恰当的比喻，这么说吧，今后革命党的一切，包括组织、人员、经费、武器、行动计划，对你来说，没有一项再成为秘密。你手里握有革命成败的一个杠杆——可以把这一切秘密只朝着革命党，也可以把它翻过去面向清廷……”

“爸爸！”

“当然，由于你掌握的秘密，你也会成为敌人搜捕的目标，危险时刻伴随着你!”

“爸爸!”宋霭龄激动得眼睛有些湿润。她走到查理的桌上，捧起一本《圣经》，把右手庄重地按在上面：我起誓——

“竭尽全力，干好工作。严守秘密，决不泄露。坐牢杀头，永无反悔!”查理爱怜地接过《圣经》，双手扶住女儿的肩膀，把她按到椅子上坐下：“好！要说到做到，在行动中实践你的誓言。”

这是1910年的中国。清王朝风雨飘摇，革命党加紧开展活动，社会上各种势力，哥老会、三合会、青帮、红帮也都异常活跃。同盟会要组织好自己的队伍，也要与这些会党帮派协调行动，以借助他们的力量。查理手中有大量的账目表册和来往信件，而且其中不少是密信，要经过特殊处理才能解读。以往这些信件只能查理自己亲自处理，这费去了他大量的时间，还常常搞得精疲力竭。现在他可以完全放心地交给宋霭龄了。

宋霭龄的秘书工作特别需要的是认真和精细，这对她来说没有什么难度。她把密信小心剪开，然后用毛笔蘸上药水，抹在上面，字迹就清晰地显示出来。她把密信的内容念给查理，查理再做出处置决断。需要回复的，查理说个大概意思，具体文字斟酌宋霭龄就完全代办了。还有一些捐款名单、调拨计划，宋霭龄也造册登记得清清楚楚。她不仅有女孩子的心细如发，还有一种可贵的实干精神，每一份文书的处理都审读几遍，确保不出一点差错，而且工作不完决不放手。她不是把自己作为查理的女儿，而是作为一个应聘的秘书来严肃认真尽职的。

有了宋霭龄这个助手，查理的案牍工作变得井井有条，长期工作过度导致的心悸失眠有了明显好转，他变得容光焕发，也有了更多的时间去思考更重要的问题，有了更多的精力去开拓新的财源。父女俩不仅在这间办公室里接待来访者，也一起走出去参加各种宴会、舞会掩护下的秘密接头和聚会。凡查理和重要一点的人物接头，宋霭龄都能事先准备出必要的资料，供查理了解背景，对提出的方案进行比较，关键时刻提醒查理注意事情的本质。从查理的感觉上，宋霭龄已经成了他不可或缺的手杖。在其他人看来，查理有这样一位女儿，真是太幸运、太令人羡慕了。

宋霭龄的工作，使她有了与更多的重要人物接触的机会，不是像从前在家里那样，被来访者看做是主人的孩子，在谈话前出于礼貌说上几句笑话，一旦开始谈实质问题，就得避开。现在她是作为同盟会的正式成员，而且是司库秘书这样一个有一定范围职权的人物，参与其事。她的精明和富有心计使她与这些人物之间建立了良好的关系，为她日后在国民党政府各大员之间纵横捭阖奠定了基础。

三

一天，宋霭龄接到一封极其重要的信件。这是孙中山从槟榔屿发来的。信的大意是，为发动武装起义向美国纽约财团借款事宜告吹……刚看了一句，宋霭龄就急了。

“爸爸，我在美国时，那么多美国人都说要帮助我们进行推翻清廷的革命，说清朝一人君临天下的帝制不符合美国的民主，帮助我们责无旁贷，怎么现在借款都不肯呢？”

查理神情严肃地原地转了一圈：“也好，不借也好。宋霭龄，你还不知道。美国有些资本家唯利是图，滑头得很，他们历来是不见兔子不撒鹰。这笔借款美国人提的条件苛刻啊！革命成功后，他们不仅要享有在中国开矿办实业的特权，还要由他们派人担任政府的陆军部长，由他们中的一人担任中国同盟会驻外国唯一财务代表，这个人可以全权代表中国同一切国家签订协议合同——这样一来，国家主权都丢了，革命还有什么意义？！好，不借才好。快，往下看，孙先生有什么指示?”

孙中山在信中说，革命的时机已经到来，必须紧紧抓住。要求查理立足国内筹措资金，保证大规模的武装起义在广州按时举行。他自己也将再到其他国家游说，开展募捐。

查理的眉毛拧成了疙瘩。在国内筹集起义所需经费，这担子不轻啊。国内工商业还十分弱小，财力有限，而一些真正有钱的人还并不愿把赌注押在革命上面而冒太大的风险，难哪。

“爸爸，中山先生还有话呢。你看，他说，起义一旦在广州得手，将由黄兴率一支军队出击湖南、湖北，赵声率一支军队出击福建、江西，分兵合击，半壁江山指日可得。我们快想办法筹钱吧!”

宋霭龄是中山先生的坚定崇拜者。4 岁的时候，她与父亲一起认识了那个体内蕴含着无限激情，做事一往无前的小胡子革命者，他与父亲的那场摔跤给她留下了深刻的印象。她在马克谛耶学校读书时，中山先生是他们家的常客，每次来都给她讲一些饶有趣味而且富有寓意的故事。在威斯里安学院，父亲的来信几乎每次都提到中山先生的活动，好像这位领袖是他们家的一员。现在她已是中山先生革命队伍中的正式成员，第一次接到孙中山的明确指示，高涨的热情使她迫不及待地催促父亲立即付诸行动。

查理听完，像狮子那样晃了几下脑袋，精神立即见长:“好，把上海有钱的人先拉个单子，我们一家一家去登门拜访，要让我们的三寸不烂之舌，把起义需要的钱勾出来!”

“时间紧迫，我看我们可以分头行动。”

“你?”这一次查理有些诧异了。他凭多年经验，深知世上最难的事，莫过于劝人掏钱了。自己老谋深算，尚且常常碰得头破血流。一个初出茅庐的女孩子，羞怯腼腆，居然要独立承担这样的任务，是不是太不知深浅了?

“爸，我们订个指标，互相比一比，看谁先完成。”“好一个初生牛犊——哦，不，好一个阿虎门下之虎女!”此句一出，父女两人都笑了。

宋霭龄选择的第一个目标，是大银行家、上海自治公所所长沈缦云。上海自治公所有几百人的武装，近来市面混乱，这些武装应上海道台之邀，已上街巡逻。沈缦云闭门谢客，躲在家里静观局势。

宋霭龄刚到沈宅门口，就遇到门房的阻拦。

“沈先生今天不在，您改日再来吧。”门房一脸冰凉。

真不在还是假不在？宋霭龄心里一合计：兵不厌诈，先诈他一下再说。

“沈先生今天在家!”宋霭龄话说得比石狮子蹲在门前还要肯定。

门房略一犹豫：“在家也不见任何人，您请回。”

宋霭龄心头暗喜，还真让我诈出来了。她把脸一仰：“知道为什么不见人吗？他今天等我来!”

“等你？”门房满腹狐疑。他重新打量了一下这个一身洋装但绝不是洋人的年轻姑娘，“那，请问小姐芳名，我好通报。”

“什么？”宋霭龄假装生气了，“你去通报，把我晾在大门口。给沈先生惹眼哪？”

门房拿不准了，趁他稍一犹豫的当口，宋霭龄已经登堂入室了。

“沈老伯，您好!”宋霭龄满面春风，彬彬有礼。

“哎哟，这，这不是查理先生的大小姐吗？你刚从海外回来，什么风把你吹到我这儿来啦？”沈缦云经常出入官场，一派绅士风度。

“我在威斯里安学院读书时，听到不少您当年在美国北长老会学校为强国而勤奋学习的事迹，实为留学生尊敬的前辈与楷模。今天我来拜见，一来当面表达敬意，二来顺便转达几位美国朋友对您的问候!”宋霭龄为这次游说进行了精心准备，对沈缦云的基本情况已烂熟于胸。

二人就都曾在美国读书这个话题找到了共同点，谈话气氛轻松而融洽。时近中午，沈缦云留宋霭龄在家里吃饭。“吃饭今天就免了吧。如果沈老伯肯为我破费，我倒想请沈先生做点更有益的事。”

“什么事？”沈缦云警觉起来。

“为同盟会捐款。”宋霭龄单刀直入。

“同盟会？那可是反清组织，朝廷正在通缉它的所有人员，一旦抓获格杀勿论。你在我这里为同盟会募捐，不怕我叫人把你抓起来吗？”沈缦云神情紧张。

宋霭龄咯咯地笑了起来：“你不会的。我在美国就听说了您向摄政王请愿，要求召开国会的义举。美国的朋友都为您的民主思想叫好呢！”

“嗨！别提啦！”沈缦云被戳在了酸痛处，“你猜那摄政王怎么说，开不开国会不是由人民的请求决定的。难道朝廷可以恩赐人民一个民主？恩赐的东西还叫民主？我看这清朝腐败透顶，无可救药了！”

“好啊，既然如此，您何不向同盟会提供资助，早日推翻这个腐败的朝廷？”宋霭龄使出了紧逼法。

沈缦云摇摇两手：“这又有不同。它不听忠言，它腐败，它自会灭亡。可你非要用强力去从外部推翻它，这又是大逆不道。再说此事一旦泄露，要遭满门抄斩呀！我可不能上你们的贼船。”

宋霭龄又笑了起来：“但是，沈先生已经上了贼船，已经够抄斩一次了。”

“怎么讲？”沈缦云有些慌乱。

“你看，我这儿就有您为《民呼日报》《民立报》捐资的记载。这两张报纸都是同盟会员于右任创办的。报纸鼓吹革命，煽动人心，抵得上十万军队。您脱得了干系吗？”几句话逼得沈缦云有些透不过气来。

宋霭龄变换表情，又和颜悦色地说：“俗话说，栽花栽到庭前，送佛送到西天。现在的形势，想您比我明白，民众的反清情绪犹如遍地干柴，一见火星，必成燎原之势。同盟会会员百万，朝廷里、军队里到处都有，一旦举事，必然全国响应，廓清寰宇，指日可待。您何不再慷慨解囊一次？清朝不倒，我们绝对为您保密。而革命一旦成功，这就是您的一大功勋。这也是一种投资，名利双收，一本万利啊！”

沈缦云连连点头：“自然自然。”

宋霭龄不失时机地拿出认捐单：“沈老伯，请您在这儿签字。”

沈缦云犹豫不决：“再让我想想。明天签，总可以吧？”

宋霭龄撒起娇来：“哎呀老伯，就是个叫花子到您门上喊半天，您也不能不表示个意思，难道您忍心让我个姑娘家第一次出门就空手而归吗？今天明天还不是一样，晚签不如早签，您给我个面子就签了吧！”

沈缦云被缠不过，只好写了50万。

宋霭龄还不肯罢休：“沈伯，您富压群雄，上海滩首屈一指，还要‘破五’干吗？干脆，再加50万，凑个整数，大吉大利，革命胜利，您是头功！”说着又一张单子塞到了沈缦云手上。

沈缦云看看宋霭龄，宋霭龄只朝他眨眼，只得长叹一声，又写了50万。

沈缦云一屁股坐进沙发里：“你有了面子我剜了肉。你这小囡太厉害，今天把我绕糊涂了。我可不愿意再见你了。”

宋霭龄脸上笑得像朵花儿：“我再来就是革命政府向您颁奖，您不愿意吗？”

初战告捷，宋霭龄大受鼓舞，筹资工作进展顺利。几天下来，宋霭龄比查理成效还大。查理问女儿用了什么招数，宋霭龄笑笑说；“一想到他们会拿出白花花的银子，我就特别兴奋，词也多了，嘴也溜了。谈钱这种事，来劲着哪！”

广州起义在紧锣密鼓中进行。查理将筹款购置的武器弹药，秘密发运广州，许多具体联络事宜，都由宋霭龄经办。

1911 年 4 月末的一天，牛尚周匆匆赶来，报告了他在电报局从收转的清廷电报中获悉的广州起义失败的消息。宋霭龄和查理父女俩顿时呆若木鸡。宋霭龄想不明白，清政府碰上外国人，逢战必败，但对付革命党的起义时，怎么就会又变得强大起来呢？

不久，陈其美神情沮丧地回到上海，宋霭龄这才知道了起义失败的真正原因。原来大家都以为这次起义同盟会集中了财力，也会集中人力，形成绝对优势，一举成功。谁知这次又犯了以往的老毛病，同盟会内部纪律松弛，组织不严，领导人优柔寡断，起义时间一变再变，最后仓促起事，结果锣齐鼓不齐，只有少数人采取了行动。虽然一度攻入两广总督衙门，但很快被清军优势兵力包围。黄花岗七十二烈士英勇牺牲，其余人各自逃生。阴云又笼罩在南国上空。

宋霭龄有些懊恼。这时她又接到孙中山给查理的一封信。中山先生以革命家的远见卓识和百折不挠的精神，指示要继续积蓄力量，准备更大规模的起义。他已经赴欧美筹措更多经费，并未因一时的失败而稍微有所消沉。孙中山还认真分析了形势，指出了希望所在，光明所在。这封信扫去了宋霭龄心头的阴霾，也使她更增加了对中山先生的敬仰和崇拜之情。

1911 年 7 月 31 日，根据孙中山复信的指示，同盟会中部总会在上海正式成立。陈其美担任了庶务部长——第一把手，与宋教仁、谭人凤一起组成领导核心。中部总会决定在长江流域举行大规模武装起义，时间定在 1913 年。

但是革命形势的发展比他们预料的快得多。武昌革命党人早已迫不及待，这里的两个革命团体文学社和共进会，决定效法传说中的八月十五传书杀鞑子的做法，在当年中秋节这天举行起义。两个团体与同盟会并没有密切的联系，9 月下旬他们派了代表到上海，表示愿意接受同盟会中部总会的领导，并且邀请黄兴、宋教仁、谭人凤到武汉主持大局。因为黄兴在日本，后来又到了香港，没有去成。而陈其美坚持两年后再起义的计划，宋教仁也犹豫不决，最后只有谭人凤带病赶去。1911 年 10 月 9 日，武昌革命党人因一枚试制的炸弹意外爆炸，引起清军注意。闻声赶来的敌人对现场附近的几条街道都进行了彻底搜捕，意外地破获了起义指挥总部。清兵不仅搜出了文件、印章和旗帜，而且搜出了起义人员名单。清军紧急出动，关闭了城门，在全城实施戒严，包围了参与密谋的兵营，接着按名单开始抓人。一批批革命者被逮捕，有的当场被杀。怎么办？革命者面临着严峻的考验，要么束手待毙，要么铤而走险立即发动起义。他们选择了后一条路。10 月 10 日，指挥者发出了起义信号。结果出乎意料，在人民群众支持下，革命党人一举占领了武昌，湖广总督逃到了长江上的一艘军舰上，黄鹤楼头飘起了十八星旗。

这时全国已经在湖北、湖南、陕西、江西、山西、云南、上海、江苏、贵州、浙江、广西、安徽、广东、山东、四川、辽宁、天津等省市成立了革命军政府，清朝皇族内阁辞职，彻底推翻两千年封建专制的革命眼看胜利在望。但是一片令人鼓舞的大好形势下，令人不安的潜流也在涌动……

12 月 4 日，各省代表会议在武汉决定以南京为中央临时政府所在地，推举黄兴为元帅，黎元洪为副元帅。但投机钻进革命阵营的旧官僚、旧军官和保皇党人，很快纠合起来，要改变这个结果。他们大肆活动，要推举他们的代表人物，篡夺胜利果实。各省代表一到南京，他们就鼓噪重新开会选举，结果仅仅过了十几天，他们就把黎元洪推上了第一把手，把黄兴拉下来给黎元洪打下手。黎元洪本是革命党人临时从床底下拉出来，为借重他高大的身材和原来的官职做门面的旧官僚，他骨子里其实与革命党根本不是一条心，所以老资格的同盟会员们坚决反对黎元洪做元帅。而那些旧势力代表则抓住黄兴指挥汉口保卫战中的一次失利，阻挠黄兴做元帅。双方互不服气，一场更大的内乱眼看又要爆发。

查理和宋霭龄虽然心急如焚，但他们深知他们对这场最高层内部的争权夺利无能为力了，唯一的办法就是请德高望重的孙中山先生立即回国。只有他回来自任元帅，才能镇服群雄，统一各派的意见，把尚在苟延残喘的清朝皇室彻底推翻。

按照查理的指示，宋霭龄一天之内给尚在国外的孙中山连发三封加急电报，敦促他放下一切，马上回国主持大局。

第四章

总统秘书

孙中山热情地向宋霭龄伸出手:“这么大了,没想到,没想到,在我的印象里,你还是那个扎羊角辫、穿灯笼裤的小姑娘呢!”宋霭龄紧握着孙中山温暖的大手,脸红了一下,刚要张口,孙中山又认真地说:“噢,霭龄同志!谢谢你了,这两年就是你在协助查理先生与我联系,你每次提供的情况又准确又生动,每封信和电报都写得像优美的散文哩!”

——题记

一

辛亥革命爆发的时候，孙中山正奔波在美国继续为革命党筹集经费。黄兴在接到武汉方面要他去主持起义的邀请后，曾在香港给孙中山发过一封密电，内容是党人准备在武汉起事，请速汇经费回国。孙中山因在旅途当中，无法取出密码，直到一周后安顿下来，才将电报译出，但这时孙中山手头没有现款，他回了一电，要求暂缓起事，黄兴没有赶往武汉。至于以后起义决定、过程及其他详细情形，孙中山就一无所知了。

孙中山是在餐桌上偶然得知革命爆发消息的。那时他正在美国科罗拉多州的丹佛，这天上午准备乘火车到堪萨斯城。上车前他到一家餐馆用早餐，边吃边随手摊开了一份当天的报纸，只瞟了一眼他的嘴巴就停止了嚅动，革命者胜利占领武昌的消息使他惊喜万分。虽然这时的消息仅仅是武昌起义，但他已经断定同盟会多年积聚的革命力量必然会因此而全面爆发，推翻清朝的日子已经来临。孙中山急剧地思考自己的行动方案……

孙中山取消了原定的旅行计划，立即驰往华盛顿。10 月 15 日，途经芝加哥，那里的华侨举行了颇具声势的“预祝中华民国成立大会”。华侨们兴高采烈，为祖国的新生纵情欢呼，他们把孙中山当做促成这场革命发生的英雄来欢迎。美国报纸上不断刊出文章，预言孙中山将当选未来共和政权的总统。会后许多记者要求采访孙中山，他却悄悄避开了。

1911 年 12 月 25 日，这是一个重要的宗教节日，据说耶稣就诞生在这一天，西方庆祝它的程度不亚于中国人过春节。往年这一天作为基督教徒的查理和宋霭龄也会举行各种仪式，进行庆祝，向亲人和朋友祝福。但是今天不同，他们热切盼望着的孙中山先生今天就要回来了，其他一切都变得微不足道。宋霭龄和查理父亲一早就来到码头，翘首以待。

这是上海常见的那种阴湿天气，蒙蒙的雨雾，咝咝的北风，给人一种透骨的凉意。但是孙中山预定上岸的金利源码头上却是人头攒动，彩旗飘扬，锣鼓喧天，宋霭龄和每一个前来迎接的人一样，忘却了身边的凉风，只感觉到心中的热血翻滚。

沪军都督陈其美为迎接孙中山归来做了精心安排。他专派了一艘“建威”号军舰到吴淞口迎接，总不能让革命的领袖从外国商船上下来与群众见面。但是由于雾大，孙中山乘坐的轮船早就在吴淞口外抛锚等候，“建威”号军舰竟好久没有发现。

孙中山站在甲板上，同样是心潮起伏。16 年了，他第一次作为主人堂堂正正回到自己的祖国。由于从事反清革命，他作为“粤省首犯”被清政府长期通缉，被迫一直流亡海外。他曾被日本政府“递解出境”，曾在伦敦被清朝使馆诱捕，几乎被押解回国处死。然而，“穷且益坚，不坠青云之志”，他的革命斗志更加坚定。一次次蒙难，反而使他革命家的名声越传越响，在群众中的威望越来越高。十几年中，他曾回国几次，但都是在极为秘密的情况下，还要乔装改扮。今天，他再也无须保密，再也无须乔装，党内的同志在热烈地盼望他，人民群众在盛情地欢迎他。

站在孙中山身边的有胡汉民、廖仲恺、美国人荷马李、日本人宫崎滔天等。他们都分外焦急，奇怪为什么这么长时间还不见迎接的人到来。

还是宋霭龄心细，她忽然想到会不会是因为雾大，双方接不上头。查理一听，认为有理，急忙要了一艘汽艇，父女二人疾驰而去吴淞口外寻找。

眼尖的宋霭龄终于发现了停泊的轮船，汽艇画了一个漂亮的大弧圈，靠上了轮船右侧，父女二人顺舷梯登上了甲板。

当孙中山一眼瞧见留一溜黑密胡子的查理时，他早已忘记了随行人员一再要他保持矜持的领袖风度的劝告，呼叫了一声“查理”就奔过去，两人热烈地拥抱到了一起。孙中山向随行的人扼要介绍道：“查理，我的老朋友，同盟会的理财人。”胡汉民等人是知道查理身份的，而廖仲恺、宫崎滔天等却根本不知道查理是革命党人，他们一直以为他是虔诚的传教士和善于经营大发横财的两栖怪人。他们看到孙中山与他亲热就感到奇怪，听了孙中山的介绍更惊奇地瞪大了眼睛。孙中山见状哈哈大笑：“查理，我今天能堂堂正正回国，你的秘密身份也该结束了！向天下人亮出你的本来面目吧！让所有的人都知道你对革命的巨大贡献吧！”其他人一一前来与查理热情握手，为他做出的重大贡献表示感谢。

直到这时，一直羞怯地站在一旁的宋霭龄才低低地叫了一声“孙叔叔……”孙中山惊愕地望着这位一身西服，上身还别着一朵漂亮的红宝石胸花的年轻姑娘，不知道该怎样称呼她。

查理返身过来，急急地向孙中山介绍说：“这就是你的侄女霭龄……”

孙中山热情地“噢”了一声，向宋霭龄伸出手：“这么大了，没想到，没想到，在我的印象里，你还是那个扎羊角辫、穿灯笼裤的小姑娘呢！”宋霭龄紧握着孙中山温暖的大手，脸红了一下，刚要张口，孙中山又认真地说：“噢，霭龄同志！谢谢你了，这两年就是你在协助查理先生与我联系，你每次提供的情况又准确又生动，每封信和电报都写得像优美的散文哩！”查理一把拉过孙中山：“小孩子家，不要谬奖了……”

正在这时，远处传来一阵阵隆隆的炮声，众人大惊。宋霭龄却高兴地跳了起来：“是建威号的欢迎礼炮！”

果然，不一会儿又一艘汽艇靠了上来，两个军官爬上甲板向孙中山行礼，他们是从建威号上过来的沪军都督府代表，请孙中山换乘军舰再上岸。

孙中山准备动身，宋霭龄过来拉住他的袖子："孙叔叔，瞧您的衣服……"孙中山低头一看，由于在甲板上站久了，细密的雨雾早把外衣打得湿漉漉、皱巴巴的，孙中山用手掸了一下苦笑着说："我就这身衣服，就这样吧。"

宋霭龄娇嗔地看他一眼："那么多人等着看您……"

查理立即接过来说："对！不能这样上岸。今天不仅有成千上万的中外人士争睹先生风采，更会留下无数照片留传于世，要穿戴得不失我们领袖的尊严！"

可是到哪儿去找衣服呢？众人由于事先没有准备，一个个急得团团转。宋霭龄很快在人群中扫了一眼，发现了沪军都督府代表的军装，黄呢料，板正、笔挺，倒不失为一身合适的衣服，况且又在与清王朝交战时期，着军服更有战士威严和风姿。宋霭龄用手指了一下那军官的衣服，查理立即明白了女儿的用意，跑到那军官跟前，让他脱下军装与孙中山交换。

孙中山穿上军装，俨然一位大元帅，众人一看齐声叫好。

建威号载着孙中山直向金利源码头驶去。途中，孙中山忽然向查理说："这一回来，必然事务繁冗，能否为我推荐一位能干的秘书，尤其要精通英文。"

查理略一思索："现在就有一位"，用手一指宋霭龄，"她已经给我做了两年秘书了，我相信她能干好。"

虽然孙中山刚刚和宋霭龄见面，但已经从几个细节认识到她确是思维敏捷，善于观察思考，又心细泼辣。他满意地一挥手："那，那就挖你墙脚啦！"

宋霭龄听到他们的谈话，马上站到孙中山面前；"先生，我现在听您吩咐！"

孙中山想了一下："上岸以后，国内同志给我汇报的情况，你先认真记录下来。"

查理插上一句："先生的谈话也要认真记录。"

二

金利源码头上举行了盛大的欢迎仪式，军乐齐奏，气球飘飞。孙中山在陈其美致欢迎词后发表了讲话，他高度赞扬了武汉军民首义的功勋和大无畏的革命精神，高度评价了上海光复的重要意义。接着话锋一转，对革命面临的形势进行了分析。他坚决反对与清廷议和，主张巩固光复地区，组织军队，以革命武力统一中国。孙中山最后语调铿锵地说："愿我将士少希望于和谈之可成，急整军旅，北扫鞑虏，以慰国民之热望！"

一批新闻记者涌上来，有的选取各种角度，对孙中山拍照，一时间，镁光闪闪，咔嚓声响成一片；有的向孙中山提出各种问题，问题提得急迫、尖刻，孙中山简直顾不上认真回答其中一个。忽然一名英国记者挤上前来，大声问道："孙先生，您一直在海外筹款，国内同志已光复了半壁河山您才回来，想必带回一笔巨款作为补偿吧？请问，能不能讲一下，您究竟带回来多少钱？"

陈其美感到这样的问题会让孙中山难堪，他开始指示卫兵挡开记者保护孙中山离开，没想到孙中山对这个问题倒很感兴趣，因为国内不少同志肯定也有这种想法。他微微一笑，说声："OK，我来回答你。"接着拿起了台上的话筒，向着全场大声说：

"刚才英国记者问我这次从海外带回来多少钱，我可以公开地告诉所有关心这个问题的人：我这次回来是一文不名，带回来的只有彻底的革命精神！"

宋霭龄为孙中山坦荡巧妙的回答所激动，禁不住挥手喊了一句：“革命精神万岁！”顿时，会场上响起了连天的口号声……

欢迎仪式结束后，孙中山住进了法国租界内的宝昌路 408 号。这是一座法式三层洋楼，除陈其美派出的卫队外，法国人也在附近增设了军警，他们是看到孙中山受到的欢迎，才真正意识到他在国内的地位，特意做出讨好姿态的。

到了住处，宋霭龄就分外忙碌起来。同盟会的重要人物黄兴、汪精卫、李平书、陈其美，一个个来向孙中山汇报情况，宋霭龄静静地坐在一边，飞快地做着记录。稍有间歇，她就去翻阅各地发来的电报，分门别类归拢好，然后摘录要点，把最重要的事情整理清楚，送交孙中山过目，再按他的指示草拟出回电，交人发出。除了向孙中山汇报情况和听取他的指示，宋霭龄对其他人大都一言不发，即使党内的重要干部，也只是点点头，算是打过招呼。仅仅过了几个钟头，孙中山刚回国时那种百事挠心、忙乱无序的心情就有了好转。他感到事情虽然繁杂，但经宋霭龄协调，已经可以提纲挈领，抓其大要了。晚上休息之前，查理来安排警卫事宜，孙中山向着查理由衷地赞扬宋霭龄：“你推荐的秘书我非常满意，可以说是美国式的高效率！”

孙中山一回国，原先关于最高领导者的纷争顿时归于平静。因为一切其他的选择都显得相形见绌，不仅是广大的同盟会员、各种各样的派别，就是原先参与竞争的领导者本人也对孙中山心悦诚服。1911 年 12 月 29 日，全国 17 省代表集会南京，重新协商光复后全国的最高领导者问题。会议决定光复后国家名称为“中华民国”，在北方清朝力量没有彻底摧垮之前，设中华民国临时大总统。17 省代表内部统一意见后，按每省一票进行选举。结果黄兴得 1 票，孙中山以 16 票当选临时大总统。这时距孙中山回国刚刚四天，而且本人并不在现场，足见他早已是众人心目中当然的领袖。

孙中山当选大总统，不仅使革命阵营有了统一的核心，也象征着一个新的中国的诞生，宣告了尚在苟延残喘的清朝皇帝实际上已被废黜，延续了两千多年的封建制度将被共和体制所代替。中国再不需要皇帝，中国将再没有皇帝。选举结果一公布，南京城里首先就是一片沸腾，鞭炮、彩旗、口号，热烈的程度胜过春节，胜过以往任何一个盛大的节日。这消息传到哪里，哪里就是一片同样的沸腾，而且欢乐的情绪由于更多的人加入而愈加膨胀。

孙中山此时所在的上海，完全变成了一片欢乐的海洋。早已把命运与孙中山捆绑在一起的查理一家更是高兴得要发疯。宋霭龄完全忘记了害羞，她从屋里跑出来，同碰上的每个人忘情地拥抱，她笑着，叫着，“选上了！总统，大总统，中国大总统！”

相比之下，孙中山倒显得比较平静。他几十年艰苦卓绝的奋斗，争的并不是个人地位，他的理想是建立民主国家，使中国独立、富强，能够立于世界民族之林。对他来说，总统并不是攫取个人特权和享受的职位，而是要挑起一副使国家走向统一强盛的重担。目前，袁世凯手里还有强大军队，共和政府还面临着沉重的军事压力，四万万同胞绝大多数还处于耕者无田、织者无衣的贫困悲惨境地；他不仅要考虑迫在眉睫的巩固共和政权、彻底推翻清朝统治的问题，还要考虑建设国家，让人民有饭吃、有衣穿，生活富足的问题。这天晚上，孙中山室内的灯光亮到很晚很晚……

与孙中山一壁之隔的宋霭龄的房间，这天晚上的灯光也几乎是亮了一个通宵。前天，她刚刚上任的时候，还只是国内一个革命团体同盟会总理的秘书，今天她却一下子变成了国家元首、政府首脑、武装部队总司令以及执政党魁一身几任的大总统的秘书。她肩上的担子突然加重了千万斤，她必须更加机警、更加主动、更加忘我地工作；不仅要完成好交代下来的日常事务，还要自己动脑筋想事情，千方百计为总统补台。狂欢过后，她立即想到了一项无人交代但必须要做的工作，那就是整理孙中山的简历，以便随时向新闻界公布，让全体中国人，也让全世界认识孙中山，了解孙中山。

宋霭龄翻了一会儿资料，验证了几处自己记忆模糊的地方，就坐到了打字机前。她毫无倦意，打字机欢快地嘀嗒着，一行行优美的英文字体像奔泻的山泉在纸上流淌……写完总统简历，天色已经微明。宋霭龄来到院子里，深深地呼吸了一口清晨那凉丝丝湿洇洇的空气，清爽、惬意，还有一些说不太清的朦朦胧胧的喜悦在心底萦绕，她想再去看看孙中山，再仔细看一下中国的总统……

这时黄兴从孙中山室内出来，头发有些蓬乱，眼睛布满血丝，宋霭龄刚要开口招呼，黄兴急匆匆地说："宋秘书，抓紧准备一下，后天，就是元旦，总统到南京宣誓就职。"

黄兴说话的时候，喉咙也显出了沙哑。宋霭龄望着操劳过度的黄兴，心头不由升起了一股由衷的敬意。孙中山回国之前，他不仅担当起了同盟会总负责的重任，亲临武昌前线指挥作战，还为了抵抗旧军人旧官僚的妥协退让，与黎元洪争夺大元帅职位。孙中山一回国，他立即衷心拥护孙中山。他刚刚在上海迎接了孙中山，又赶到南京主持了17省代表选举大总统的会议，接着在南京对总统宣誓就职的一系列活动做了安排，然后又赶回上海向孙中山汇报……众星捧月，星星与月亮一样伟大！

宋霭龄刚答应过黄兴，胡汉民、汪精卫、陈其美、查理等人已陆续进来。宋霭龄看见查理，甜甜地喊了声"爸爸"，接着把查理拉到一边说："我刚刚起草了一份先生的简历，准备就职后交新闻界公布，还没交先生过目，你先帮我改一下吧！"查理在宋霭龄额头上点了一下笑着说："记着，以后要称呼总统大人，不要还老是先生先生的！"孙中山刚好从室内出来，立即接口说："我准备公布一项法令，民国一律废除清朝'大人''老爷'之类人格上不平等的称呼。再说，自己人也不一定非要叫总统。不要忘了，我这个总统是临时的。”

听到后一句话，宋霭龄的嘴角明显地抽搐了一下，眼眶里竟噙满了泪水……

三

1912年元旦，孙中山从上海出发，到南京宣誓就职。为孙中山在这样的神圣时刻、庄严场合穿什么样的服装，党内高级领导层颇费了一番脑筋。清朝的长袍马褂显然不行。西装呢，又有些人认为，别人穿可以，总统不行；平时穿可以，而今天不行。他们坚持说西装毕竟是外国人的服装，今天民国初始，民族新生，总统穿外国人的服装有伤国体，有失民族尊严，因为几十年来西方帝国列强给中国人民造成的伤害太深了，穿西装恐怕老百姓感情上不好接受，甚至可能引起误解。而孙中山亲手设计、中国人一直穿到“文革”结束还盛行不衰的“中山服”这时又没有设计出来。议来议去，莫衷一是。最后决定还是穿刚回国在军舰上换上的那种军服。宋霭龄听到这个决定心里美滋滋的，因为从根子上说，这还是由于她的暗示，甚至可以说是她的主意呢。

这身军服是连夜特制的。最高档的呢料，更合身的尺码，镀金的大铜扣闪闪发亮，精神焕发的孙中山穿上后平添了一股威严、正气和帅气。但是他坚决拒绝一切绶带和徽章，坚持以简朴和平实的形象面对人民，而不像以后蒋介石的总统服装那样过分显摆和耀武扬威。

宋霭龄倒是做了精心打扮。虽然南京的冬天同样是寒冷的，她还是坚持穿了一身海蓝色西服套裙，白皙的脖颈上挂了串红宝石项链，吹得蓬松的头发又打了发蜡，更显得乌黑发亮。脸上化了淡妆，唇红齿白，杏眼翠眉。青春女性所具有的一切美丽之处她都让它做了最充分的发挥，很有些风姿绰约，楚楚动人。她认为女秘书的漂亮仪表可以衬托出总统的干练和伟大。

孙中山乘坐的专列停在上海北站。这是慈禧太后用过的专车，它豪华舒适，车厢内还有许多珠宝装饰，里里外外透着一种皇家气象。今天车头上又披红挂彩，成了一辆地道的花车。孙中山特邀了查理全家一起到南京观礼，作为对他们多年来紧紧追随和一次次盛情款待自己，以及全家为革命做出的重大牺牲和贡献的报答。倪桂珍带着宋子良、宋子安两个男孩子早早就到了车上。宋子良、宋子安在车厢里拧这摸那，高兴地乱跑乱窜，倪桂珍追着喊着也制止不住。警卫人员知道他们是孙中山特邀的客人，只要不太过分就由他们折腾。

孙中山由宝昌路寓所出发，前往北站登车。查理和党内其他高层人士簇拥在孙中山周围。宋霭龄则是手提机要箱，寸步不离地紧跟在孙中山身后。上海北站早已人山人海，欢送的人群身着节日盛装，手持气球彩旗，人人脸上喜气洋洋。孙中山到达车站时，惊雷般的掌声自发地响了起来，口号此起彼伏。陈其美力劝孙中山直接进入车厢，马上开车，孙中山却被热情的群众感染，坚持在月台上走了一个来回，向群众挥手致谢。宋霭龄心里紧张极了，她怕有敌人的奸细或亡命之徒乘乱向孙中山开枪。她心里暗暗想着，万一出现那种情况，就冲到前面，用自己的胸膛挡住罪恶的子弹，决不能让总统受到伤害。

上午 11 时，花车从上海北站徐徐驶出，沿途到处是迎送的人群。孙中山心头燃烧着烈火，他觉得不能冷落拥护革命的人民，不顾警卫人员的劝阻，一次次拉开窗帘，向沿途群众招手，同时他也想饱览一下江南的大好河山，这是他在海外一直魂牵梦萦的祖国风光啊！宋霭龄昨夜对总统誓词中随时准备让贤的表示就十分不满，今天又一直为孙中山的安全担心，她看到警卫人员的劝说无效，车过昆山时竟上前“唰”地一把拉上了窗帘。孙中山生气地瞪住她时，她竟全无惧色，冒出了一串火爆的话语，“我亲爱的总统！你要知道你现在不是属于你自己，你属于我们大家，属于整个革命阵营，属于全中国！对于你不顾安全的做法，我们每个人都有权制止！”

孙中山翕动了一下嘴唇，终于没再说话，向后一仰，坐进了柔软的大靠背椅里。汪精卫正好过来，他故意做个鬼脸，又假装严肃地说：“小秘书管大总统，这可真造了反、革了命哦！”孙中山嘻嘻笑了，宋霭龄却瞥了汪精卫一眼走开了。

车过苏州、无锡、常州、镇江等大站，都有成千上万的群众迎送。人海、旗海、军乐、鞭炮，那场面任何人看了都会感动。这时人们挥舞的旗子五花八门，有陆皓东最先设计、已在同盟会前两次起义中使用过的青天白日旗；有孙中山根据黄兴意见做了改动后亲手设计，并在第三、第六次起义中使用过的青天白日满地红旗；有共进会设计的代表全国18个行省，并在武昌起义中已在黄鹤楼头升起的十八星旗；有陈炯明设计的代表农业大国田地的“井”字旗；有陈其美在上海起义中使用的代表汉、满、蒙、回、藏五族共和的五色旗。革命初始，百事待举，要办的大事太多了，以至究竟用什么旗的问题都顾不上统一。青天白日旗作为国民党党旗、青天白日满地红旗作为中华民国国旗，一直到1920年才由孙中山确定下来。当时人们就根据自己的消息和判断自发地制作了各式各样的旗子，只不过就是没有一面清朝帝国的黄龙旗而已。孙中山从这些形形色色的旗子中看到的不是凌乱，不是革命缺乏统一的组织领导，而是看到了推翻清朝符合千千万万民众发自内心的愿望。在这些大站上，再没有谁能阻止他同群众见面，他把这视为一次革命力量的检阅，一次人民向尚在负隅顽抗的封建势力的示威！

列车走走停停，直到下午5时，才汽笛高鸣驶进南京下关车站。

这里欢迎的场面更为壮观，下关江面上停泊着的中外军舰齐放礼炮21响，隆隆的炮声既是对大总统莅临的热烈欢迎，也是对亚洲第一个共和政权建立的祝贺。

黄兴在上海向孙中山汇报完情况，已连夜赶回南京，亲自组织了车站的欢迎仪式和总统的就职典礼。宋霭龄紧跟孙中山下车的时候，只听得礼炮雷鸣，十几支军乐队争相鸣奏，“共和万岁”“中华民国万岁”“大总统万岁” 的口号响遏行云。车站上成千上万的人都踮起脚尖，竞相目睹新总统的风采，人群像潮水一样涌来涌去，各种肤色的外国驻南京领事也来到车站迎候。大街上都挤满了人，沿街店铺、房屋张灯结彩。孙中山兴致勃勃，首先同黄兴率领的17省代表一一握手，接着同各国领事见面，向他们表示感谢，并请他们转达自己对各国元首和政府首脑的敬意。

孙中山同群众见面的时候，宋霭龄忽然得到一份情报，一伙清军已经化装潜入城里，伺机对孙中山行刺。按照预定计划，孙中山在这里要换乘马车前往总统府。从车站到总统府几公里的路上早挤满了人，甚至房顶、树杈上都有人，虽然黄兴对警卫工作检查了又检查，但这人山人海之中，谁分得清哪是热情的群众，哪是阴险狡诈的敌人？何况马车对炸弹、子弹几乎没有什么防护能力，这段路上怎么保证总统的安全？眼看孙中山一边向群众挥手，一边向马车走去，大庭广众之前，如何向孙中山报告这个最重要最机密的情况？宋霭龄心急如焚，情急之中，她连忙写了一个纸条：发现敌情，总统不能走预定路线!!! 一转身，交给了走在孙中山右后侧的黄兴。黄兴看罢纸条，心里咯噔一下，不管情况是否确实，都必须做出改变，万一发生问题，那就无法交代。他把纸条塞进口袋，决定改走第二条进城路线。

孙中山走近了马车，几十辆披红挂彩的马车已经做好了一切准备，驭手们一手高举挂着红缨穗的长鞭，一手扶着车辕，侍卫人员在车前摆好了大红毡垫，已伸手请总统登车。孙中山正要迈过去，宋霭龄以为黄兴没有接受自己的意见，汗一下子冒了出来，她已经准备跳到前面，直接向孙中山报告了。

这时，只见黄兴紧走几步，跨到孙中山前面，用手向前一伸，示意孙中山继续向前。孙中山疑惑地望了黄兴一眼，只得又向前走去。黄兴引路，他们绕场一周，又回到了车站跟前，进了休息室。这时黄兴才向孙中山汇报，实行第二方案，继续乘专车进市内铁轨，直接开到总统府。宋霭龄悬着的心才放了下来。

总统府是由清朝两江总督衙门改成的，太平天国建都南京，这里曾是洪秀全的天王府。黄兴主持对这里进行了修葺。孙中山对选择这里也比较满意，年轻时他曾以“洪秀全第二”自诩。

6 点 15 分，孙中山一行抵达总统府。按原定计划，吃过一顿简单的便饭，就举行就职典礼，但是为《临时大总统誓约》和《临时大总统宣言书》这两份最重要的文件，各方意见还不统一，还在为临时大总统的任期和去职时间、条件等争论不休。宋霭龄对那些坚持和谈，并主张袁世凯一旦答应逼清帝退位，孙中山就应自动辞职让位给袁世凯的人恨得直咬牙，但这样的场合她是插不上话的，只好干坐在一边生闷气。

眼看时间一分一秒过去，胡汉民提议说：“今天天色已经不早，总统宣誓就职是件隆重的大事，半夜三更的恐怕不好，是否延迟到明天上午进行。今夜仔细斟酌，把文件改好。”

孙中山勃然变色：“不行！今天是 1912 年元旦，中华民国一定要在今天宣告成立。1912 年的元旦也就是民国元年元旦，这样的时间有特殊意义。半夜三更怕什么？民国新生，普天同庆！上午虽好，小时间不如大时间。一定要马上把文件改好，赶在 12 时之前举行仪式。”

宋霭龄听了，立即振奋起来。总统嘛，就得有大气魄，从大处着眼，快刀斩乱麻。她甚至生出一种怪想，总统要实行独裁才好，像现在党内和革命阵营内这种乱糟糟的样子，恐怕麻烦还在后头。

在孙中山亲自主持下，两份文件又逐句做了敲定。宋霭龄坐在旁边，改好一页，就立即抄清一页。当她把两份完全誊清的历史性文件交到孙中山手上时，激动喜悦的心情胜过在场的每一个人。

晚上 11 时，胡汉民等人陪同孙中山走进礼堂。宋霭龄在后面跟进去的时候，飞快地瞟了一眼台下，父亲查理、母亲倪桂珍和宋子良、宋子安两个小弟弟，都已经坐在最前排，他们看见孙中山进场一齐站立起来，兴奋地鼓掌。会场上每一个人都目不转睛地盯着孙中山，向他欢呼致意。宋霭龄找了个前排角落的地方，站在那里，全神贯注地望着。只见孙中山稳步走上主席台，站定在两面五色旗前，掏出她刚刚交到他手上的誓词，庄严地举起右手，朗声读道：

倾覆满州专制政府，巩固中华民国，图谋民生幸福，此国民之公意也，文实遵之以忠于国，为众服务。

读到这里，孙中山稍微停了一下。宋霭龄心想，够了，够了！就读到这里就行了，刚刚上任就要谈什么解职，令人丧气。提那种意见的人都应该统统杀掉！对，杀掉！明着不行，就让青帮弟兄们暗中去杀，让杜月笙去干，他搞这个可是很在行……没等她想完，孙中山朗朗的声音又在整个礼堂轰响起来：

至专制政府既倒，国内无变乱，民国卓立于世界，为列邦公认，斯时文当解临时大总统之职。谨以此誓于国民。

中华民国元年元旦。

孙文

典礼结束，宋霭龄立即把经汪精卫改定的孙中山简历散发给中外记者。她想象着，民国成立、总统就职和孙中山的革命功绩将通过一束束电波传遍中国的山山水水，传播到世界上每一个重要的地方。明天当人们读到报纸，得知消息，海内外的炎黄子孙和一切关注中国命运的外国友人都将为此而欢呼。中国，一个新的世纪到来了！

躺下就寝的时候，宋霭龄忽然想到了毕业回国时梅肯《电讯报》上那篇关于自己的报道，那句预言她将成为中国总统夫人，成为支持宝座重要力量的话，又清晰地回响在耳畔。她不禁脸赤耳热，怦怦心跳，久久不能成眠……

四

孙中山就任以后，宋霭龄的工作更加繁忙。电报、函件、请示、报告，像雪片一样，纷纷扬扬落到她桌上，半天就堆起个小山来。虽然又添了秘书，但是她是最受孙中山信任的，也是自以为责任最重大的，最重要、最机密的事情她总是自己处理。她记性好，遇事果断，再多的事情，她也处理得有条不紊。渐渐地她摸着了规律，露出了一种敢作敢当的劲头。一些向总统请示的函件，如果她认为申述不够明确，就毫不留情地退回去。尤其是在一些旧官僚当总长的部门，她常常在文电上挑一些毛病，弄得那些人颇为头疼，但仔细看看，文字上确有不妥之处，真是哑巴吃黄连——有苦说不出。外交部、实业部、交通部都有被她退回去的报告。有些事情她认为她知道孙中山的意见，就自己答复了，只是事后在方便时向孙中山报告一声，有时甚至连报告也不报告。渐渐地有些人开始怵她了，即使政府中一些地位较高的干部，许多事情也不得不先跟她打好招呼，否则她这一关过不去，就到不了大总统那里。有的事情就是与孙中山讲好了，她压住不报也没有办法。中层以下的干部就更怕她了，请求的事情弄不清究竟是总统的意见还是她的意见。她心中的确是为总统着想，想减轻他的一些负担，当然心底里有时也是有意搞点恶作剧，故意出一出与总统意见不一的人的洋相。

孙中山位居总统，可在宋霭龄面前从来没有架子，他跟查理早就像一家人那样了，他把宋霭龄看作最贴心的人，信任她，关心她，闲暇时跟她聊天，有时也幽默地和她开几句玩笑。除了公开场合，宋霭龄在总统面前总是无拘无束，有时给总统出谋划策，有时则与孙中山发生争论，两个人都认为是很正常的事。

一天，大总统应一些人的要求，要率领文武大员去拜谒明朝皇帝朱元璋的陵墓，宋霭龄听到后，找到孙中山，气咻咻地问："民国是全新的共和制度，干什么要去朝拜那皇帝佬儿？"

孙中山和颜悦色地说："你在美国待时间长了，中国的国情有些你还不明白……"

"什么国情？那么多人抛头洒血，我父亲倾家荡产，难道是为了推翻一个皇帝，再找一个皇帝供着？让他们那腐骨烂肉还熏染我们的灵魂？"

孙中山说："当然不是这样……"

宋霭龄又抢过话头："那是哪样？难道是你还想当皇帝？我可是听说你过去一直想当'洪秀全第二'的！"

孙中山急了："你怎么胡连乱扯？那是我年轻时的想法。我可是一心为了民众，只要有益于国家，有益于民生幸福，我这总统都随时准备辞职。这是我宣了誓的，你没有听到？"

宋霭龄加重了语气："总统不能辞！皇帝不能当！明陵也不应该拜！"

"唉！"孙中山叹口气，"有些事情你不懂！为推翻清朝，同盟会联络了青帮、洪门、哥老会、三合会等一批民间团体，他们的旗子都是反清复明……"

“那是他们的事，跟我们什么相干？”

“同盟会最初成立时也用过反清复明的提法，以此号召人民。”

“同盟会的宗旨是驱逐鞑虏，恢复中华，难道中华就是明朝吗？”

“中华当然不是明朝。章太炎先生 1907 年在《民报》上发表的文章已经讲得非常清楚。你听我背诵这一段，也检查一下我的记性。太炎先生是这么说的：‘汉民族自称中华，视其周围的异族为蛮夷戎狄，这些异族因汉民族的伸展而吸收其文化，又因被汉民族的文化所同化，而被同一语言文字和共通伦理观念所浸润，不久便超越了民族界限，扎下了文化共同性的根基，形成走向中华民族成长发展的途径。——也就是说，中华民国是包容文化相同的各民族的国家。’你听听，他对中华的阐释多么深刻！”

宋霭龄却紧追不放：“是说得好！可这跟拜谒明陵有什么关系？”

孙中山笑了：“对，是还没有回答你关于拜谒明陵的问题。这个问题，这样说吧，这是一个策略问题。毫无疑问，我们革命的目标是建立一个全新的共和制国家，但现在清朝还没有彻底倒台，许多民间团体，还有我们队伍中的一些人，反清复明的思想还没有改变过来。为了团结他们继续共同奋斗，我们不妨暂时迎合他们一下，我们不再需要朱皇帝孙皇帝袁皇帝等等其他什么皇帝，但是我们拜谒一下明陵并没有什么损失，倒是可以以此显示我们是遵守诺言的。中国人以信为本，我们不能失信于天下哟！”

宋霭龄不像刚进来时那么激烈了，她咕哝了一句：“你总是向别人妥协，这不是什么好兆头。”

宋霭龄还是跟随总统去朝拜了明陵，不过她连装也不愿装出那种至诚至信的样子，完全是心不在焉，把这作为一次到紫金山麓踏青游春的机会，散散心而已。

孙中山就任大总统后，宋霭龄一直想给仍在美国学习的两个妹妹宋庆龄和宋美龄写信，告诉她们这一重大喜讯和自己在这里做秘书的一些感受，但是迟迟没有动笔。一方面是她时间紧张，另一方面她也想到她们会从报纸上迅速得知消息的。

的确，远在美国的宋庆龄和宋美龄很快得到了消息。遍布全球的通信网已经建立起来，民国成立和孙中山就任中国第一任大总统，这样重大的事件，新闻界不会不给予特别处理。当梅肯州的报纸发出这一消息时，宋庆龄和宋美龄的第一个行动就是扯下清朝的龙旗，把它扔在地上用脚蹬踏。面对一大群莫名其妙的美国同学，宋美龄挥舞着白皙的小拳头，涨红着脸高喊："打倒——龙！打倒皇帝！"宋庆龄拿出了一面早准备好的五色旗，挂在原来的地方，拉过宋美龄面向五色旗并排站好，举手宣誓般地大声说："高举共和的旗帜！"宋美龄学样却学走了调，她喊："高举巩固的旗帜！"宋庆龄纠正她："是共和的旗帜。"宋美龄小嘴一噘："共和的旗也得巩固呀，不巩固叫风吹跑了还有吗？"宋美龄因为年幼，还无法更深地体会理解它，而宋庆龄却敏锐地捕捉到了这一事件的重大意义。

第五章

霭龄初恋

宋霭龄拥着被子坐了起来。虽然冻得牙关打架，她还是在床上，懒得动一下。脑海里的活动够激烈了，用不着身体运动……孙中山是父亲的挚友，他的年龄同父亲一样大，他一直把自己当小侄女看待，自己的一片痴心他会接受吗？

——题记

一

六朝古都南京，名胜众多，城池险固。宋霭龄抽空游历了玄武湖、莫愁湖、雨花台、燕子矶、紫金山、中华门等处之后，顿生奇想：这里气象非凡，王气氤氲，和人口拥挤、寸金寸土的上海给人的感受明显不同。上海浓厚的商业气息总使人禁不住金钱的诱惑，而在这里则使人胸襟开阔，滋生想干一番大事业的豪情。由于这个想法，以后她在着手处理事务的时候，已经不再仅仅是出于职务原因，而是出于一种发自心底的自觉自愿，越是重大的事情她办起来就越有精神。全国和世界上发生的一切和民国政府有关的大事，她都想尽可能详细了解，参与意见，与政府各部、外国使馆来来往往的电报、函件、呈报、批转、协调，成为她生活中不可或缺的部分，成为激发她生命活力的重要因素。当许多人赞扬她的吃苦耐劳、不知疲倦的工作精神时，她却意外发现自己在上下周旋、往来折冲中是这样得心应手，无师自通。

南京是著名的三大火炉之一，而它的冬季却是相当寒冷的。每当强劲的北国寒流袭来，气温常常降到零下十几度。由于它已地处江南，实质上可能还是由于燃料的缺乏，这里普通人家并无取暖的习惯和设施。一场大雪过后，不少人脸上手上冻出了紫色发亮的大包。一天，宋霭龄到外交总长伍廷芳处去送一份机要文件，并当面传达孙中山关于处理英美关系中不便写在文字上的一个重要想法。车在一个十字路口停下来的时候，宋霭龄偶然瞟见一家小院里，一位衣衫单薄的少妇正在淘米，这时她的丈夫——一个满脸胡子的壮汉从外面进来，一把抓起妻子冻得红肿的双手，塞到自己上衣底下焐暖，一会儿又放在脸前用嘴往手上哈热气，又用两只大手攥着揉搓，这一景象让宋霭龄顿生感慨。这天她忙完一天的事务，回到她那间小小的卧室时，白天看到的一幕又在脑海里出现。尽管壁炉里的炭火苗子一蹿老高，她还是感到一股森森的寒意。她紧靠壁炉坐下，让火光扑到自己身上脸上，直到衣服快要烤糊了，才觉出并不是温度太低。她又怀疑屋里少了什么东西，逐一察看以后，东西什么也没少，只好又坐在火炉旁。她的心情从处理大事时雄心勃勃的亢奋状态在逐渐下滑，下滑……

噢，是孤独！她需要与人交谈，需要有人陪伴。回国两年来，她始终与父亲、母亲和两个小弟弟生活在一起，她已适应了那种暖融融的家庭氛围。参加完总统就职典礼，倪桂珍就带着宋子良、宋子安回去了，查理帮助孙中山处理了一些紧急的事情，做了一次长谈后，也回去了。那次长谈的结果，孙中山多少有些遗憾，宋霭龄也为父亲的执拗有些不快。

原来，孙中山组织内阁班子，遇到了旧官僚势力的强力掣肘，结果政府总长中只有三名同盟会员被接收，宋教仁、章太炎等出任总长的提议遭到坚决抵制，多数总长位置被旧官僚所占据。孙中山只好退而求其次，组织“次长内阁”，即以同盟会员担任各部次长，执掌实权，以求政令畅通，令行禁止。孙中山感于查理的特殊贡献和才能，请他出任外交次长和实业次长，但是查理声称自己不能放弃传教事业，同时以脾气不好不会在官场周旋加以拒绝。他愿意回上海继续经营实业，在财力上给革命政府以支持。

当宋霭龄私下劝说父亲时，父女俩的这次谈话实际上成了就宋家未来发展方向的一次探讨。宋霭龄劝查理接受总统的安排，她说依父亲的贡献，出任政府要职当之无愧；同时孙中山现在特别需要忠实可靠的人帮他渡过刚刚执政的混乱难关。这实质上也是一种奉献，并不是谋求什么个人好处。查理狡黠地笑笑说：“有你在总统身边，也顶个次长位置。宋家的人不能都挤在一条路上。不久子文也将回国，我准备安排他在金融银行界发展。总之是每个人都要有独立的领域，亲属们挤在一起难免磕碰，反而不美。”父亲的话宋霭龄一半信服，一半反对。她说：“这样安排有精明的一面，就是可以互为犄角，殊途同归，万一形势不利，不至于全军覆没，符合狡兔三窟的古训，但也未免太胆怯了些。‘打虎亲兄弟，上阵父子兵’。自己人知根知底，同心协力，人多势众，更容易成气候嘛。”查理说：“年轻人气盛，只知道一往无前，不思量退步抽身，必得经历多了才晓得天有不测风云。政界险恶，宦海浮沉，这且不论。我与孙大总统情如手足，义同生死。政府中的位置谋求的人很多，能干的人也很多。这是顺风顺水船，不难。但我真为他出力，应该站开一些，必要时才能帮上忙，否则我自己也陷进去，到时想帮忙也帮不上。”宋霭龄没有能够说服父亲，他仍回上海搞他的实业去了。这一次的谈话宋霭龄还要慢慢体会。固然现在身边没有家人了，但今天宋霭龄想来想去，似乎并不是想念父亲母亲。在美国学习五年，并没有过这种感受。她心里有些烦，不顾朔风正紧，猛地推开了窗户，直到看见了孙中山映在窗上的身影，痴痴地盯了半天，这才把情绪理出个头绪来，原来是为他……

宋霭龄已经22岁了，在那个时代，像这样年龄的女人大多已是做母亲的人了，可她还是个大姑娘，而且她还没有一次恋爱的经历。她虽然长得像父亲查理，身材略显矮胖，但并不丑。学问和知识赋予了她高雅的气质，华美的衣服和高档化妆品突出了她的青春，显要的位置衬托着她的精明干练。但是和宋庆龄、宋美龄比起来，她没有她们的美丽，她们那种令男子一见倾心的外表，偏心的上帝没有赋予她。也可能是缺乏性感的缘故，迄今为止，她还没遇上过一个青年对她发起那种震颤心灵的猛烈进攻。通过父母来提亲的有，向她表示求婚的也有，但就是没有恋爱。父亲对她期望甚高，她也自视不凡，全家都感到没有什么合适的人可以作为佳偶，她也还没有对谁动过心，“你不用介绍你，我不用介绍我，年轻的朋友在一起，比什么都快乐”的体会她也不曾有过。只是在轮船上见到孙中山那一刻起，她才发现世界上原来有这样出色的男子。她不是因为一种心底喷发出的强烈感情而一见钟情，也不是出于青年男女那种自然的两性吸引，对孙中山的这种感情完全是一种多日来理智思考的积淀。现在这种连日来潜意识中的东西逐渐上升，开始占据她的大部分心灵。多年前在自己家门口和父亲摔跤的那个英俊书生和眼前作为总统的孙中山在她脑海里反复出现。他谈笑的时候，撩得人心花怒放；严肃的时候，显得刚毅深沉。宽阔的额头，蕴藏着无穷智慧；瘦削的胸中，似有百万雄兵。他提出的理论，成为千百万人的实践；在上海滩上威名赫赫的陈其美，在他面前，也是那样俯首帖耳，和蔼、力量、文采、勇武完美地集于一身。宋霭龄心里渐渐明晰起来，这样的人，才是可以托身的男子，值得辅佐的君主……

北风夹着雪粒打在脸上，漫天的严寒又攻占了这个小屋。直到身上连打几个寒战，宋霭龄才从幻想的云端跌落到严峻的现实。她收回探出的身子，关紧窗户，拨弄了一下快要熄灭的炉火，裹紧被子，和衣躺在床上。

啊，风雪退避后的南京，天是那么蓝，阳光是这样地明媚！雪松婆娑，香樟如盖，玉兰花仰天吹起喇叭，倒挂金钟挑起了大红灯笼。孙中山身着饰有金穗的元帅服，胸前别一支新郎标志的硕大红花，脸上漾着幸福的微笑。宋霭龄自己披着长长的洁白婚礼服，偎依在孙中山身边。大总统有力的胳膊绕过背后，搂紧自己腋下，两人向教堂缓缓走去。两边挤满了人，柔嫩粉红的祝福花瓣纷纷扬扬地落到身上，一些年轻的女人脸上笑着，眼睛里却射出嫉妒的光。对，是要让她们嫉妒！别人的嫉妒正说明自己的幸福。噢！牧师就在前面。“孙中山，你愿意娶宋霭龄做你的妻子吗?”“我愿意！我要像心肝一样地疼爱她，让她的聪明智慧帮助我建立一个繁荣富强的国家。”“宋霭龄……”啊，牧师的声音怎么变了？怎么变得这样冷峻！宋霭龄仔细一瞧，牧师竟变成了父亲查理，他的眼睛里射出两道寒光，紧紧地逼视着自己，直盯得自己周身寒彻……

“啊”的一声，宋霭龄惊醒了，原来是南柯一梦。壁炉的火早熄了，屋里冷得如同冰窟。只有清冷的月光透过树影，斑斑点点照在窗上。宋霭龄拥着被子坐了起来，虽然冻得牙关打架，她还是在床上，懒得动一下。脑海里的活动够激烈了，用不着身体运动……孙中山是父亲的挚友，他的年龄同父亲一样大，他一直把自己当小侄女看待，自己的一片痴心他会接受吗？父亲能同意吗？年龄的悬殊是一个障碍，但这不是主要的。自己的择偶标准早就讲过，只看本事大小，不论贫富丑俊，父亲是同意的。要看本事，只能从年龄大一点的人当中选。二十几岁的青年人，谁知道他以后会怎样发展？或时运不佳，或走了邪路，难说得很哪！夫妻双方的年龄究竟应该是多大，基督的教义中并没有限制，任何国家关于婚姻的法律中也没有规定。年龄大了小了的非议只存在于世俗的观念中，革命者不都是世俗观念的反叛者吗？还有就是孙中山已有妻子，这是个麻烦。不过她是个旧式女人，孙中山和她之间早没有了爱情，没有爱情的婚姻当然应该结束。这看来也不会成为不可解决的问题。宋霭龄想来想去，最最关键的还是孙中山喜欢不喜欢自己。即使喜欢，碍于叔侄情面，他也许一辈子都不会开口。这事嘛，必得自己主动才行。对，明天就应该寻找机会，试试他的态度。可是，怎样去行动呢？宋霭龄读过的爱情小说中的情节一幕一幕在脑子里出现了……

二

宋霭龄满腹心事，低着头往外走，刚转过天王花园的小圆门，就与迎面来的一个人撞个满怀。宋霭龄满心不悦，揉着撞疼的头刚想发作，眼一斜却见是外交总长伍廷芳。伍总长七十有余，平素却依然是步履矫健，气宇轩昂——他在清朝就是有名的外交官，曾两度出任驻美大使，在海外生活了近半个世纪，久经风雨，养成了遇事不乱、沉着镇静的潇洒风度，为何今日如此慌张？宋霭龄刚想发问，伍廷芳早退后一步，打个半躬："哦，宋秘书，抱歉抱歉！都怪今天老朽太匆忙了些，不要紧吧？"宋霭龄也只得侧身答礼："不要紧的，伍总长。你这么慌忙，有紧急的事吗？""是的，我有紧急事情向总统禀报。对不起了！"说完闪过一旁就要往里走。

宋霭龄赶紧说："你来得不巧。总统今天和实业界人士研究实业保护法的起草，刚刚被张总长接走。"

伍廷芳显然有些着急："哎呀，天下未定，怎么顾得上制定那些不切实际的东西？请你帮我快把他找回来，大事不好了！"

宋霭龄也着急起来："噢，这可不太好办。他们车子刚出去不久，具体地方也没交代清楚，怎么找呀？"

伍廷芳在原地转了几步，显得心神不定。一会儿又抬起头说："不行，无论如何得赶紧找着他！"

宋霭龄有些为难，迟疑了一下说："这样吧，有什么事你先给我说一下，我再想法通知他。你赶紧想办法先处理着，免得误事。"

伍廷芳想了一下，也只得这样。两人一起到了宋霭龄办公室，伍廷芳说："是这样，刚刚得到报告，袁世凯以唐绍仪在和谈中有越权行为作借口，撤销了唐的和谈总代表职务……"

宋霭龄说："唐绍仪是袁世凯的代表，他撤他的，何必惊慌？"

伍廷芳苦笑了一下："袁世凯撤和谈代表的职，不过是一个花招，目的是借此推翻已经达成的和约。这说明战事马上就要重开，南京已处在敌人的炮口之下……"

宋霭龄狠狠地说："袁世凯不是什么好东西，不和谈更好，乘机向北进军，扫平全国!”

伍廷芳摇摇头:“事情没有那么简单。袁世凯在天津小站练兵，培养了一大批心腹党羽，掌握了军队实权。慈禧死后，清朝皇室王公大臣担心他野心太大，以他骑马摔跛了脚为由，逼他退休。武昌起义后，清室中无人能收拾局面，才不得不又把他请出来，但他已经不肯再为清朝卖死命。他在革命军和清朝之间耍弄两面派手法，借革命力量压清朝，借清朝力量压革命党。既不让革命军向北发展，又不大举进军替清朝消灭革命军……”

宋霭龄杏眼圆睁:“革命烽火遍地，人民同仇敌忾，岂是他袁世凯想消灭就消灭得了的?”

伍廷芳哦了一声，连说“是的是的”，却低下头不再说话。他想起了自己当初在上海刚刚光复的混乱中，对革命党究竟能不能站住脚犹犹豫豫，还是宋霭龄和查理上门等于是连劝带逼，自己才答应参加革命行列，出任外交总长的。现在又面临紧急关头，稍有不慎可能会被怀疑立场动摇。他默默地想着怎样才能既把当前严峻的形势说清楚，又不致让人误解。热烈的谈话一下子冷了场。

宋霭龄马上意识到可能是自己刚才话说重了，犯了伍老先生的忌，但这又不能说破，于是立即换了热情的口吻说:“伍总长，你是来建议总统赶紧做军事准备的吧?”

伍廷芳抬起头来，直视着宋霭龄的眼睛，看见没有责难自己的意思，才沉重地说:“如果仅仅是做打仗的准备，事情也就好办了。其实袁世凯这一手，最根本的是因为原来有些人答应，只要他逼清室退位，就让他来做民国总统。现在他看到中山先生已经宣誓就职，才来这一手相逼……”

宋霭龄又有些按捺不住:“中山先生是反满革命元勋，岂是他这条清室走狗能比的?再说这大总统由17省代表公选产生，难道可以由谁说让就让给他了?”

伍廷芳抬手示意宋霭龄暂停，说："现在的问题不是我们两个人来争论。你一心拥护孙先生，我也完全一样。1月1日总统就职，5日袁世凯就来电质问说，和谈正在进行，国体问题还未取得一致，为什么就在南京成立共和政府，就让孙中山当了总统，你们这不是破坏和谈吗？我作为南方和谈总代表，当即回电反驳：现在十几省已经光复，成立政府完全是为了协调革命党内部行动，别人无权干涉。我们并没有关闭和谈大门。如果说和谈还没有达成协议，共和政府就不能成立，那么在协议达成前皇室为什么不先行退位，等就国体问题谈定了再说？"

宋霭龄一拳砸在桌子上："驳得好！"

"所以，问题不在你我之间。我是怕袁世凯来这一手，南京的旧官僚、立宪派又会趁机活动，逼孙大总统给袁世凯让位。"

宋霭龄感动地说："伍总长，我明白你的心了。这样吧，我赶紧设法找到总统，请他做好抗击袁军进攻和防止政府中有人煽动妥协的两手准备。你赶紧去找英美领事馆，请他们支持孙先生的民主政府，不要再给那个腐朽的皇室输氧了！"

伍廷芳点头赞同，告辞去了。

当宋霭龄心急火燎地把这一消息报告孙中山的时候，孙中山反而很平静。他对宋霭龄说："孙文几十年冒死舍生推进革命，实为国家民生，并不在求个人地位。我还是坚持就职前给袁世凯电报中的立场和委派伍廷芳谈判时交代的条件，只要他袁世凯赞成共和，让清室退位，中华民国得以确立，我随时准备把大总统职位移交给他。"

宋霭龄一听，气得满面通红："你，你……袁世凯的独裁阴谋，如司马昭之心，三岁小孩子也能看穿。你这是对革命不负责任，是推卸重担！你是个扶不起来的天子！你要让位就让吧！你的这个秘书，我不干了！"

宋霭龄说着说着，早不能自持，声泪俱下，涕泗横流。最后一跺脚，一路大哭，返回了总统府。

为尽快发展实业、谋求人民生活水平提高忙碌了一天的孙中山，回总统府吃晚饭的时候，没有像往常那样看到宋霭龄，和警卫人员一起检查饭菜，忙进忙出，就知道宋霭龄还在闹情绪。他匆匆扒拉了几口，各处转了一下，证实宋霭龄确实没来吃饭。他想在天王府的西花园静静地思考一下。这里冬天已没有什么景致，但湿润清冷的空气能帮助人头脑清醒。他站在水榭的台阶下，任咝咝的北风灌进脖颈，看着水面上的薄冰陷入沉思……

自回国以来，围绕总统职位问题，各种各样的意见听得太多了。归纳起来，实质上无非是两种：一种是认为当前中国最有实力、真正能把清朝推翻实现共和体制的还是袁世凯，为达到革命目的，应该尽量争取他，而袁世凯在清朝就是大人物，要拉过他来只能给他大总统的职位，革命党可以通过在国会的多数对他进行制约，使他按革命党的意见办事；一种认为袁世凯过去出卖谭嗣同，人格卑下，是个为了个人野心什么事都做得出来的小人，现在对革命势力一会儿打一会儿靠，目的不外是攫取最高权力，决不能相信他，总统职位无论如何不能让，那样多少革命者的鲜血就要白流。这两种意见第一种私下嘀咕的多，第二种当面向自己谈的多，不少人谈时颇为悲壮，大有孙中山不任总统就以头死谏的味道。但也有人当面这样说，底下又一说，像汪精卫就是一个代表。他自行刺清朝摄政王载沣被捕后，俨然成了大英雄，在革命党人中名声很大。武昌起义一起，他被放出后，在北京就成了袁世凯的座上宾，和袁世凯的儿子袁克定搅在了一起。这次派他作伍廷芳的副手与袁世凯谈判，他在听取谈判条件时，坚决不同意把总统职位作为让步条件，表示既要把袁世凯拉来共同推翻清朝，又要坚决保住自己的总统地位。可在私下，他又跟不少人讲，除非让袁世凯做总统，否则别无办法保住革命成果。孙中山心眼直，也以君子之心度人，他拿不准这些意见究竟哪个是客观的，坚持要自己继续做总统是否是出于保自己面子的考虑。可像今天宋霭龄这样，一个年轻女子，为让不让总统问题大动感情，捶胸顿足，还是绝无仅有的，这不能不让孙中山深受触动。她是老朋友查理的女儿，无论如何要跟她认真谈谈，要珍惜这一份真情，不能伤了朋友们的心……

一拨又一拨的人请示汇报工作，孙中山都摆摆手不让他们打扰。当他从沉思中回过神来，准备去找宋霭龄谈谈的时候，才注意到不远处早站了十几位政府要员，一个个在寒风中已冻得瑟瑟发抖。孙中山只好先回办公室一一处理，等把这些人打发走、站起身的时候，墙上的自鸣钟已敲了十下……

宋霭龄的宿舍里没有开灯，黑洞洞的。往常这个时候宋霭龄是睡不了的，孙中山在门口犹豫了一下，还是伸手轻轻敲了门。停了一会儿，屋里没有动静，只好再敲，这一回里面传出宋霭龄没好气的声音："我不吃饭，不添火！我不冷不饿！不要打扰我！"

孙中山心头激灵了一下，沉默了一会儿才轻轻地说："霭龄，是我。"

"谁？"

"是我，请你开一下门。"

"噢，是总统！这就来！"屋里灯先亮了，接着匆匆的脚步声到了门边，停了一下，隔着门传出一个温柔的声音："对不起，请稍等！"又走开了。

孙中山听见里面传出窸窸窣窣的声音，像是在洗脸和整理床铺。门开了，里面的灯光照在孙中山脸上，那上面显出一种少见的慈祥。宋霭龄心头一热，低低地说了声："总统，请进来……"

孙中山迈进屋，宋霭龄随手关了门。小屋东西不多，收拾得整洁雅静，洁白的床单，淡绿色被罩，靠墙的条几上一头一个大花瓶，里面插了几枝含苞欲放的梅花，正面墙上挂着孙中山手书的“天下为公”的横幅。孙中山环视了一周，不由笑道：“真是室雅何须大，花香不在多噢！”

“霭龄跟随总统，不敢以一室为念，当以放眼寰宇，扫除天下……”

孙中山笑了：“人小志大，不愧是宋查理的女儿！”

宋霭龄多情地望了孙中山一眼：“应该说不愧是孙先生的……”孙中山盯住宋霭龄：“不愧是我的什么？”

宋霭龄腾地脸红了：“总统，坐这儿烤烤火吧。”孙中山答应着：“嗯，这屋里是够冷的。”说着往壁炉前走去。宋霭龄惊叫起来：“哎呀，火都快灭了！”说着赶紧往火里添木炭，边添边说，“幸亏您来得及时，要不这火真要灭了。”孙中山看了一眼壁炉：“嗯，看来今天一直在生我的气，是不是？”

“那怎么敢？我只是……”

“哈哈，不敢？我看天下还没有我们小霭龄不敢的事哟！”

“总统！”宋霭龄羞怯地低下了头。壁炉的火旺了起来，一蹿一蹿的火苗子映得孙中山脸上愈加红光焕发。宋霭龄心头燥热起来，多少天来一直纠缠她的那个想法直往上冒。现在孙中山就坐在身边，她心里感到幸福、充实，如果能一直这样坐在一起多好！她证实了自己的内心确实爱着他，但这样的时间不会很长，如果没有新的话题，他马上就可能离开。虽然天天在一起，但像今天这样能两个人单独坐一会儿的机会并不多，不能错失良机，要把自己的心思透露给他，看一看他的态度。

宋霭龄倚靠在壁炉的墙上，和坐着的孙中山正对面，露出一副真诚的表情：“我今天惹您生气了，您是来批评我的，是吧？”

孙中山欠身拉住宋霭龄的手，让她坐在旁边的另一个小凳上，慈爱而又幽默地说：“谁那么不识趣要批评咱们的小霭龄呢？她目光远大，忠心赤胆，可是咱革命党中不可多得的女中英杰啊！”

宋霭龄把上身一摇，小嘴一噘：“你这是孙猴子变媳妇，专拿人开心！”宋霭龄说完，忽然悟出孙中山原来和孙悟空一个姓，不由“哧哧”地笑了起来。

孙中山当然想不到这一层，他看宋霭龄笑得可爱，故意板起面孔说：“出家人不打诳语，孙文句句是真！”

“真的？”

“真的！”

“噢，上帝！霭龄不敢当。”

停了一下，她又说：“不过……”孙中山追问起来：“不过什么？”宋霭龄清了一下嗓子给自己壮胆：“美国人也这么说。”“美国人？美国人说什么？”孙中山迷惑不解。宋霭龄跳起来，打开箱子，拿出精心保存的梅肯城《电讯报》，自己先再看了一眼，才递给孙中山：“喏，你看这里。”

孙中山好奇地读出了声：“若干年后，我们将会从报纸上读到宋小姐同革命后的中国领袖结婚的消息。威斯里安学院的女学生将成为中国的总统夫人……领袖的妻子是支持宝座的真正力量，由于她的英明睿智，中国已大步迈进……”

宋霭龄屏住呼吸，静静地等待孙中山的反应。

孙中山把报纸一放：“美国记者中还真有人才。”

“什么意思？他们太爱胡说八道了，是吧？”

“不！”孙中山一挥手。

“你是说……”宋霭龄的心提到了嗓子眼上，火辣辣的眼光深情地望着孙中山，期待着他说出自己想听的话。

“中国要真正走向繁荣昌盛，需要几代人不懈地努力。我们党内年轻能干的同志很多，他们当中会产生真正大有作为的总统。霭龄，叔叔祝福你，祝愿美国人的预言能成为事实！”

宋霭龄的脑袋“轰”的一声，多少天来精心构筑的空中楼阁倒塌了。她不知道是孙中山没有明白自己的意思，还是故意用这种方法巧妙地避开了自己抛出的绣球。她脑子里糊里糊涂，直到把孙中山送走，不知道后来都说了些什么。望着孙中山走远的背影，她久久地倚门而立。深夜的寒风把她吹清醒了，她一幕幕回忆刚才谈话的全过程，忽然“嗨”的一声，自己在脑袋上砸了一拳，“浑！是我本来就没有把意思表达明白。即使他听出弦外之音，作为父亲的朋友，年龄悬殊如此之大，他当然也只能假装糊涂。不能灰心！再找机会，一定要把话挑明了说，不能再让他打岔！”

关门的时候，宋霭龄忽然又想起了一件更重要的事：关键是不能让他给袁世凯让位！这么好的机会竟然白白错过，一个晚上的宝贵时光一件事也没有说清，真是！宋霭龄长长地叹了口气，重重地摔倒在床上……

三

宋霭龄最不希望的事情还是发生了，而且来得是那样快，甚至让人有点猝不及防。

也许是孙中山太天真，相信袁世凯能够领导国家实现民主共和；也许他认为清帝退位，革命业已完成。1912 年 2 月 13 日，就是 7 虚岁的宣统皇帝溥仪签署退位诏书的第二天，孙中山就向参议院提出辞职咨文，并推荐袁世凯继任总统。

袁世凯虽然对孙中山就任临时大总统极为恼火，鼓动手下的 48 位军事将领联名通电，表示要对南京革命政府大动武力，其实他心里想的是既不要孙中山做总统也不要溥仪做皇帝，而是要自己总揽全国大权。他把大总统看作一块肥肉，必欲自己吞之而后快。孙中山恰恰相反，他把总统职位看作替人民办事的仆役，得之不喜，弃之不忧。

早在孙中山得知武昌起义的消息，奔赴伦敦向英国政府请求支持革命的时候，就有一封国内拍往英国的电报。这封电报没有发报人地址姓名，也没有收报人详细地址，收报栏里只有“伦敦孙文”。英国邮电局无法投递，就把电报转给了中国驻英使馆，使馆也不知道孙中山在哪里，又把电报交给了他的一位英国朋友。这位朋友就是当年孙中山被清政府诱捕后，积极营救他脱险的康德黎。孙中山从康德黎手中接过电报后，含着微笑在眼前晃了一下就揣进了衣兜。康德黎不懂中文，对电报内容不甚放心，第二天憋不住还是问了孙中山：“电报中有什么秘密事情吗？”孙中山淡淡地说：“国内要我回去担任总统。”说这话的时候，竟没有任何激动和愉悦之情。别说官本位观念极重的一般中国人，就是这位英国朋友也觉得此事非同小可，应该大大高兴才是。看孙中山无意再谈此事，康德黎不得不再次发问：“请问你打算就职吗？”孙中山说：“如果没有更适当的人选，则由我承担也未尝不可……”

动身回国之前，孙中山给上海《民立报》发回一封电报，电文说：“今闻已有上海会议之组织，欣悉自当推定黎君（元洪），闻黎有拥袁（世凯）之说，总之，随宜推定，但求早固国基。清朝时代权势利禄之争，吾人必久厌薄。此后社会当以工商实业为基点，为中国开一新局面，至于政权，皆以服务视之为要领。”从这封电报中也可看出孙中山对总统职位的态度。

袁世凯则是一开始就瞄准了时机，打算利用这场革命实现他的独裁野心。1909 年袁世凯被清朝摄政王载沣解除一切权力退休，他回到河南项城县洹上村老家等待东山再起时，故意叫人拍了戴着斗笠、穿着蓑衣，在河边垂钓的照片，在报纸上发表，以迷惑清廷。但他暗中却与自己亲自训练的六镇军队保持着密切联系。武昌事起，清朝派丁荫昌统率军队前往镇压，但丁荫昌根本指挥不灵。那些军官都要先请示袁世凯才决定行动。冯国璋跑到洹上村请教袁世凯，袁世凯给了他六个字的方针："慢慢走，等等看。"这些军队便以需要准备为名拖延出发时间。清廷只好电请袁世凯出山，先是委任他为湖广总督，袁世凯嫌官小，回电说足疾未愈，无法行动。这个"足疾"，就是当初载沣要他退休的理由。袁世凯不肯出山，却偷阅清廷和前线军队往来的电报，掌握了一切情况。有些电报他还加以篡改，使清廷得不到真实情况，使军队按他的意志行动。清朝只好再升任他为钦差大臣，袁世凯又提出六项条件。杨度问他既然想干大事，为什么一推再推？袁世凯笑着说出一番高论："皙子，你知道拔树的办法吗？马上就用猛力去拔，是不可能把树连根拔起来的；过分去扭，树就会折断。只有一个办法，就是左右摇撼不已。这样做，才能使树根松动，然后不必用大力，就可以拔起来。清朝是棵大树，而且是三百多年的老树，不是容易拔起来的。现在闹革命的都是年轻人，血气方刚，但不懂拔树的办法；而主张君主立宪的人，虽然懂得拔树的办法，却没有力气。我今天这样做，看起来是退隐，实际上是一直在摇撼大树。现在树根四周的泥土已经松动，大树不久就要拔起来了。"

直到清朝正式任命袁世凯为内阁总理大臣，他才威风八面地开进北京，并且立即以让他出任民国总统为条件，与南方革命党进行谈判。

当初革命党推选孙中山任总统的时候，袁世凯使人在同盟会内部散布："论功应推黄兴，论才应推宋教仁，论德应推汪精卫。"企图使革命党内部形不成统一意见。这一招不灵，他又以处于他掌握之中的清朝为筹码，与南京方面交涉："清朝退位，孙中山让位；孙中山不让位，则清朝不退位。"革命力量的软弱和一些人的天真，加上孙中山对总统职位的淡泊，终于使袁世凯如愿了。

但是真正的革命党人却不愿意大权旁落，使革命成果让人轻易取走。宋霭龄反对孙中山辞职，既有这种考虑，也有她个人的感情因素。但是她说服不了孙中山，也阻止不了袁世凯的夺权阴谋，憋了满肚子的哀怨和火气。

她找着了一个发泄怨气和火气的机会。

2 月 12 日，清帝退位诏书公布，宋霭龄一句一字读下来："前因民军起事，各省响应，九夏沸腾，生灵涂炭，特命袁世凯遣员与民军代表讨论大局，议开国会，公决政体。两月以来，尚无确当办法，南北暌隔，彼此相持，商辍於途，士露於野，徒于国体一日不决，故民生一日不安。今全国人民心理，多倾向共和，南中各省既倡议於前，北方诸将亦主张於后，人心所向，天命可知，予亦何忍因一姓之尊荣，拂兆民之好恶？是用外观大势，内审民情，特率皇帝将统治权公诸全国，定为共和立宪国体……"

"即由袁世凯以全权组织临时共和政府，与民军协商统一办法。总期人民安堵，海宇乂安，仍合满、汉、蒙、回、藏五族完全领土，为一大中华民国。予与皇帝得以退处宽闲，优游岁月，长受国民之优礼，亲见郅治之告成，岂不懿欤？"

宋霭龄不看则已，一看之下，不禁拍案而起。这封诏书是由南京共和政府实业总长张謇代笔起草的。张謇是江苏南通人，清朝科举考试的最后一个状元，文笔漂亮，号称"天下第一才子"。他在政治上本是君主立宪派代表人物，影响很大。袁世凯受命为清朝总理大臣，组织联合政府时，就把他列为内阁部长，但他不肯到职，转而参加了南京革命政府。皇室退位诏书是大文章，自然公推他代笔起草。宋霭龄看罢诏书，立即找到张謇，不凉不酸、软中带刺的话就冒了出来：

"张总长，果然是天下第一才子，诏书写得好漂亮哟！"

张謇听出话里有话，不由有些惶恐，赶忙问："宋秘书，有什么不合适吗?”

“合适，合适！张总长，在你看来，这大清朝不是被革命推翻，而是深明大义，效法尧舜，将天下禅让了，啊?”宋霭龄火大话重，毫不留情。

“宋秘书，你在总统身边，说话有分量，可也要有根有据，不能乱猜乱说吧?”张謇架不住，口气也变了。

宋霭龄把诏书“啪”地往张謇面前一拍:“我乱猜乱说?你看看这里:‘即由袁世凯以全权组织临时共和政府’，这是退位还是禅让?”

张謇急忙低头细看，果如宋霭龄所说，有这样的话。张謇一时急得话也说不完整了:“这，这个，宋秘书，这话可不是我写的……”

“那是谁写的?”

“哎呀！我写完后总统和总长们都看过，确实没有这话，天人可鉴，天人可鉴!”

“张总长，你们就是把孙总统挤得下了台，扶起袁世凯，你的忠心……”

张謇急了:“宋秘书，你……你……”宋霭龄不大讲理的话，其实正戳到了张謇的痛处。袁世凯确实曾派唐绍仪给君主立宪派和保皇派们传过话，说是只要自己上台当总统，保留皇室便没有问题，企图以此换取立宪派的支持。张謇并没有给袁世凯效力，但这层意思也从未讲到明处，张謇怕有人借此做文章，急于表白自己。也是急中生智，他终于想起了充分理由，立即反击道:

“袁世凯当初拉我入他的联合内阁，我没去，革命党成立共和政府，要我来，我二话没说。这就是明证！我不怕你瞎栽派我……哎，我想起来了！我起草的退位诏书是经你手用电报发到北京的，莫不是你塞进了私货，倒来讹我!”

张状元聪明得很，只要克服了最初的慌乱，他立即转守为攻，向宋霭龄倒打一耙。

宋霭龄一下子也想明白了，事实的确如此。她本是借题发泄，现在知道错怪了人，一时竟拿不定主意是硬撑面子呢，还是承认事实。张謇看出了她的矛盾心理，也就不再穷追，和颜悦色地说：

“袁世凯诡计多端，他身为清臣，敢篡改清廷的电报，难道就不会私改我们起草的文件吗？这个人正在得势，我看今后我们都得对他多加提防才是。”

宋霭龄顺水推舟，也对袁世凯发了几句牢骚，算作对张总长的赔礼。

宋霭龄把这次谈话的结果报告了孙中山，提醒他防范袁世凯的问题。孙中山大度地笑笑说：“不怕他，我们已经制定了《临时约法》，一是可以以国会的多数限制他滥用总统权力；二来我们已经公布南京为民国首都，他必须到南京就职，离开了他的北京老巢，到了南京这个革命大本营，他想胡作非为也没有基础了。”

宋霭龄还想说什么，孙中山又被人拉走了。

2 月 14 日，参议院接受了孙中山的辞呈。但是要等新总统亲到南京就职，孙中山及各国务员乃行解职。

宋霭龄的担心又一次被验证，袁世凯玩弄花招，唆使曹锟在北京发动所谓“兵变”，抢劫前门大栅栏商业区，并冲击南京代表在北京的下榻处，蔡元培等专使只好逃到美国友人住宅避难。袁世凯还策动各地都督、巡抚通电反对袁世凯南下就职。南京方面相信了袁世凯说的他如果到南京就职，北方就会大乱起来，因而做出妥协，同意袁世凯荒唐的“电报宣誓”，在北京履任总统。

宋霭龄度过了无精打采的一段时光。3 月 30 日，孙中山与袁世凯最后敲定了内阁成员名单：唐绍仪为总理，九名总长中，同盟会员占了四席，分别是司法总长王宠惠，教育总长蔡元培，农林总长宋教仁，工商总长陈其美。4 月 1 日，孙中山在参议院举行解职礼。他说：“清帝逊位，民国成立，民族、民权两主义已经达到，只待实现民生主义。”他念念不忘修筑 20 万里铁路的宏图，表示十年之内不过问政治，一心完成铁路建设计划，使中国在经济上富强起来。

面对孙中山的巨大转折，宋霭龄一时跟不上趟，她处于矛盾的十字路口。

第六章
情感波澜

宋霭龄直言不讳地向孙中山袒露了心迹，表示愿意为他的事业献身，为自己崇拜的英雄捧出一片冰心，同他喜结良缘，共修百年之好。但这次谈话的结果使她大失所望。她无法忍受这种好心不被领情的痛苦。

——题记

一

孙中山卸下总统重担，顿觉一身轻松。他与黄兴约定，自己搞铁路，黄兴去搞大西北的开发，共同把民生主义推向一个实际实施的新阶段。

4 月 14 日，孙中山从南京出发，准备南下广东，开始考察铁路建设。宋霭龄犹豫不定自己是继续在下了台的总统身边工作还是回到父亲那里，她想和查理仔细谈谈这个问题，孙中山也想见见查理，他们乘坐的“联鲸号”军舰悄悄停在了江南制造局码头。

查理事先接到通知，已在码头等候。船靠岸后，他登上了军舰。两个老朋友一见面，就对铁路问题谈上了瘾，查理非常支持孙中山的弃政修路方针。他说，美国的富强，就是从兴修铁路开始的。铁路一通，沉睡地下的资源很快开发，国民经济就甩开了大步。他完全赞成孙中山的计划，并已着手在资金上想办法。孙中山更是兴致勃勃，两个人越谈越起劲，两个小时过去了，都还意犹未尽。宋霭龄在一旁根本插不上话，也没有机会同父亲谈自己的事。天色已晚，孙中山欣然接受邀请，住进了查理家中。

吃过晚饭，孙中山又站在了 1894 年的那幅全国地图前，他兴奋地对着查理全家说：“从第一次勾出全国的铁路线，我就为它激动不已。可是那时候不首先进行革命，铁路根本无法修建。现在好了，共和革命已经完成，我可以专心致志来实现它了！”

孙中山边说边在地图上用红笔画着：铁路建设的第一步是连通全国三大干线。第一条，从广东南海起，经广西、上贵州、进云南、出四川、入西藏，最后北上新疆天山；第二条，从上海出发，过江苏、安徽、河南，经陕西、甘肃，从河西走廊进入新疆，到达伊犁；

第三条，起于秦皇岛，穿越山海关进入辽宁，再向西折入内蒙，北穿外蒙古，到达乌拉海。他说，这些铁路完全修起来，每年仅运输收入就可以达到十万万元，很快就可使中国进入世界最强国之列……

查理一家人听得情绪激动，为孙中山的宏伟蓝图所鼓舞，为孙中山描绘的光明前景所陶醉，忘情地鼓起掌来。尤其宋霭龄听到铁路能赚这么多钱的时候，眼睛里闪出了多少天来少见的光芒，她已经对这项工作大有好感了。

刚刚从美国哈佛大学毕业归来的宋子文，这时正在上海都督府当一名不领薪饷的文书。他对那份工作没有兴趣，这时赶紧缠住孙中山，坚决要求跟随他一起从事铁路建设。

趁宋子文和孙中山搅和的时候，宋霭龄拉查理到了另一间房里，就自己的去向征询父亲的意见。查理并没有看出女儿的心思，他毫不犹豫地说："跟孙先生干下去！孙先生已经以中华民国的开国总统名垂青史，但他更大的作为，百年之后更为人们怀念的，也许是他振兴中国经济的功勋。你想想看，一位既曾率领人民推翻封建王朝，又使一个贫弱的民族发展成为世界强国的人物，全球迄今能有几人？"

宋霭龄欲言又止，吞吞吐吐，查理进一步说："我知道你心里想的事了，你是对他不当总统有看法，对吧？你应该看到，孙先生是主动让位，不是被选下台，不是被人赶下台，他是中华民国的国父，这是已成定论的。现在功成身退，去从事他更有兴趣的事业，这在中国争权夺利成风的国度里，是一种更加伟大的品格和人格，将更会受到人民的敬仰和尊重，也更加完善了他自己。当初进行革命，是因为不进行革命就无法进行建设，那是不得已而为之。说到底，革命不过是一种手段，而通过建设使国家富强起来才是我们当初投身革命的本意。1894 年我们共同绘制那幅全国铁路图的时候，我就看出了他真正倾心的是国家建设，但为了推翻那个阻碍国家富强的腐败政府，他不得不先压制自己的兴趣，而先完成革命。应该说现在建设铁路的工作才更符合他的兴趣和愿望，你不应该对他有过多的责难。”

宋霭龄显然已经被父亲说动，但她又提出了自己的另外一种担心：“万一袁世凯……”

“噢，这个问题我也有过考虑。不过可以这样想：袁世凯现在还是表示完全拥护共和，对孙先生很尊敬的。孙先生还是同盟会的总理，今后进行国会选举，同盟会广泛的社会基础必将赢得多数。共和制的根本权力在国会，国会通不过的事情，他总统想干也不行。再说万一袁世凯一意孤行，要搞独裁，革命党完全可以把他打倒。孙先生当初一介平民，不仅在中国待不下，整个亚洲国家都由于清政府的干预驱逐他，他仍能领导民众把一个有三百年历史的帝国摧垮。现在他的威望更高，社会影响更大，袁世凯胆敢践踏共和，孙先生振臂一呼，岂不是应者云集？我的孩子，这些问题革命党内部已讨论过多次了，你不必疑虑太多，好好跟定孙先生，你会前途远大的。”

查理的一席话，像一阵清风吹开了宋霭龄眼前的云雾。她后悔自己差点因过分沉湎总统夫人梦而铸成大错。孙中山虽然卸下了总统职务，可他在人们心目中仍然是开国总统，仍然是当今中国最伟大的人物。她向父亲表示，自己一定跟孙先生走，而且要跟他一辈子，为他献身！

父女俩回到客厅的时候，宋子文一下子扑向查理：“爸爸，铁路建设事业太伟大了！我要跟孙先生去，让我去吧，啊？”

查理笑着瞟向孙中山：“你还是个政治家！你的煽动性太强了！”

孙中山也笑了：“我已经给他说了，你两个从国外学成归来的孩子我不能都带走，你身边也需要帮手。”

宋子文嚷起来:“那就让我去，姐姐留下。我是男孩子，总比她的作用大!”

查理望住孙中山:“你来决定吧!”

这要在几小时前，宋霭龄可能巴不得呢，但现在她已经完全改变了主意，她生怕孙中山说出让自己留下的话。不等孙中山开口，她就抢先对宋子文说:“你不要胡搅了，你的事爸爸已有安排。再说我在先生身边已经工作了几个月，许多事情都已熟悉。对我的工作先生也是满意的，有什么必要换来换去呢?孙先生，爸爸，是这样吧?”

孙中山笑而不答。于是查理说:“子文不要争了，还是你大姐去。”宋子文来了个美国式的耸肩:“在我们家呀，重女轻男!”

孙中山被逗乐了:“中国呀，几千年来都是重男轻女，只有杨贵妃时代有过重女轻男的说法，不过那大概也只存在于诗人浪漫的笔下。你倒说说，你们家是怎么重女轻男的?”

宋子文手插裤兜，望着天花板不出声。

查理对宋子文说:“修铁路现在最需要的是钱! 20 万里铁路共需 60 亿元，没有钱连一寸铁路也修不起来。我们来个分工，孙先生和你姐负责铁路规划和设计施工，我们两个负责筹措资金，这个不重要吗?我倒希望你将来能成为中国最大的银行家，最好是做国家银行行长，干什么也离不开财政金融的支持呀?”

宋霭龄赶紧说:“对呀，一切之中钱是王中王!”

二

孙中山在上海停留了 4 天，换上江南制造局帮办牛尚周预备的客轮，开赴广东。

宋霭龄一扫孙中山辞职初期的沮丧情绪，对孙中山的伟大品格和不凡举动已经有了充分的理解，尤其对孙中山兴修铁路的雄心和这一计划的重要意义越来越感到由衷赞赏。她把查理父亲准备的一大批有关铁路建设的资料，分门别类地整理好，适时送给孙中山参阅。对孙中山生活上的照顾，也越来越体贴入微，以至随行的孙中山的女儿孙金琰、孙金琬，也从开始时的感激到后来觉得有些过分了。

船到广州，他们受到广东都督胡汉民的盛情接待。军乐队吹吹打打，还有天真烂漫的儿童献花，当晚又举行了盛大宴会。宋霭龄感到很惬意，孙中山却有些不以为然。他对胡汉民说："兄弟现在不是总统视察，而是个在野人士考察铁路，搞这阵仗干什么嘛！"胡汉民笑笑说："革命成功了，我们也该开开心，您现在也不在朝中，没有人能说什么。他袁世凯别看当了总统，他若来了咱还不一定伺候呢！"

离开广州，孙中山按照自己划定的铁路线进行实地考察。他们遇水行船，旱路乘车，有铁路的地方，到南京就任总统时的专用花车早在等候。各地官员和百姓都对孙中山表现出无比的热情，欢迎、宴请、安排游览、赠送礼品，有时老百姓还自发地夹道迎送，为的是看一眼这位把皇帝佬儿赶下台的人物究竟是什么样子。这多少有些妨碍工作，孙中山一再要求官员们简化接待，以便腾出时间多做些实地考察。对赠送的礼品，价值贵重的他一概不收，宴请除非是党内相熟的同志小范围的小饮浅酌，其他统统谢绝。

宋霭龄却完全是另一番感受。她认为孙中山现在无总统之累，却有比总统更大的实惠：且不说三万元的月薪，就是袁世凯表面上也没有这么多，单是所到之处的接待规格，就让人感到孙中山仍是中国第一人，他的威望和号召力，在宋霭龄遇到的所有人中，尚无一人可以相比。宋霭龄对孙中山一度冷却了的感情，又在悄悄升温。

第六章
情感波澜

在广西的崇山峻岭中视察未来的铁路线时，宋霭龄表现了一个女子令人难以置信的旺盛精力和体力。她甩掉了平素穿的高跟鞋、长裙子，换上了平底胶鞋、美国牛仔裤，显出一种潇洒和干练。每天她都紧紧伴随着孙中山，搀扶他爬上陡峭的山坡，穿过湍急的河流，在崎岖山路上穿荆棘、越丛林。一天，孙中山为看铁路能否顺一条河谷蜿蜒而上，坚持要爬上一座山头。这时正值一阵大雨刚过，苔绿路滑，别人都劝不要上了，孙中山不听，独自向前攀去，宋霭龄立即紧紧跟随。刚上半山腰，孙中山脚底一滑，向后摔倒，宋霭龄在后立即张开双臂去接，巨大的惯性连宋霭龄一起冲倒，两人一齐向下滚去。情急中宋霭龄使劲抱紧孙中山，结果两人好像成了一段檑木，往下滚得更快了。其他人追又追不上，急得大喊"松开手，松开手！"可哪里还管用呢！

眼看两人向一悬崖边沿滚去，万分危急时刻，孙中山用脚拼命蹬一巨石，才使两人改变了方向，被一丛灌木拦住。在低矮的灌木丛中，宋霭龄仍用力抱紧孙中山，她明确地嗅到了孙中山的鼻息，感受到了他胸膛的激烈起伏。危险过去，她竟感到这样相拥相抱是那样幸福，她一动不动，任时光流逝。她真希望这成为她今后生活的一部分。孙中山要站起来，她紧抱着不放。直到众人赶来，她忽然又闭紧双眼，双臂无力地松下来。孙中山被人拉起，她还那样躺着不动仿佛已经失去了知觉。孙中山又着急起来，俯下身把她抱起，用力喊她的名字。许久，她才缓缓睁开眼，揉了一下额头，用真诚的目光望着孙中山问："先生，你，你没有受伤吧？"

孙中山越来越确切地感受到了宋霭龄频频发出的爱情信号，但是他要找出一种适当的方式，既表达出自己不能接受，又不伤害她的感情。当同行的人员瞧出端倪，悄悄议论的时候，孙中山告诉他们，宋霭龄对自己仅仅是一种崇拜，决没有别的意思，不许他们乱说，可在心里却一直琢磨如何处理好这件事。

孙中山一直在专心致志地思考他的铁路计划。宋霭龄跟随他在专用花车上遍游了当时的铁路所能到达的中国的每一个地方。火车到达北方的时候，澳大利亚记者端纳也上了这列车。

端纳向报纸发出了他关于孙中山修建铁路计划的报道。但是他认为孙中山的计划过于天真，像是一个发了疯的人。他在报道中写道：一天上午，博士邀见了我。我进去的时候，他手里拿着一支铅笔，正在各个城市之间画线，然后又用橡皮擦掉，把它们改成直线。博士说："我要用十年时间修筑20万里铁路。我正在地图上把它们标出来。你看见各个省会之间的粗线吗？它们将是铁路干线，其他较细的是支线。"我说："很抱歉！我不能把您的图展示出去。因为过不了多久，您就会改变想法的。"博士没有抬头，只是加重了语气："不管遇到什么困难，我都要把它们完成。"我说："不，您就是用30年时间也不可能修出这么多铁路。第一，这需要大量的钱……"博士说："这个我已经想到了，我将用美国的资金修一部分，用英国的资金修一部分，用德国的资金修一部分，用日本的资金修一部分，然后用铁路的收益偿还他们。"我摇摇头，接着说："第二，有些路是永远修不通的，比如在西藏的那些。您的铁路要经过的山口高达海拔15万英尺……"这时一直微笑着坐在一旁的宋霭龄女士插话了："再高也有道路呀？"我说："没有道路！要说有，也只是羊肠小路，盘旋直上云天，陡峭得连一头健壮的牦牛也爬不上去。"宋霭龄口气坚定地不容置疑："只要有路，先生就一定能够把铁路修上去！"

端纳抵挡不住宋霭龄的铁嘴，只好败下阵去。

这年的7月22日，孙中山被选举为中华民国铁道协会会长。8月，他来到北京，袁世凯以接待国家元首的礼节接待了孙中山。袁世凯对孙中山竭力恭维奉承，对他的话几乎是言听计从。袁世凯腆着大肚子在孙中山面前低三下四的卑顺，使宋霭龄转变了对他的一贯印象。她对孙中山说："我原来一直以为袁世凯是个猴精猴精的奸诈鬼，没想到是这样一位厚道慈祥的大头翁。”孙中山问何以见得，宋霭龄说：“人太奸诈了老用心思琢磨别人，就不可能长胖，必定是尖嘴猴腮；只有心眼厚道的人才能心宽体胖，腆出大肚子来。这样的人即使想使坏，也必定不难斗！”孙中山听得大笑，故意说：“听口气你还是个相面专家。我比袁世凯瘦得多，你看看是不是不如他心眼好啊？”宋霭龄心思一时转不过来，就撒娇地扑向孙中山，用手去捂他的嘴。孙中山只得连连后退。

孙中山也对袁世凯失去了警惕，接受了他“全国铁路督办”的委任。孙中山诚恳地对袁世凯说：“今后我们二人分工合作，十年之内，你练精兵百万，我筑铁路 20 万里，共同使中国走向富强。”

查理担任了全国铁路督办司库，与孙中山一起奏响了铁路狂想曲。

三

宋霭龄随孙中山继续考察。他们一起拜访了铁路工程师詹天佑，向他请教了许多技术上的问题，然后又参观了中国人自己设计施工的京张铁路。

就在孙中山和黄兴热心于“兴实业”，以“奠定中华民国百年根基”的时候，宋教仁等同盟会领导人却在热心于走议会政治的道路。他们接受了章士钊提出的“毁党建党”的主张，积极着手同盟会的改组工作。宋教仁想通过“新旧合作”，建立合法的中国第一大党，进而争取国会选举的胜利，组织责任内阁，以分享袁世凯的政治权力。经过几个月努力后，同盟会联合了统一共和党、国民公党以及共和实进会等，于 8 月 25 日正式成立国民党。孙中山出席成立大会并被选为理事长。但他明确表示不行使实际职务，一切党务工作都由宋教仁负责。

10 月，孙中山在上海开办了中国铁路总公司，自任公司总理。宋霭龄又多了一个职务：总理秘书，但她越来越多地流露出“督办夫人”、“总理夫人”的倾向。她处理各种事务时的精明干练令人佩服，但有时过于专断却招致了非议。

1913 年 2 月，查理也随孙中山东渡日本考察铁路并筹措资金。一年多来，他第一次和女儿朝夕相处，看到宋霭龄在铁路方面的知识大有长进，她已不再只是给孙中山准备资料，在和日本铁路专家谈话时，她往往能抓住实质，提出最需要了解的情况，还不时插话，根据中国的实际情况修正日本专家的建议。查理很为此感到满意。但他也发现了宋霭龄的秘密，那就是她对孙中山的其他随员不时流露出的颐指气使，以及在孙中山谈话工作时她那毫无顾忌的含情脉脉的注视。凭他的经验，他知道女儿可能已坠入情网，而从孙中山有意无意地躲避中他知道这还仅仅是她自己的单相思。以他回国以来对中国社会的了解，他感到这会损害孙中山和自己以及女儿的名声，徒招非议而妨害正在进行的大业。他感到有必要及早斩断她的情丝，使她能够正常地生活和工作。

在横滨海滩上，查理和宋霭龄一边欣赏海边的风光，一边进行着一场艰难的谈话。查理装作非常轻松的样子，逐渐把话题引了过来。

“霭龄，看到你这一年多的进步，我非常高兴。现在你都快成半个铁路专家了。”

“是吗？谢谢爸爸的夸奖！”

“很热爱这项事业，是吧？”

“爸爸，我愿意为孙先生的铁路宏图献出我的一切！”

查理凝望着远处的海浪，似乎若有所思：“你年岁不小了，除了事业，也该考虑一下自己的终身大事了。”

第六章
情感波澜

“爸爸……”宋霭龄有些迷惘。

“告诉爸爸，是不是有了心上人了？”

“这……”宋霭龄犹豫不决。

“噢，出发前有人给你介绍一位刚从美国留学归来的博士，人我已经见过，我和你妈都感到还不错……”

“不！我不要！”

“为什么呢？”

宋霭龄低下头，憋了半天，猛地抬起头来，两眼放出坚定的光芒：“我要嫁给孙先生！”

查理迎着宋霭龄的目光，定定地望着。

宋霭龄没有一丝退缩。她的心在激烈地跳动，脸上开始发烫。她想过了，这事可能会在家中掀起轩然大波，爱激动的父亲也许会跳起来。但她自幼形成的坚毅性格，以及对孙中山越来越强烈的情感，使她有信心承受一切。

查理的反应出乎宋霭龄意外。他并没有发怒和暴跳，而是先笑了一声，宋霭龄听出这笑声有些干涩，但她决心不去理会，静等父亲的下文。

查理平心静气地说：“这真是你的想法吗？”

“是的。”

“嗯，你有没有想过，他的年龄跟你父亲一样大……”

“年龄从来不是爱情的鸿沟。”

“他有妻室……”

“我只知道我爱他。别的事不属于我的考虑范围。”

“他是我们家老朋友，你一直是称呼他叔叔的……”

“在我遇到的所有男人中，他是这个世界上的最强者！我别无选择。”

“那你向他表示过这个意思吗？他的态度怎样呢？”

“我已经多次向他传递过爱情的信息，我相信他会接受的。”

“你凭什么认为他会有和你一样的想法呢？”

“他正在进行一项伟大而艰难的事业。一位哲人说过，每一个成功的男人背后，都有一位伟大的女性。我不敢自命伟大，但是我年轻，受过良好教育，对他有一片赤诚忠心，我的工作受到许多人的称赞，他对我的工作一直十分满意。我认为他要完成他的事业，非常需要我和他一起并肩奋斗。”

“霭龄，现在你来听我说。你崇拜他，喜欢他，这不难理解。四五十岁的男人是最美的，这一点与女人截然不同。四五十岁的男人还不显衰老，但又经历丰富，事业有成，还会疼爱体贴别人，与毛头小伙相比，自然透露出一种成熟之美，头上又有一个成功的光环，容易引起怀春少女的以心相许，但这是不是爱情还要具体分析。你知道，爱情是两个人站在完全平等的地位上，互相吸引，互相爱慕，既不是一个人对另一个人的投靠和占有，也不掺杂任何功利的目的。你现在对他是崇拜呢，还是……”

“我就是爱他，爱他，非他不嫁！”

“你现在陷入了一种感情的盲点，你只看见自己，并没有看清对方，也没有看清环境。革命打倒了皇帝，可人们的观念并没有多少改变，老夫少妻在世俗观念中是大受非议的。即使他也同样喜欢你，注意，我说的是即使，而事实上据我观察，他还没有这个意思。现在还讲即使，即使你们都愿意结合在一起，那么人们也会说，是他欺骗和引诱了你，在他的道德品质上抹上难于消除的污点，使他难以抬头，难以做人；反过来人们也会说，你是因为贪图他的地位和名声，而牺牲自己的青春。总之这件事的结果，不是有助于他的事业，不是人们对你勇于献身的高尚情操给予赞扬，而是你们会被流言蜚语所包围，会被好事者的唾沫淹死。这不仅坏了我们宋家的名声，也坏了孙先生的大事业。孩子，及早回头，重理思绪，你年轻的生命途中应该是鲜花铺路，而不应该是荆棘横道……”

“爸爸，你的道理也许是对的。但是任何责难和非议都不能使我有丝毫动摇和犹豫！要我打消念头，除非是……”

“除非什么？”

“除非是孙先生亲口对我说，不！说他不喜欢我，不需要我！此外没有别的力量能扭转我的决心！”

“啊，上帝！愿全知全能的上帝拯救你！你迟早会面临一场痛苦而一无所得。”

“我不愿您的预言成为事实！”

宋霭龄和父亲这次谈话后的第三天，国内传来了一个令所有人震惊的消息：国民党在国会选举中大获全胜，取得多数席位。就在踌躇满志的宋教仁从上海出发，准备到北京组织内阁与袁世凯分庭抗礼的时候，袁世凯派出刺客于1913年3月20日在上海车站向宋教仁连发两枪。一代革命精英在经历了整整两天的巨大痛苦之后，含恨辞世。

孙中山经历了锥心刺骨的悲怆，但是他还不相信谋刺宋教仁的是袁世凯。袁世凯在他面前的卑顺表演还历历在目，他把这件事交给“法律”去解决，自己仍潜心于铁路建设。但直到几年后他彻底放下这项工作前，仍像在革命中的遭遇一样，没有一个外国资本家真心实意为他朝思暮想的铁路提供资金。唯一同他签订了合同的是一家英国公司，而这家公司自始至终履行的也没有超出勘测阶段范围。

宋霭龄直言不讳地向孙中山袒露了心迹，表示愿意为他的事业献身，为自己崇拜的英雄捧出一片冰心，同他喜结良缘，共修百年之好，但这次谈话的结果使她大失所望。她无法忍受这种好心不被领情的痛苦，从日本一回来，她就辞去了孙中山秘书的职务，回到上海的家中。

第七章

谈钱得婿

一谈到钱，两个人都特别兴奋，脸上泛起美酒和血液酿成的红光。宋霭龄说：“真的，我从小就有这种感觉，钱这个东西非常奇怪，非常神秘，它有时候就搅得你脑袋发晕，不知道是人掌握着钱，还是钱掌握着人……”孔祥熙笑笑说：“当然是人掌握钱咯。”

——题记

一

当袁世凯动手一个一个解除国民党占据的各省都督职务时，孙中山终于醒悟了。他重新披挂上阵，发动了讨伐袁世凯的“二次革命”。1913 年 7 月，江西都督李烈钧首先宣布该省独立，接着黄兴在江苏、陈炯明在广东、许崇智在福建、蒋翊武在湖南等，都宣布独立。他们发布了讨袁檄文，组成讨袁军，与袁世凯展开了对抗。早已部署好大军的袁世凯乘机进攻，而匆忙起事、内部涣散的讨袁军不到两个月就土崩瓦解。孙中山只好再度流亡日本。

革命后跟孙中山公开在一起活动的宋查理，再也无法充当秘密同党了。巨大的危险降临到全家头上。

匆匆忙忙的陈其美跑来通知查理和宋霭龄迅速转移。一进门却被刚刚从美国完成学业归来的宋庆龄的高雅美丽迷住了，他痴痴地盯着宋庆龄竟半天没有开口。宋霭龄一拳擂过去：“这是我妹妹，你这么盯着想打什么鬼主意？”陈其美自觉失态，急忙说：“消息不好，我正想用什么词儿说。你催人，那就直话直说吧。讨袁军据守的最后一个炮台已经失守，孙先生、黄先生已经东渡日本，你们最好马上转移。”

宋霭龄不满地问：“转移？往哪儿转？怎么转？”

宋庆龄接过来说：“既然孙先生已经到了日本，我们当然还是应该也到日本，在那里会合。”

宋霭龄嘟囔道：“那倒不一定。”

查理说：“唉，当初要依我的意见，早跟袁世凯摊牌，决不至输得这么惨。事已至此，说什么也没用了，我们马上动身，去见孙先生，到那里聚集力量，重整旗鼓，把革命彻底完成。”

陈其美说："那好，那好！既然定下来，就越快越好，免生不测。"说完就想告辞。

宋霭龄把腰一叉："大总长，您这就走啊？"

陈其美又转回来："宋秘……宋、宋大小姐，您还有什么吩咐吗？"

宋霭龄仰着头，眼睛往上翻着，口气阴阳怪气："噢，革命胜利了，你一会儿都督，一会儿总长，这近来又当了总司令，风光得很哪！这失败了，您说一声让我们快走就完了？我们这一家人，到日本走大路还是走小路？坐炮弹还是坐电报？您也该有个交代吧？"

陈其美晃晃脑袋："瞧我这脑筋！一切都安排好了。你们何时走，找一下汪竹卿，船已经准备妥了，没有问题。"

宋霭龄头一偏："哟！你安排他呀？他不是和小蒋替你暗杀陶成章的刺客之一吗？可别到了海上，打我们的黑枪哟？"

陈其美急得满面通红："哎呀，我的姑奶奶，你今天这是怎么了，你，你……"

宋霭龄扑哧一笑："好了好了，我是瞧你今天的落魄样儿有点可笑。昔日'天生冒险家'的风姿哪儿去了？用得着这么惊慌吗？好！感谢你来通知我们，又做了周密安排，咱们日本再会。拜拜——"

陈其美好生尴尬，赶忙说："拜拜，拜拜。我先走了啊。"说完急忙忙夺门而去。

看着陈其美狼狈而去的样子，宋霭龄拊掌大笑。宋庆龄看着姐姐，诚恳地说："姐，人家好心来通知我们，你怎么尽出人家洋相，这好吗？"

宋霭龄牙一咬："你不瞧他色眯眯小样儿！进了门就只顾瞧美人……"

宋庆龄脸一红："姐，瞧你！"母亲倪桂珍拍了一下宋霭龄的肩膀："亲姐妹间，也没个正形！"说完转向查理："快说说看，都谁走，怎么安排?”

查理坚决地说:“都走都走! 留下谁袁世凯也不会放过。马上整理东西,只带最重要的,然后把家封了。今晚就出发!”

当晚,宋宅遭到乱兵枪击,玻璃全被打碎。但这时宋霭龄和全家人已经登上了青帮的大木船,趁着黑夜悄悄驶离了长江口。

查理全家在日本神户上岸。为离东京的孙中山近一些,后来他们移居横滨,租了海滨山上的一幢楼房。从这里可以俯瞰东京湾,是外侨中上流人士居住的地区。孙中山摒弃了“十年不过问政治”的宣言,查理恢复了昔日和孙中山的密谋,他们共商反袁大计,制定新的建党纲领。孙中山的寓所成了当然的流亡者总部,每日来聚会的革命者络绎不绝。看到孙中山忙碌不堪的情景,查理要求宋霭龄重新回到孙中山身边,继续担任秘书。宋霭龄推说不适应这里的气候,身体不太舒服,要等几天看看再说。

宋庆龄参加了流亡者总部的工作。她思路清楚,眼光敏锐,剖析事理直中鹄心,不为表面现象所迷;她没有个人企图,一心一意做好流亡者的组织工作;她文静、谦和,善与人处,很快博得众口一致的称赞。

孙中山听从查理的劝告,亲手写了一张条子,对宋霭龄的身体健康表示慰问,并请她康复以后,能尽快回到自己身边工作,他需要她协调处理那些繁杂的具体事务。

两天以后,宋霭龄神采奕奕地出现在孙中山面前。孙中山热情地同她握手,表示在她离开的日子里,许多事情都显得乱糟糟的,希望她能帮助他尽快恢复以往有条不紊的工作秩序。

宋霭龄满怀信心,在孙中山办公室一角安下了她的小桌,并以她的干练很快把孙中山从文牍纸堆中解放了出来,使他有时间和精力专门考虑比较重要的事情。

孙中山顿显轻松。

第七章

谈钱得婿

二

一天上午，日本友人犬养毅来访，两人就中国国内局势密谈之后，换了一个轻松的话题。

犬养毅说："让我就几个问题提问一下，你要从自己的真心出发，迅速回答我，不要犹豫，不要拖泥带水，是什么就直接说什么，行吗？"

孙中山点头应允。

犬养毅问："你最喜爱的菜肴？"

孙中山答："广东家乡菜。"

"你最喜爱的事业？"

"铁路建设。"

"你最喜爱的品格？"

"坦诚无欺。"

两人问答的速度越来越快。

"你最喜爱的事物？"

"女人。"

"其次呢？"

"革命。"

"再次呢？"

"书籍。"

犬养毅狂放大笑："孙博士，你确是位直来直去的可爱的大炮。我原以为你会像其他政治家一样，把革命放在第一位，没想到你不仅承认了喜欢女人，而且把她放在革命之前。好，我尊重你的隐私，决不把此话外传。"

宋霭龄开始听他们对话的时候，并不大在意。听到后来，也来了兴趣，坐到了他们旁边。当她听到孙中山说最喜欢女人的时候，不禁一股春潮涌上心头：经历了二次革命的失败，孙先生的心情是否有所变化？他把自己重新召回身边，除了工作上的需要，是否又有了别的考虑？当犬养毅大笑并且说出那一番话的时候，宋霭龄立即接了过来，对着犬养毅说：

“这有什么奇怪？人都有七情六欲，即使伟大的人物也不例外。难道一旦当了政治家，除了革命就别的不能想，非得做禁欲主义的苦行僧吗？连中国古书上都说‘好色不乱乃英豪’呢！”

“不！”孙中山站了起来，“你们都误会我的意思了。我刚才讲的是‘WOMEN’，它既包括姑娘、少女，也包括母亲们。我想，千百年来，女人总是男人的附属品或玩物，充其量做个贤内助。然而我认为，她应该和母亲是同义语。当妈妈把她身上最有营养的乳汁喂给孩子的时候，当妻子把她真诚的爱献给丈夫的时候，她们的牺牲是那样无私和高尚，这难道不值得爱吗？可惜，我们好多人却不珍惜这种爱，践踏这种爱。”

孙中山的一席话，说得犬养毅连连点头，因为从这里，更显出了孙中山作为一个革命者的情操和胸怀，激起了他对孙中山的敬佩。孙中山这样说明自己的“爱女人”，无论如何，要比局限于男女私情的“爱女人”高尚和伟大。

犬养毅点头称是。宋霭龄默默地离开了他们坐着的榻榻米，回到了工作台前。这次谈话彻底打消了宋霭龄的一切幻想，她把精力都用到实际工作中，扎扎实实地做自己分内的事。

转眼到了1914年春天。

黄昏，料峭西风，潇潇暮雨，使街道上稀疏的行人缩起脖子，脚步匆匆。海滨山上的宋家楼房里，灯火通明，壁炉的火光一闪一闪，把整个房间烘得暖洋洋的。宋庆龄兴致勃勃地同妈咪谈着，她对孙中山流亡海外，仍坚定不移地进行他理想的革命事业，表现出由衷的敬佩。两个小弟弟宋子安、宋子文专注地听着。大姐宋霭龄却有些心躁，不时朝门外望去。下午她接到父亲查理的通知，要她早点回家，说是有一位重要的客人来与全家共进晚餐。她猜不准会是一位什么样的客人，与自己有什么关系。

查理终于出现在客厅门口，相随而来的是一位慈眉善目、身材微胖，约有三十四五岁的男子。查理扫视了一眼家人，大声而略带激动地介绍道："这位是孔子第75代孙、山西首富孔祥熙先生。"

"OK！"宋霭龄从心底发出一声惊喜的呼喊，接着热情地同客人握手，表示了她的欢迎。

宋庆龄身子没动，只故作惊讶地大声说道："噢，圣人！"

就因为宋庆龄随口而出的这一句，孔祥熙在宋家得了"圣人"的绰号。孔祥熙脸上微微发了一下红。查理对宋庆龄的举动很不满意，但也只白了她一眼，没有再说什么。

宋霭龄这时已经23岁，她对在孙中山身边整日处理那些烦琐的事务有些厌倦，正想物色一名有作为的男子完成自己的婚姻大事，从而开始另一种豪华富裕的生活。查理今天带孔祥熙参加家宴，就是基于这种考虑。

孔祥熙出生于山西太谷县城西的程家庄，他的曾祖父曾和一位姓孟的秀才争夺"拔贡"失败，气得咯血而死。他临终立下遗嘱，不许子孙再进考场。孔家从此弃儒经商，居然发了起来，银号、当铺开到了太原、北京、广州，一度成为山西首富。但孔祥熙的父亲孔繁慈后来吸上了鸦片，到孔祥熙1880年出生的时候，一大份家业已在烟雾中飘散得差不多了。孔祥熙所谓"山西首富"的家门，其实已是隔辈的神话了。

孔祥熙的祖居院中因有一口水井，村里人呼之为井儿院。孔祥熙就出生在井儿院西厢房的土炕上。他3岁时母亲死去，六七岁时就流着两股清鼻涕，蓬头垢面地和村里的孩子一起到县城捡煤核（山西盛产煤炭，太谷一带却无煤矿），后来在叔叔的坚持下他才进了学堂。

太谷虽然是一个交通不便的内陆小县，但外国传教士已在这里扎下了根基，教会扶助教育，给人治病，千方百计拉人信教。孔祥熙在教会医院治过一次病后，也信奉了基督教。孔祥熙是在极端秘密状态下加入基督教的，因为当时大多数中国人对教会没有好感，信教者有被孤立和遭人另眼相看的危险。但是后来的发展表明，孔祥熙信教一事给他带来一生享用不尽的好处。

孔祥熙在北京协和书院学习时，中国正处于反满革命的酝酿期。受革命思潮的影响，他和几名同学一起，参加了刺杀慈禧的密谋。一位同学声称，已经结交了一名皇宫中的太监，如果给这名太监一些贿赂，他会安排这名学生进入皇宫。这个同学说，只要进了宫，他就有办法把慈禧杀死，而且他不考虑自己行刺后的脱身问题，只要谋刺成功，同归于尽或被凌迟处死都心甘情愿。孔祥熙从亲朋好友处筹集到一笔款子，作为贿赂太监的资本。几个人带着这笔钱在皇宫附近转悠了几天，始终没碰上那个认识的太监，此事也就不了了之。

协和书院有不少外国学生，孔祥熙因为信教的原因，和这些外国同学来往较多，这成为他鸿运来临的契机。1900 年义和团兴起时，山西有 159 名外国传教士被杀。孔祥熙在太谷基督教福音院也险些做了义和团的刀下鬼，他是因为地形熟悉，得以逃脱。后来八国联军攻进北京，孔祥熙为避免家乡遭受兵燹之灾，就利用与外国学生的关系，在山西政府和联军指挥官之间牵线搭桥，进行斡旋，从而达成了一项秘密协议。这使山西避免了外国军队的烧杀掳掠，也使急于发财的外国财团打开了山西的门户。孔祥熙办理教案的立场和才能，受到清政府和基督教会两方面的赏识。清政府为此授予他一枚龙图勋章，而基督教华北卫理公会向他发出了到美国留学的邀请。没等完成在协和书院的学业，他就由美国基督教会邀请、清政府公派到美国留学。在美国他先后获得奥柏林大学文学学士和耶鲁大学经济学硕士学位。

孔祥熙信奉基督教和在革命中的表现成为查理特别赏识的两大要素。摸着了查理的脾气，孔祥熙已在进入宋家大门之前，把这些经历添油加醋地刻到了查理心上。

孔祥熙在美国读书期间向美国人说明，以前所以发生外国传教士被杀事件，是因为中国下层人民愚昧无知。他要求美国人提供帮助，兴办学校。他说如果中国人有了文化，就会认识到外国传教士到中国完全是为了拯救中国人的灵魂，就会高高兴兴地和美国人拜倒在同一个基督面前。美国人拨出了中国庚子赔款中的 75 万元，在太谷建立了奥柏林大学分校，孔祥熙把它命名为铭贤学校，自任校长，博得了很大名声。

辛亥革命爆发时，孔祥熙积极响应，组织了巡防队和学生军，守护县城。孔祥熙知道自己的才能不在领兵打仗上，后来清军进犯山西，在娘子关前线，他把军队交给了山西都督阎锡山，自己做了阎锡山的经济顾问。

孔祥熙在家乡时曾娶了教会中一位温柔漂亮的韩女士，备尝了人生的甜蜜。不料几年后韩女士因肺病死去，加上袁世凯到处迫害革命党人，孔祥熙心情沮丧，也离开山西，加入了东渡日本的“自由主义者联盟”，并经王正廷推荐，担任了华人基督教青年会总干事。

查理就是在拜访基督教青年会时见到孔祥熙的。这时的孔祥熙身上早没了那个捡煤核小男孩的痕迹。圣人家学和西洋文化的熏陶，使他显得学识渊博，谈吐不凡。查理认为这是一个精明的、有实干精神的青年，日后将大有造化。他把孔祥熙带进家门，希望大女儿能够慧眼识人。

餐桌上，查理安排孔祥熙和宋霭龄分坐在自己左右。当一道道中国菜摆上来的时候，这些流亡异国的人渐渐忘记了屋外的凄风苦雨，沉浸在一种乡音乡风的欢乐之中。

孔祥熙虽在美留学多年，英语说得很地道，可一说起中国话来，就总变不了那股老陈醋味儿。他家乡话中爱用重叠词语的习惯和一些奇怪的发音，让听惯了上海洋泾浜华语的宋家人感到好奇和新鲜。不一会儿，宋子良、宋子安就学会了好些。他们一会儿喊："拿过酒壶壶，俄来满！"一会儿说："一槐人一个花碗碗！""俄吃不了这底些，马刻拿走！"倪桂珍怕孔祥熙难堪，就申斥他们，孔祥熙却并不着恼。这些佐料的加入，反倒增加了家宴乐融融的气氛，使孔祥熙成了能增添快乐的人。

这一晚，宋霭龄显得特别活跃。晚宴开始不久，她忽然记起在美国的一次华人聚会上，曾和孔祥熙有过一面之交。他们两人都不是那种在公众场合能引人注目的富有魅力的人物，当时彼此印象不深，但在今天家宴上重提这件事，却使两人谈话如同炭炉浇进了煤油，分外热烈起来。他们以故知旧友的身份叙谈，成了宴会的中心。

在宋霭龄的询问下，孔祥熙谦恭地介绍了自己的家世。虽然刚才受到宋庆龄的抢白，他还是在委婉含蓄的措辞里，首先有力地证明了自己确实是孔子的直系后裔：明朝万历年间，孔子第62代孙孔宏问宦游三晋，曾任太谷县令，因相中太谷这块风水宝地，告老之后，未回山东，就在太谷卜居，孔门这一支从此在那里繁衍生息，至今族谱不乱。查理对这一点非常看重。他过去游历曲阜时，曾在孔府大门上看到这样一副对联：

与国咸休安富尊荣公府第
同天并老文章道德圣人家

这副对联给查理留下了深刻的印象。他认为在中国，还没有哪个家族可以和孔家相比。孔子创立的儒家学说是对世界文明的一大贡献，在中国几千年来一直处于独尊的地位，历代帝王都要举行祭孔大典。孔子的后裔不论散落何地，都保持着不乱的排辈，这是一个中国最古老、最神圣的家族。自己出身寒微，子女受的都是西洋教育，对中国传统、中国文化都缺乏很深的了解，如果能有一位出自圣族名门的乘龙快婿，宋家就会比较容易为传统观念很深的国人所接受。同时，这种结合，使中西合璧，不仅形成一个具有巨大优势的家庭，还会孕育出既有传统文化，又有现代观念的优秀子女，对未来的中国产生重大影响。

孔祥熙对家世的介绍隐去了幼年家贫的历史，将自己说成是一直在山西首富的优越环境中长大。而且不止这一次，他终生也未透露过家道中落的那一段。他认为不论什么原因，贫穷都是一种耻辱，必然招致别人的鄙视。

宋霭龄对孔祥熙感兴趣的倒不是孔子的第几十几代孙，而是他的“山西首富”地位。她对孔祥熙第一印象良好。尽管孔祥熙也比自己大了十几岁，但毕竟还处于人生的黄金时期，比原来朝思暮想的孙中山朝气蓬勃得多；孔祥熙虽没有孙中山的名声显赫，但他有财富，而且善于使用这些财富；尤其是孔祥熙既在美国受过教育，有相当才能而又性格随和，便于驾驭，日后对自己必定是言听计从，这一点非常重要！

家宴结束后，宋霭龄把孔祥熙留在了客厅，继续进行愉快的长谈。

三

这场谈话双方都毫不拘谨。孔祥熙是结过婚的人，同女性交往的技巧已不陌生。宋霭龄虽还是黄花闺女，但从美国回来五年，在查理和孙中山身边已经经历了中国近代史上的一系列大事，接触过各阶层形形色色的人物，完全没有一般姑娘单独与男子相处时的羞羞答答。

宋霭龄和孔祥熙的谈话不知从哪里引起，逐渐集中到了对钱的看法上。一谈到钱，两个人都特别兴奋，脸上泛起美酒和血液酿成的红光。

宋霭龄说："真的，我从小就有这种感觉，钱这个东西非常奇怪，非常神秘，它有时候就搅得你脑袋发晕，不知道是人掌握着钱，还是钱掌握着人……"

孔祥熙笑笑说："当然是人掌握钱咯。"

宋霭龄说："可在我一开始上学的时候，噢，那时我才6岁，就觉出了似乎是钱决定人的价值。比如说，你穿了好一点的衣服，用的东西时髦一些，教师、工友就会对你高看一眼；有一把好的糖果，就会有一帮朋友，就会有人甘愿听你指使。而没有这些，你就等着看白眼吧。是不是这样呢？"

孔祥熙早忘记了这明明是批驳自己刚才的观点，立即就表示赞成说："是咯是咯，俄六七岁时到县城捡煤……"

说到这里他猛然打住。乖乖，光想顺着人家说，差一点就使自己幼年贫穷和屈辱的事露了馅，而且他也觉出了这和自家刚才自以为聪明下的结论不符。他干咳两下马上就拐了弯："俄六七岁时到县城捡……捡……见到要饭的叫花子，就要把买糖果的钱给他们，人穷了可怜哪！"

宋霭龄说："可惜世界上像你这么好心的人并不多。我初到美国留学，不少人一听说我是中国人，就把穷跟我联系起来，不愿理我，不跟我交朋友。可我后来看出，美国人中有不少人并不比我富，我让父亲给寄钱，寄咱中国的丝绸，寄火腿和腊肉，把好些美国小姐都比下去了，把她们馋的……我用一点点小钱就改变了自己的处境，很多人都来恭维我。我有了朋友，还有了一些甘献殷勤的小奴婢。我毕业的时候，连美国的报纸都发了文章吹捧我……”

说到这里，又勾起了宋霭龄被那个“总统夫人”的预言害得几年颠三倒四、白白浪费了许多感情的宿怨，一时沉默了。

孔祥熙急忙接腔说：“人都说美国富，可我刚到美国的时候，就明显感到纽约不如太谷……”

“什么，纽约不如太谷？”宋霭龄大吃一惊，“你这不是说梦话吧？上海是中国最现代化的都市，可它在世界城市排名榜上还远在纽约之后。你没听过这首歌吗？一纽约，二伦敦，三巴黎，四柏林，五上海，六东京……我在见到你之前，从来还没有听说过中国有太谷这么个地方，现在我也不知道它在哪里，它怎么胜过纽约呢？”

孔祥熙得意地笑了起来，“这个你就不知了。1901 年我初到美国时，纽约大街两侧的房屋的确是陈旧而简陋的，远不如太谷的建筑华丽而坚固；街头来来往往的男女，穿着也多是旧棉布衣服，怎能和太谷城里人的绫罗绸缎相比？”

宋霭龄说：“我也跑过中国好多地方呢，你说的我不相信，绝对不能相信。”

孔祥熙说：“这是事实，你怎么不相信呢？在清代中叶，太谷就商贾辏集。江南的茶叶、丝绸，蒙俄的羊毛、皮货，各地的药材，都在这里交易。而且只做大宗批发，不做小打小闹的零售。太谷本地人则主要是开票号、钱庄、当铺，也就是金融生意，为那些买卖人提供贷款或资金担保，获利甚厚。银祁县、金太谷，这个民谚你没听过吗？”

宋霭龄摇摇头，笑道：“你该不是刚从夜郎国来吧？”

“野狼沟？太谷是有个野狼沟，可现在狼越来越少了……”看宋霭龄奇怪的表情，孔祥熙突然醒悟过来，“哦，你是说我夜郎自大，这不对。我有事实为证，太谷县城现有经商户 2094 户，9031 人，占县城人口的 85%，什么地方商人能占这样高的比例？我小的时候县城一户资产在 300 万两白银以上的，就有 13 家，七八层楼的大宅院，到处可见。”

接着孔祥熙又讲了一个故事：有一个姓孙的大户，修建花园时竟用白玉铺砌地面。有个秀才向他勒索钱财没有得逞，就向朝廷告发，说他盖房的规格超过了皇宫，有谋反叛乱之嫌。朝廷三次派员查访，孙家都用大量珠宝打点，官员回去都说孙家确系良民百姓，决无谋叛之举。皇帝放心不下，把姓孙的押到京城，亲自过堂审讯。姓孙的受了一位高人指点，装痴卖傻，皇上问，你家花园用什么东西砌成？姓孙的答道：都是些白石头子。皇上以为他土里土气，错把白玉当石头。就哈哈一笑，放他回家了。

宋霭龄说：“你讲的这个，我姑妄听之吧。”

孔祥熙有些急：“我这又不是谈狐说鬼，你怎么说姑妄听之？我在铭贤学校，每年新生来了都给他们讲这些，人家听得都鼓掌。你不信，咱们一起到太谷看看你就信了。”

宋霭龄挑逗的眼光斜望着孔祥熙说：“我干吗要跟你到太谷去呀？”

孔祥熙脸红了一下“不干吗，就不兴去看看啦？俄请你嘛！”

宋霭龄还是那种表情“我去算什么呀？”

孔祥熙也暗含机关地说：“你算个客人也好，去当主人更好！”

宋霭龄笑着说：“噢，刚见面，你就要拐带我呀？”

孔祥熙说：“只要你愿意……”

宋霭龄佯装发怒，“少胡说！哎，还说正经的，你什么时候打了我的岔？我是说还是钱决定人的命运。比如我的父亲，刚从美国回来时，没有任何资本，只有一个月 15 元钱的薪水，连自己也养不起，在上海滩上有什么地位？可自从经商发了财，就俨然一位大人物了，连革命党都来联络他。要不是出那么多钱资助革命，一个传教士能在党内有这样的地位？再说孙先生，要不是他从华侨中募集到那么多钱，怎么会有那么多人追随他，拥戴他？一个人的命运是这样，团体、国家的命运也往往要由钱来决定。辛亥革命前同盟会十次起义十次失败，为什么？缺钱！钱不够就买不来足够的武器，招募不到足够的人员。武昌起义准备并不充分，仓促起事，居然取胜，为什么？清朝政府缺钱！国库空虚，发不出军饷，军官士兵不肯卖力。孙先生游说美英法，虽然没有取得他们对革命的支持，但却使他们答应保持中立，不再向清政府支付贷款。断了他们的财源，就等于釜底抽薪，使清政府因为没钱而不能扑灭革命。”

经过谈话，宋霭龄逐渐明确了这样一个印象：孔祥熙从小在金融家和当铺经纪人环境中长大，钱对于他来说，并不是不可捉摸的，他有着凭直觉就能使钱成倍增长的本领。虽然孔祥熙的年龄大出自己十几岁，但他赚钱的本领足以抵消这一缺憾，是一个可以托付终身的人。

两人谈兴还正浓，查理走了进来：“孔先生，我想邀请你今晚还来与我们共进晚餐，希望能够赏光！”

孔祥熙朝窗外看去，不禁愣住了，原来自己一晚上都没走，天色已经亮了。他不好意思地笑笑说：“抱歉抱歉！我留连的时间太长了，太阳都出来了。”

宋霭龄一眨眼说：“日本日本，太阳本来就在这里嘛！”

查理又叮问一句：“孔先生，今晚来啊！”

宋霭龄说了：“不必了爸爸，今晚我想请孔先生到外面吃饭。”孔祥熙赶忙说：“不，该我回请你们全家。”宋霭龄说：“那等以后，今晚就是我们两人去。”查理笑了：“好啊，你们自己去吧，好好谈谈，年轻人要多接触才能增进了解。”

不久，横滨市一所小教堂里就传出悠扬的《婚礼进行曲》。和十几年后蒋介石、宋美龄在上海举行的婚礼相比，孔祥熙、宋霭龄的这个婚礼简直是太简朴太寒酸了。但是简朴的婚礼却产生了强大的动力，孔宋两个家族的结合创造了中国首屈一指的家庭财富奇迹。

第八章

忌妒二妹

宋霭龄想起了一句名言：人最不能容忍的，是看见一个傻瓜在自己曾经失败的领域取得成功。宋庆龄固然不是傻瓜，而是比自己更聪明、漂亮、能干的姑娘。但千不该、万不该她是自己的妹妹。如果她是另外一个与自己毫不相干的人，宋霭龄也许会为她祝福，为孙中山感到高兴。

——题记

一

孔祥熙参加宋家家宴后没几天，宋霭龄就正式向孙中山提出了辞职。孙中山舍不得失去这样一位好助手，沉默了好一会儿才开口，他语调沉缓，高度评价了宋霭龄几年来的工作，赞扬了她的工作精神、办事能力和负责态度，并对宋霭龄做了诚恳挽留。孙中山说，如果准备结婚，以后可以多留一些时间处理家务，每天只要能来两三个小时帮他处理一下最重要的事务，他就将非常感激。

宋霭龄突然发现孙中山好像苍老了许多。辛亥革命给历尽千年黑暗的中国带来一线曙光，结果袁世凯的独裁统治又把国家投入黑暗之中。这对革命者是一段非常困难的时期，人民的失望情绪达到了极点。孙中山自己也同样心情沮丧。二次革命失败的打击，自身面临的危险和党内的涣散状况使他心力交瘁。他正着手做国民党的改造工作，以使党能够统一意志，坚强有力，承担起倒袁重建共和的重任。孙中山要求所有党员都要在誓词中写明“服从孙先生”，并加盖指模。这一条遭到党内不少人反对，一些多年的战友几乎为此和他闹翻。孙中山需要一种依靠，特别是一个忠实能干的秘书是必不可少的。这时候离开，宋霭龄心中也有些不忍。为孙中山的至诚感染，宋霭龄几乎要答应留下来了。但她忍住了，沉默了一会儿，终于决心彻底离开。她向孙中山推荐了妹妹宋庆龄来接替秘书工作。她介绍说，宋庆龄非常崇拜先生，热情高，意志坚定，是一位凡事务求完美的理想主义者，她在各个方面都比自己更强，肯定能干得更好。孙中山默默点了点头。

这一天，两人几乎没再说话。宋霭龄处理了手头紧急的事务，把其他的案卷做了清理，未完的事情都加了说明性的文字，为宋庆龄能尽快展开工作做了准备。

宋霭龄下午离开的时候，孙中山中断了和党内干部的谈话，亲自送出门外。握手道别后，又一直目送她的车子远去。

樱花烂漫时节，宋霭龄和孔祥熙以闪电般的速度定下了他们的婚事。孔祥熙拿出两枚银币轻轻撞击，银币发出清脆甜润的声音。这是大吉大利的兆头。4 月的一天，他们的婚礼如期举行了。

早上，火红的太阳从薄薄的云霓中跳出，射出万道金光。宋霭龄和孔祥熙向冥冥中的上帝发出他们的赞美和感激："啊，上帝！保佑我们的婚礼，保佑我们一生幸福!"

宋霭龄精心打扮，穿了件粉红色的缎子上衣，上面绣了一只欢快的小鸟，绿色的裙子上绣着象征富贵的牡丹，乌亮的黑发在脑后挽个发髻，上面斜插了一支闪亮的龙凤银钗和一枝鲜艳欲滴的红梅。孔祥熙却是传统的新郎装束——藏青色的长袍马褂，胸前一朵大红花。婚礼在横滨山丘上的一座小教堂里举行。婚礼的规模很小，只有查理一家人和特意赶来的祥熙的一位堂兄参加，他们尽量使婚礼表现一种温馨的情调。没有通常婚礼的起哄、挑逗、放肆的笑声，一切都按部就班，温情脉脉。

教堂的仪式结束时，天却下起了大雨。宋霭龄和孔祥熙站在教堂门口，望着排空而下的雨箭把满树粉红色的樱花打落在地，又被淙淙的雨水冲到道路两侧的阴沟里，一团一团的花球时聚时散，宋霭龄紧抓着孔祥熙的手有些发抖："花遭雨打水浇，上帝不保佑我了吗?"孔祥熙朗朗笑道："中国风俗，结婚下雨是喜，雨越大越喜。第一，下雨说明娶的媳妇水灵、漂亮；第二，水是财。雨越大，说明日后发财越大……"宋霭龄回身对母亲说："妈咪，祥熙说，结婚下雨是喜。"倪桂珍赶忙说："是喜是喜！下吧，再下大点。"

过了一会儿，天空又放晴了，阳光从云缝中射下，空气里散发着潮湿的泥土气息，呈现出一派风和日丽的春光景象。新郎新娘立即乘坐一辆马车，在亲人们的护卫下，前往镰仓胜地。

孔祥熙已把他的住处装修得富丽堂皇，新婚洞房的一切都按宋霭龄的意见装饰布置，完全是美国式的西方情调。偏有人探知孔宋婚恋的经历，加上结婚当天的天气，按中国风俗送上了一副喜联，贴到了门楣上。上联是“风调雨顺，乃为天公作美助兴；”下联是“金玉良缘，原是泰山牵线穿针。”宋霭龄对下联中牵扯出父亲做媒一事甚感不快，认为它暗含揶揄，要把它撕掉。孔祥熙却感到这不仅是实情，且抬高了自己身价，哈哈一笑说：“难得这位才思敏捷！结婚大喜，朋友插科打诨，图个热闹。一撕岂不拂了朋友情面，反不愉快。由它去吧。”宋霭龄才不坚持，只好作罢。

两人入了洞房，男欢女爱，极尽绸缪，开始了蜜月生活。

宋霭龄摆脱了几年来紧张繁重的工作，一下子换成了一种轻松自在的日子。她尽情地享受着新婚的幸福——孔祥熙的温存和他提供的物质享受，成哉游哉，好不惬意。

宋庆龄接任秘书后，她不仅在工作上帮助了孙中山，更在精神上支持了孙中山。她对革命的赤诚炽烈之心，如同一支火炬照亮了孙中山一度灰暗的心情。现在他精神焕发，信心倍增，浑身都流淌着青春般的血液，改造国民党的大业进行得卓有成效。

几个月之后，也就是1914年7月8日，孙中山创立的新党——中华革命党在日本正式成立。孙中山阐述创立新党的考虑是，二次革命所以失败，“非袁氏兵力之强”，“乃同党人心之涣散”。此次创立中华革命党，是为坚定革命信心，重新集结革命力量。孙中山出任党的总理，陈其美、居正、张静江、胡汉民、张继、廖仲恺等为总务、党务、军务等各部正副部长。中华革命党的纲领是“以实行民权、民生两主义为宗旨”，“以扫除专制政治，建设完全民国为目的”。在组织原则上，明确规定党员“必须以牺牲一己之身命、自由、权利，而图革命之成功为条件。立约宣誓，永远遵守。”“凡党员有背党行为，除处罚本人外，介绍人应负过失之责。”为改变国民党“主持党务者，半为官僚所软化”和成分复杂的情况，宣告此次建党办法，务必正本清源：第一，摒斥官僚；第二，淘汰假革命党，以防止第一次革命时形形色色不同动机、不同面目的人都纷纷投机混入党内，结果鱼龙混杂，以伪乱真，异党入据，大权旁落，真正革命党反遭排斥，革命也完全变味的情况。

孙中山真切地感受到了宋庆龄对他事业和精神上的支持。要真正完成他的革命大业，他的身边不能没有宋庆龄，她是他精神的太阳。宋庆龄也由衷地爱着孙中山，愿意为他和他的事业献出自己的一切。他们尽力保守着这个秘密，但是一年之后，宋庆龄和孙中山相爱的消息传了出来。宋霭龄是宋家第一个听到消息的人，也是受到刺激最大的人。

孙中山党的改造工作取得重大进展，他在党内的领袖地位得以确立和巩固。他度过了令人担忧的精神上的颓唐时期，重新焕发了朝气，将再次成为中国革命的风云人物。宋霭龄对这一事实看得非常清楚。宋庆龄如果和孙中山结婚，从家族的利益上考虑，当然是大有好处的——但是，问题在于自己曾向孙中山多次抛出过绣球，孙中山没有接。而现在，宋庆龄到孙中山身边不到一年，他们就相爱了，而且据说爱得那么深。人最不能容忍的是什么？宋霭龄想起了一句名言：人最不能容忍的，是看见一个傻瓜在自己曾经失败的领域取得成功。宋庆龄固然不是傻瓜，而是比自己更聪明、漂亮、能干的姑娘，但千不该、万不该她是自己的妹妹。如果她是另外一个与自己毫不相干的人，宋霭龄也许会为她祝福，为孙中山感到高兴。但她偏偏是自己的妹妹，这就大不相同了！自己向孙中山摇橄榄枝，这在孙中山和宋家生活的圈子里，几乎是尽人皆知的事。自己碰了壁的事，作为妹妹，宋庆龄就不应该再次去做。可她居然不给自己留这个面子……对，面子问题是这件事的核心。宋庆龄向孙中山表示爱情是跌自己的面子，孙中山接受她的爱情也是跌自己的面子。她不愿意不声不响地就这样给别人栽了，她要采取行动，反过来栽他们的面子——就是自己曾经敬爱的领袖也不行，就是一母同胞的妹妹也不行！

二

宋霭龄先向父亲谈了这件事，查理不相信这会是真的。他跟孙中山接触频繁，同样也经常见到宋庆龄，并没有发现过任何蛛丝马迹，但宋霭龄保证这事千真万确。她说，尽管他们的相爱极其秘密，可我有最最可靠的情报。查理要求宋霭龄不要激动，自己要认真想一想。宋霭龄说，好的，我等着你的意见。

查理屏退了宋霭龄，独自在房间里走来走去。最后他歪倒在榻榻米上，陷入了沉思。

自己和孙中山初次相见的时候，宋霭龄 4 岁，宋庆龄 1 岁。多年来，不论是孩子们在国内还是在万里之外的美国读书，自己一直在给她们讲孙中山的伟大品格和革命思想，希望她们能像自己一样，追随孙先生的革命事业，为国家的新生和富强而努力奋斗。自己一直把孙中山看作家庭中的一员，没有什么事情对孙中山隐讳，也同样没有对孩子们隐讳。她们一直是称孙中山为叔叔——这是妥当而放心的称呼。但是没有想到她们一到成年，不仅把聪明才智献给孙中山领导的事业，而且要把爱情也献给孙中山。先是宋霭龄，爱得是那么痴迷，幸亏自己及时点拨，她才抽身，没有给自己和孙中山的友谊投下阴影。现在宋庆龄也陷入了这个误区。究竟是自己给她们灌输的东西出了偏差还是另有原因？他苦苦思索，检讨自己多年来的一言一行，没有什么不妥当的地方。那是什么原因呢？对，一定又是青春期崇拜。一个女孩子到了青春期必然会对异性产生了解、爱慕的渴望，那么首先吸引她们的自然是她们能够接触到的活生生的男人。她们会在诸多异性中比较、选择，而她们倾心的对象当然是其中最优秀者。她们只管把自己的感情向这个男子倾注，并不管对方的身份、家庭、年龄等等状况，不考虑实际可行性。她们会把这个人神化美化，想象得完美无缺，浑身都放射着光辉，然后做出在成年人看来不可思议的事情。比如一个未成年的女孩子会向一个电影、戏剧里的男人写去肉麻的求爱信，一个丑陋的山里女人会想象着成为皇上的妃子。说到底，这个人并不是她的爱人，只不过是她的偶像而已。对此只要给予适当引导，甚至可以听之任之——随着她们的成熟，她们自然会放弃这种幼稚可笑的行动。用不着大惊小怪，压力过甚反而容易产生心理障碍，弄出悲剧。

查理把自己考虑的结果讲出来的时候，宋霭龄大叫起来："不！完全不是这样。庆龄留过洋，受过高等教育，她不是你说的那种无知的女孩子；而且她已经20多岁，也过了那种发痴发呆的年龄。如果不采取措施，她会把这变成事实的！"

查理惊住了。是的，宋霭龄说得完全正确，自己刚才是想偏了。宋庆龄是一个有思想、有抱负的大姑娘了，她不会再陷入那种误区。天啊，先是宋霭龄有这种想法，阻止了宋霭龄，现在又出来个宋庆龄，阻止了宋庆龄，下面还有个宋美龄呢。难道冥冥中真有一种叫做命运的东西，注定宋家的一个女儿要和自己多年的这位朋友结合吗？如果真是那样，莫不如尊重宋庆龄的选择了。查理语调沉缓："既然庆龄是一个有责任能力的大姑娘了，那么她在爱情的选择上应该是自由的，我们不能多加干涉了。"

宋霭龄本来要跳起来了，但她很快控制了自己。要是反应过分，造成和父亲的对立，反而可能促成这件事。请将不如激将，何不从反面激一激，看父亲的反应再说？

“爸爸，这是你的真实想法吗？当初你怎么对我说来着？什么年龄的悬殊，教义的约束，家庭的丑闻，社会的影响……那么振振有词，那么理由充分，今天怎么全变了呢？难道你受到什么压力，向谁屈服了吗？难道你为了什么好处，要出卖自己的女儿吗？”

“你，你胡说什么？”查理果然大怒了。

“既然如此，你为什么不阻止这桩蠢事呢？”

“这件事有些不妥，我们可以对庆龄提忠告，让她自己处理。在一个新型的家庭里，恐怕不能采取硬性措施。那样这件事的传播范围会扩大，对她不好，对我们的形象也不好。”

“忠告是没有用的，爸爸！必须采取行动。如果这成为事实比采取过头的行动更难堪。”宋霭龄寸步不让。

“这得让我再想想。”

“我已经想好了！现在国内的危险已经不大，我和祥熙也准备回去，到他说的那个‘中国华尔街’去看看。我们全家乘机都返回国内，这样就理所当然把庆龄也带走了，没有任何影响，不会引起任何猜测和动荡，这是最体面也是最有效的方式。”

“我跟庆龄谈谈再做决定吧。”查理已经有些松动了。

“不要谈。这事要做就得干净利索。把船备好，叫上她就走。否则，谈过之后，她不同意走怎么办？采取强制办法吗？她嘴上不说，躲起来怎么办？兴师动众去搜查寻找吗？岂不反而搞得满城风雨，把丑闻自己张扬了？”

“我们跟孙先生怎么讲？他对这样做怎么看？几十年的友谊难道就这样打碎了吗？”

“这样做正是为了维护我们之间真正的友谊。假如丑闻发生了，不仅损害我们宋家门风，也对孙先生非常不利。我们这样做他会理解的。”宋霭龄为了达到目的，可以把歪理讲得像真理一样。

“依你说来我们只好这样了？”查理仍有些犹豫。

“我们别无选择！爸爸。为了你呕心沥血建立起来的这个家，为了孙先生的革命大业，我们只能如此。”

查理长叹一声：“好吧，只是这样做我总感到对不起孙先生，也委屈了庆龄……”

“爸爸，你把公务上的事处理一下，家事我来安排。我现在正好没多少事，可以为爸爸分忧。”宋霭龄说完，带着一脸的刚毅告辞了。

“分忧？谁知道是分忧还是添忧呢。”查理望着宋霭龄的背影喃喃自语。

1915 年春天，查理突然宣布全家结束流亡生活，返回上海。宋庆龄表示反对，她要求继续留在孙中山身边工作，因为改造党的工作非常紧张，她已熟悉情况，突然走开会影响整个进程。但是她的意见没人理睬，一切都安排好了，她没有时间也没有办法再和孙中山联系，便被带上船，连夜驶回国内。

在此之前，查理已经在上海霞飞路新购了一所砖结构的房子。他知道危险并没有过去，单独住进虹口的老家，难逃袁世凯的迫害，而这所房子在法租界之内，袁世凯不能在这里肆无忌惮地行动。更重要的是宋霭龄认为这里能受到青帮的保护，她通过陈其美已经和黄金荣、杜月笙建立了密切的关系。“黄麻皮”是法租界内的警探头子，“杜大耳朵”手下喽啰成群，抢、绑、杀、偷无所不为，他们的威慑力足以使想对宋家下手的人心存后顾之忧。

回国的船上，宋庆龄一直在猜测。她在家庭中从没有受到过如此对待，不听自己的意见，甚至不允许发表意见，实际上变成了被裹挟而去。她已预感到是因为自己和孙中山相爱的事情。她不急不恼，决心和父亲敞开谈谈。她有充分的理由，爱情是不以年龄、贵贱、贫富、种族、肤色而被隔绝的，真正的爱情是心灵的沟通，是摒弃一切利害关系的超凡脱俗的两性间的相互吸引。古来多少父母干出过棒打鸳鸯的蠢事，结果不仅毁了子女的幸福，也造成了自己终生的悔恨。扼杀爱情，是旧世界最落后最不人道的行为，一个革命者怎么可以走这样的老路呢？父亲是在美国生活过的，中国旧式的不人道的理学观念应该是很少的，怎么突然变得像个封建卫道士一样了呢？她认为这中间一定发生了某种误会，或者中了不安好心的人的诡计。她相信自己可以说服父亲，父亲最终会支持自己，尊重自己的人生选择。

但是，这一路查理内心十分矛盾。他不敢面对宋庆龄，怕看她那双眼睛，也怕听她的理由，他知道自己拿不出充分的道理去说服女儿，一旦交谈，投降的可能就是自己。查理采取了躲避的办法，一路上一直和宋霭龄、孔祥熙待在一起，不给宋庆龄这个机会。

回到上海后，杜月笙对查理的家进行了拜访，实际上主要的是拜访宋霭龄。宋霭龄通过陈其美已经和杜月笙打得火热了，这次回来还带了陈其美给杜月笙的信和一些小礼品。杜月笙来的时候，前面先是一车保镖，后面又是一车保镖，他自己坐的车则在中间，旁边还有贴身保驾的。别看杜月笙在上海滩上威风凛凛，又比宋霭龄年长好几岁，在宋霭龄面前却很谦恭随和。宋霭龄招待他的时候，杜月笙反而亲自给孔祥熙和宋霭龄削苹果——孔祥熙第一次看见人可以把削水果削成一门艺术：杜月笙左手一下抓了两只苹果，右手水果刀上下翻飞，眨眼之间，两条绿绸子般的苹果皮就抖了起来，两只苹果晶莹剔透，浑圆之态不减于带皮之时。原来杜月笙曾是上海跑马场前卖水果的，后来投到青帮门下。他最善于揣摩人心，能把人捧得心里痒茸茸地舒坦而又不露故意捧人之嫌，因此在青帮中地位迅速上升，渐渐地连他最初投靠的黄金荣也不得不让他几分。当然，此时他还远没有达到他的巅峰时期，他已经看出宋霭龄的心计将会使她成为一个举足轻重的人物，他现在就要巴结讨好她。为她在这个时候提供安全保障，将是最好的感情投资手段。当杜月笙表示随时听从差遣的时候，宋霭龄认为当务之急是防止宋庆龄和孙中山的婚姻成为事实，但现在还用不着杜月笙的流氓打手，她自己完全有办法对付这件事。

宋霭龄托人介绍了一位名门子弟，匆匆来家见了一面，即由查理宣布了宋庆龄订婚的消息。

宋庆龄真急了，她大声抗议：在这样的家庭里，还出现包办婚姻，什么打倒封建，什么实现民主自由，都是假的，还口口声声谈论革命，都是假革命！查理听后十分痛苦，他回顾自己一生走过的道路，都是追求民主平等，主张个性解放，为什么到了自己家庭的问题上，反而扮演了封建卫道士的角色，为什么要剥夺女儿的自由？她有爱和被爱的权利呀！还有由此带来的和孙中山的关系问题，究竟该怎么处理才好？

但是宋霭龄不愿意父亲退缩，宋庆龄订婚的消息已经宣布，只有硬顶下去。她说，过不了多长时间，庆龄自然会回心转意。她会找到新的爱情，将那段梦幻般的经历忘掉。我们并没有得罪孙先生，他没有正式向宋庆龄求婚，没有向宋家的家长表示过这个意思，我们当然不知道他有过什么想法。一切都会悄悄平息，事后大家都会装得像没有发生任何事情一样，根本用不着顾虑。宋霭龄还建议父亲，为防止出现不测，应该把宋庆龄看管起来，在结婚之前不能让她随便活动。查理惊叫一声，这不跟山野村夫封建顽固们的做法一样了吗？我们新式文明家庭里怎可以做出这样的事？宋霭龄微微一笑："是的，这做法是陈旧了一点，但过去那么多人家采用它，就说明它有效、管用；有效管用的就是好的，就不要再瞻前顾后。譬如我们的革命也是这样，要从袁世凯手中夺回权力，什么办法管用就用什么办法，通过国会选举能牵制他，就谋求在选举中取胜；武力可以打倒他，就动用武力。我们办事都是先考虑效果，而不是先考虑手段。只要能达到目的，什么办法都可以用……"

查理又征求妈咪的意见——自从倪桂珍生下六个孩子，查理便随了孩子们，也开始称呼妻子为妈咪。妈咪是家庭中的铁腕人物，对孩子们要求素来严厉，查理设想妈咪会比宋霭龄态度更激烈——查理没有想到宋霭龄的态度是掺杂了个人情感因素的，如果想到这一层，他也许早就能站在宋庆龄的立场上慎重地考虑——没有想到妈咪只说了一句："基督保佑！"查理感到全家人忽然都成了哲学家：宋庆龄是理想主义，宋霭龄是实用主义，自己是"违心"主义，妈咪呢，好像是虚无主义，她说的更像是一句禅语，只是自己一时猜不透。基督保佑，保佑什么？保佑对宋庆龄采取软禁吗？保佑宋庆龄的追求实现吗？查理实在犯难了。

三

事实上宋庆龄被软禁起来了。现在她完全失去了自由，被关在房子里，由女仆看着，不许离开房间半步，不许和外界接触，只等着成亲的日子。宋庆龄悄悄地给孙中山写了信，问他现在是否还需要她，自己应该待在家里还是仍回他身边去。负责看管她的女仆同情她的境遇，站在了宋庆龄一边，把这封信秘密地带出去送到了邮局。

孙中山很快回了信。假使没有女仆的聪明机智，这封信可能就落在了别人手里，那样历史也许就要完全重写了。孙中山在信中鼓励宋庆龄立即回到他身边，在感情和事业上他都非常需要她。宋庆龄受到鼓励，她不再孤单，她有了精神上的援军，有了可以回归的大本营。她决定逃脱家庭的樊笼，到日本去和孙先生相会。

宋庆龄再一次受到女仆的帮助。女仆在楼梯上望风，宋庆龄打开后窗，利用撕开的床单，从二楼坠到了地面，然后赶往港口，乘上了一艘开往日本的轮船。

发现宋庆龄离家出走，宋家上下乱成了一团麻。妈咪担心宋庆龄的安全，宋霭龄大嚷着：私奔，私奔！说一个姑娘家做出这种事，丢尽了全家的脸面。她主张由她派人去把宋庆龄追回——她是完全可以办到的。查理否定了宋霭龄的意见，宋家的事只能由宋家的人自己处理，决不能动用外人，更不允许青帮插手。宋霭龄知道宋庆龄这一去，事情已无可挽回，父亲又是这种态度，于是立即又变了口气，反过来劝查理不要生气，顺水推舟成全他们好了。宋霭龄说："这一来，以前一直和你称兄道弟的前大总统孙中山，就自动降了辈，成了你的女婿，今后再见面，你就是他的岳父大人了。"这句话大大刺激了查理，他对宋霭龄大发脾气："先前主张采取激烈措施的是你，但你只出主意不出面；现在弄成了这个样子，又反过来装好人，说风凉话，好像一切都是我这做父亲的不是。"查理带着一肚子怒气匆匆赶往日本。

查理在神户上岸后又换乘火车赶往横滨，他本是想来阻止这桩婚事的，但是却来晚了一步。他一路风尘赶到的时候，宋庆龄和孙中山已经在日本著名律师和田瑞的主持下举行了简朴的婚礼。迎接他的是一对新人幸福的笑脸。

爱激动的查理还是向两人发泄了一通不满。孙中山一言不发，宋庆龄向父亲做了解释：这一切均出自自己本心，父亲应为他们祝福而不是发怒。她拿出了两人订立的婚姻誓约书给父亲过目。

木已成舟，一切都无可挽回。查理怀着复杂的心情默默返回上海。他向家人宣布："庆龄已经和孙中山正式结合了。"

查理和妈咪为宋庆龄置办了丰厚的嫁妆，张张扬扬地送到日本，以此回答了宋霭龄的不满和社会上盛传的流言蜚语。

查理从此就病倒了，1918 年 5 月 3 日因胃癌去世，终年 52 岁；13 年后，夫人倪桂珍亦因癌症病逝。1932 年 8 月，宋子文合葬父母于上海万国公墓内的宋家墓园。

宋霭龄待在家里无事可做，袁世凯复辟帝制的行动紧锣密鼓，她认为又不便再参加孙中山领导的反袁斗争。这时孔祥熙已经到太谷做了一番安排，回上海接她。于是她决定和孔祥熙到“纽约不如”的太谷去亲眼看一看。

第九章

铭贤任教

万众瞩目之下，宋霭龄下了花轿。她身穿洁白的锦缎旗袍，透着暗花；脚蹬白色皮鞋，一步三响。太谷城里，是一种从未有过的热闹：满街筒子都是人，墙上趴的，树上钻的，当然主要是好奇心的驱使，孔家娶回个洋太太，谁不想一睹为快呢！

——题记

一

尽管孔祥熙说得天花乱坠，宋霭龄把一幅全国地图翻了多少遍，还是没有找着太谷的准确方位，只知道它在太原以南，地处黄土高原。她从心里并不相信孔祥熙说的那儿是“中国华尔街”，连美国的纽约都难比。她怎么都觉得那里仍是上古时代的蛮荒部落。她抱着一种冒险的新鲜刺激感，体会人类原始生活的悲壮感，偕同孔祥熙踏上了前往太谷的道路。

孔祥熙发现宋霭龄心中的忧郁时，故意逗她说，家里并没有恶婆婆，自己贤惠的母亲早已仙逝，用不着如此作难。宋霭龄说，我是害怕……孔祥熙知道她怕什么。宋霭龄从小一直生活在优越的城市环境中，一天没在农村住过，自然把那里想象得贫困荒凉。孔祥熙笑笑说，根本用不着害怕，只怕你一住下后，再不想离开呢。宋霭龄仍是闷闷不乐，孔祥熙又说，你真的不愿意，我们不去也罢。宋霭龄反拿眼斜着他：“谁叫我嫁你这么个乡巴佬呢？嫁鸡随鸡，嫁狗随狗，是死是活只好跟你走这一趟了。”孔祥熙毫不羞恼，仍赔着笑脸：“夫人，那就请了——”

他们尽可能乘火车前进，一直到了榆茨，往太谷再没铁路了，这才改换交通工具。

下了火车，只见秋末冬初的黄土高原，叶落草枯，一派肃杀气象。瑟瑟秋风卷着沙尘，搅着黄叶，只向人脸上扬来。村庄里一溜低矮的黄泥巴小房舍，村民满脸菜色，穿着臃肿的大挽腰棉裤，不少人脑后仍拖着清朝时代的长发辫。宋霭龄的心一下子凉了：这就是孔祥熙说的纽约不如的地方吗？这地方人大概连发生过革命的事都不一定晓得哩。她心头升起一股被愚弄、被欺骗的感觉，刚想冲孔祥熙发火，一阵铿锵的锣鼓和嘹亮的唢呐声骤然响起，把宋霭龄吓了一跳。回头一望，一支几十人的队伍早到了跟前。一顶16人抬的大轿子平稳地落在了宋霭龄脚下，上面披红挂绿，还装有不少正圆、椭圆的小镜子，在太阳下熠熠反光。孔祥熙过来亲自打起轿帘：“夫人，请上轿——”宋霭龄娇嗔地瞪了一眼：“都什么年代了，怎么还让我坐这种玩意儿？”孔祥熙嘻嘻一笑：“你我虽结婚一年多了，但仍是第一次回我家乡。我要让人们知道，我的婆娘可是用轿子抬回来的，明媒正娶！”宋霭龄不满地又瞪一眼：“不坐轿子就不是明媒正娶啦？难道我这是私奔……”说到这里心里咯噔一下，不再说话，钻进了轿子。刚要起轿，宋霭龄又钻了出来，冲着孔祥熙问：“哎，我说，巡抚大人才坐八抬大轿，你怎么用16人抬的轿子？这可是王爷的排场啊！”孔祥熙转回头说：“皇上都被我们打倒了，坐坐王爷的轿子怎么啦？你也认为‘季氏八佾舞于厅，是可忍孰不可忍’咯？”说得宋霭龄脸一红，回了声“天高皇帝远！”返身钻进去再不吭声了。

宋霭龄打量这轿子，里面地方很大，可坐可躺，有一种轿车所不及的舒服。左右都有窗子，挂着杏黄纱帘，可以随时打起向外观望。

孔祥熙要在宋霭龄面前摆“山西首富”的谱，这一路自然格外用心，把衣食住行都安排得妥妥帖帖。宋霭龄坐了轿子，孔祥熙自己骑一匹枣红色蒙古高头大马紧紧相随。早有山西都督阎锡山派人等候，在榆次城里设了丰盛的宴席款待。孔祥熙毕竟在他老家算个人物，这使宋霭龄感到一种安慰和温暖，情绪逐渐好起来。上路以后，凡遇村镇，七八人的吹打班子就呜哇呜哇动起响器，引得很多人出来观望评说。大一点的镇子，都有工商士绅等头面人物出来献茶献酒，这在漫漫黄土路上构成了一种特殊的人文景色，使宋霭龄觉得比在繁华的城市享用高级宴席更有排场。越大的反差越容易使人印象深刻，孔祥熙是深谙此道的。

他们经过四五天的跋涉，才走完了这段漫漫古道，来到太谷城里。

孔家的亲朋好友和铭贤学校的师生在城门口燃鞭放炮，撒纸扬花，一路张灯结彩，等于是又给他们补了一个乡下的婚礼。

这一天的太谷城里，是一种从未有过的热闹：满街筒子都是人，墙上趴的，树上钻的，人多是这里的一大奇观，当然主要是好奇心的驱使，孔家娶回个洋太太，谁不想一睹为快呢！

万众瞩目之下，宋霭龄下了花轿。只见她身穿洁白的锦缎旗袍，透着暗花；脚蹬白色皮鞋，一步三响。与太谷城里这些身着对襟黑棉袄，大裤裆挽腰破棉裤的居民们，显现着不仅不是同一个社会阶层，而且也不生活在同一个季节。最显眼的还是她脖子上挂着的十字架，表明她是一位基督徒。她款步走动的时候，裙衩间露出白皙的双腿，透着勾魂摄魄的性感，更令庄稼汉们瞠目结舌。

宋霭龄大大方方地向父老乡亲们招手问好，激起大家阵阵掌声。她那楚楚动人的风姿，一举手，一微笑，都引来人们的喝彩。作为大家闺秀的宋霭龄，毫不怯场，在人们追逐着引颈观望下，拜见了公公孔繁慈以及孔祥熙的叔叔、婶婶等长辈，缓步进入了洞房。

人们向孔家长辈们贺喜。

有的说，你们给咱这土地方娶回这么个俊媳妇，是你们的福气，也是咱乡亲的荣耀哩！

有的说，听说是吃洋面包长大的，每天还要用牛奶洗澡，是咯？要不咋那么水灵呢？

有的说，听说是孙大总统的秘书。哈哈，染房里的捶板石，见过大阵仗呢！

……

孔祥熙听了这些话，心里美滋滋的。是咯，在太谷，在山西，谁还能比得上咱呢？这回呀，我孔祥熙将不仅以财富闻名，还将以这个夫人让所有的人刮目相看。

孔繁慈听了这些恭维话，却隐隐感到某些人的一丝揶揄，一丝挖苦，不过此刻他也只能咬掉牙往肚里咽，脸上还得装出浑然不知的憨笑来。

花烛之夜，少不得一阵土包子粗俗的闹房，虽然一些人出言不雅，好在宋霭龄已是结婚多时，加上她的伶牙俐齿，倒也把这些人对付得晕头转向，使他们得不到多少便宜。直到几个愣小子还想动手动脚，上去搂搂抱抱时，宋霭龄才吓得没了主意。还好，孔祥熙及时进来，一个眼色，宋霭龄早心领神会，趁东邻的二赖子伸手去抓她腰带时，立即柳眉倒竖，顺势从腰间抽出一支假枪，对准二赖子脑袋就喊着要开枪，吓得这小子抱头鼠窜，闹房的人也借机一哄而散。

闹房的人一走，小两口哈哈大笑，孔祥熙顺势抱住宋霭龄，扔到了床上。“哎哟！床上有虫子！”宋霭龄一惊一乍，大呼小叫，孔祥熙也兀自吃惊，生怕真有什么蝎子、蚰蜒、簸箕片，吓着了爱妻，丢了自家面子，那样以后在夫人面前就更矮三分了，急忙掀开床单去找。哪有什么虫子，原来是些红枣、花生、栗子、黄豆之类。宋霭龄怒瞪两眼，质问道，搞什么鬼名堂？想硌死人哪，不让睡觉啦？孔祥熙这才笑了，“哈哈，这是咱这地方的风俗，这叫撒床，是长辈们的一种祝福！”宋霭龄哪里知道这些名堂，兀自怒意不消，“撒什么床，祝什么福？”孔祥熙笑着解释，“红枣栗子这是要你为咱孔家早生贵子，‘枣栗子’者‘早立子’也。”“那这花生呢？还要我当花瓶，给你孔家长花吗？”宋霭龄还是不满地说。孔祥熙仍是笑哈哈的，“这你还不懂吗，要你花生，插花着生，一个儿子一个姑娘，一个儿子一个姑娘，也别光生儿子也别光生姑娘啊！”宋霭龄听明白了，怒意方才下去。

十年之后，孔家长辈们的祝福得到了验证，宋霭龄插花着为孔家生下了四个孩子，果然是两男两女，成为宋氏三姐妹中唯一留下后代的一个。这四个子女又演出了许多曲曲折折的故事，世人赞美和非议兼而有之。不过这是后话，暂且不提。

黄土高原上的黑夜是真正的黑夜，可不同于大上海非要把黑夜制造成假白昼。夜幕低垂，笼罩四野，天地融合，人性复归。

这是宋霭龄在婆家过的第一个夜晚。喧闹之后的静谧，夜幕后面的神秘，被窝里的甜蜜，都给她留下了终生难忘的印象。

她期待着夫妻大礼之后的黎明。

二

客人散尽之后，宋霭龄才得以仔细打量这座山西首富的祖宅。只见占地几十亩的深宅大院，果然气魄不凡，巨石砌墙，粗木为梁，院子一进一进，简直如同迷宫一般，很有欧洲中世纪古堡的味道。

在这黄土高原的腹地，孔家却有着类似江南风光的精致花园：一方莲池映着无边寺里的白塔，一条曲曲折折的长廊，色彩艳丽，与黑粗笨拙的石墙土瓦形成鲜明对照。临池一座古色古香的戏台，显足了主人的排场。尖顶的亭子，上面挂着清代文豪傅山手书的大匾：赏花亭。背面一匾，却是龙飞凤舞的“墨庄”二字。宋霭龄不解其意，问孔祥熙。孔祥熙顿时脸色飞红，支吾了一下，才说，文人墨客过去讲究赏花读书，无非是才子风流罢了。宋霭龄虽然觉出孔祥熙神色有异，但想这里面总不至于有孔家的什么风流艳史吧，也就过去了。宋霭龄见到一丛枝条苍虬的巨形灌木，便问这是什么树，孔祥熙这才眉飞色舞起来，洋洋得意地说，这是一棵宝树，已经有几百年历史了。没等说完宋霭龄就抢白道，我问你它是什么树，没问你它有多少岁了。孔祥熙嘿嘿一笑，是是。这叫枸杞，百年枸杞。枸杞子滋阴壮阳，使人永葆青春。哎，你看没看过《三言》、《二拍》？那里面有一则百年枸杞的故事……宋霭龄眼一瞥，那是你们那些不正经男人看的混账书，我才不看呢。孔祥熙涎着脸说，夫人此言差矣。待我说来你就知道了。有一个人经常向一贫僧布施，一天老僧请老善人到寺里答谢，说有一物吃后可以长生不老。拿出来一看，老善人见是一只腌死狗，顿时恶心反胃，心里说原以为这和尚是好人所以常常布施于他，谁知竟是个不守戒律的恶僧。他口里不说，只推托不吃。老僧自己吃完后才说，这哪里是什么死狗，而是一只百年枸杞，看来你没这个福气，这也是命。宋霭龄盯住孔祥熙说，你有命，你去吃你这个百年枸杞吧。孔祥熙转身岔开话题，指给宋霭龄看二层楼的闺房。

宋霭龄刚才问到“墨庄”时，孔祥熙为什么脸红？原来这处宅院并非孔家老宅，而是当初和他的曾祖父争夺拔贡取胜的孟秀才孟拔贡的花园。孟拔贡，当然是舞文弄墨之人，所以他能在自己花园里题名“墨庄”，而孔家此后世代经商，并不以读书名世，自然不会题这样明显的有文人印记的牌匾的。幸亏宋霭龄没有深究，否则孔祥熙以孟家花园冒充祖宅的把戏就会露馅了。这一层宋霭龄在太谷住了很长时间也没有识透，一直把这里当做孔家老院。也许是她知道了却不愿意揭穿，多年后她同外国记者谈话还把这里称作孔家祖宅，以此作为孔家富有的证据。

乡野生活虽比不上都市文明，但对于在城里住久了，用惯叉子刀子吃西餐的宋霭龄来说，这一直被她视为荒乡僻野的太谷，倒也不是那么蛮荒可怖，却时时感到一种新鲜和惬意。

孔家拿出了当地特有的各种名食，确让宋霭龄大开眼界。衣着艳丽的女仆把一盘一盘的食物摆上红木八仙桌：鹌鹑茄子、烫驴肉、挂炉鸡，香气四溢；瓦桶糕、绿豆糕、穿心酥、万卷酥、六角酥、佛手酥、篓篓酥，各种点心令人眼花缭乱；蒸的烫面、蒸粑、稍梅、糖油包子，别有风味；光饼类又有那大薄脆、两张皮、剃头饼、盐包儿、瞪眼儿、牛舌头、石头饼、枣泥饼、一窝丝等，真是各具特色；那主食叫什么剔尖、擦尖、擦片、纳糟子、圪垛、圪搓搓、豌豆面疙瘩，更让宋霭龄闻所未闻。几餐饭吃下来，孔家究竟有多大家业，可真叫宋霭龄心中没底了。她心里一直琢磨，是这家人敢糟，还是财富无算？心想过去的皇上也不过如此罢了。

吃住虽好，毕竟太谷没有什么名山大川可以散心，宋霭龄不觉丝丝无聊又袭上心头。想想当初自己在美国留学时的雄心壮志，想想跟随中山先生时的踌躇满志，想想心上的人被妹妹占去，想想自己在这里浑吃浑睡，完全被世界忘却了一般，昔日的朋友们此刻在忙些什么？革命下一步会出现什么情形？她真怕时间一长，自己也变成一个麻木不仁的土财主婆，岂不辜负父母朋友，空怀一腔壮烈？越思越想，不觉一声长叹，两行珠泪早顺腮流下……

几日来生怕爱妻受了委屈、处处赔着小心的孔祥熙早发现了宋霭龄情绪的变化，不过表面糊涂实则精明似鬼的他并不去直接点破，而是有意岔开问道："怎么了，怕把我孔家吃穷，给我们掉金豆子啦？"

一句话又把宋霭龄逗乐了，她娇嗔地剜他一眼，"去你的，把你孔家吃成讨饭鬼才好呢，谁管你金豆银豆！"

孔祥熙这才讨好般地说："你不关心我孔家，我可也顾不上管你了，明天我可要到铭贤学校上班去了，你是留在家里，还是跟我一起去？"

宋霭龄哪里想到这是孔祥熙有意往自己心里侃，顿时来了兴致，连声说好好好，你不管我也别想撇下我，你去我也只好去，嫁鸡随鸡，嫁狗……孔祥熙过来就拧宋霭龄的嘴，嚷着说，我再叫你整天说我是鸡是狗……两人又一阵欢笑。

三

第二天，宋霭龄随孔祥熙把行李搬到铭贤学校的校长公馆。铭贤师生欣喜欲狂，为迎接一别数年的校长重新回来主持教务，实际是他们的“财神”归位，再加上有宋霭龄这么一个有传奇色彩的夫人到来，更使他们躁动不安。教师学生费尽心机地把校长公馆做了刻意装饰，把学校环境打扫得干干净净，然后又到大门口列队欢迎。

在宋霭龄眼里，这铭贤学校可真是孔祥熙创造的一大奇观。它坐落在太谷城的东北角上，一色的洋房建筑，栋栋教学高楼之间，镶嵌着一个个二层楼的小院落。房屋全是雕梁画栋，檐角是中国的龙头，龙身摇摆横贯屋脊。屋顶覆盖着黄白蓝相间的琉璃瓦，墙壁是彩色瓷砖拼成的美丽图案，真正称得上富丽堂皇。不要说在 20 世纪初盖那样的学校，就是在又一个新世纪到来时，也没有几所学校可以与它相比；不要说在太谷这样的穷乡僻壤，就是放到上海、北平、广州，它的建筑和园林也自有比不下去的风姿。宋霭龄看到这所学校，感觉上好像又回到了当代文明之中。她再也不想去住孔家那憋得人喘不过气来的老房了。她脸上绽开了花，那些欢迎的师生还以为对他们而笑呢，一个个更激动张狂。

宋霭龄随孔祥熙来到校长公馆，只见是形成直角的两进小院，坐东向西一进院落，坐北向南一进院落。院里有兰草玫瑰、伞形国槐。圆门方窗，白壁彩绘，煞是赏心悦目。楼下是会客室、会议室，一枝迎客松，似长臂作请。他们的卧室在二楼，门前一溜阳台，视野开阔，室内陈设则是一式西洋床具用品，令宋霭龄大为满意，心情一下子好起来。她兴致勃勃地又下来仔细欣赏梁柱上的图画。只见左侧横梁上是一老者垂钓，旁有一书生跪地拜谒，宋霭龄看了半天，疑为张良拜师。右侧画一粗壮汉子舞弄拳脚，旁边一群人围观，宋霭龄猜想定是拳打镇关西的鲁提辖了。一文一武，倒也符合教育方向，宋霭龄不禁颔首微笑。看到柱顶上时，宋霭龄的笑意却收敛了，原来那上面画的是一个荷锄仕女。宋霭龄把孔祥熙叫下来，皱着眉头问道，你这会客室门前画个葬花的林黛玉是什么意思？难道原先没有我时，你成天就想着来个什么小姐姑娘的和你相会吗？一句话问得孔祥熙哭笑不得，竟一时结结巴巴了。赶忙说，夫人你……你误会了，我这画的不是林、林黛玉、林小姐、林姑娘，我的用意是要表现女子参加、参加生产劳动，新的时代妇女要和男子一样参加生产……宋霭龄杏眼一瞪，你骗鬼去！新时代女性咋是这样装扮？孔祥熙又佯装细看一番，赶紧想了词说，夫人有所不知，在这乡下地方，要推行新东西很难，而你把它说成是古已有之，就容易多了。我这画就是说明自古以来就有女子参加劳动，铭贤学生不过是照古行事而已。看宋霭龄不深究了，孔祥熙就来了兴致，指手画脚地说，这天下大事，总以教育为本，教育兴则人才出，人才盛则国势强。民国以来相继有人邀我出去做官，我总舍不得丢下自己亲手创办的这所学校。我要培养一批能文能武、达智权变、有为国为民思想的人才，兴国家富人民……宋霭龄早不耐烦了，好好，你就当你的校长，当一辈子校长吧。可你前一阵子跑到日本，跑到上海干什么去了？每一个有能力的人都想着培养下一代人，就是所有的人都成了大学者、大教育家，可谁来担当国家大任？孔祥熙一下子口齿伶俐起来，我是教而优则仕，学校办好了，也可以出去做官。但不论我做到多大官，这校长我一生不能丢，一生都要兼！

孔祥熙倒真是说到做到，直到他当上了国民党行政院长，铭贤校长也一直兼任，从不肯交给别人，其间只有宋霭龄代理过，不过时间不长。

孔祥熙离开太谷几年，学校的教学虽未受什么影响，可财务上却遇到了一大堆问题。孔祥熙一回来，就忙着听汇报，想办法筹措经费。宋霭龄闲来无事，免不了到校园里各处转转走走。一日，她走到学校图书馆前，上面那块“亭兰图书馆”的赫然大匾引起了她的沉思：为什么别的学校图书馆都和学校同名，这里的图书馆却另起了一个名字？而且这“亭兰”二字她也实在猜不出什么意思。她问一个陪同的教师，这教师哪知会出什么风波，就实话实说，这乃孔校长一片孝心，亭兰二字各是孔父母名字中的一个字。校名既为了铭外国传教士之贤，不好改动，这图书馆名当然可以自己另起。说完还为孔校长的高明得意地笑了几声。宋霭龄不听便罢，听后就想开了，他用父母的字取了图书馆名，日后永垂青史，我的父母呢？我的父母比孔的父母这对老农民可不知强过多少倍。不行，这里也必须留下纪念。她打定了主意，就在校园到处找，恰巧这时一座教学试验楼即将竣工，而且位置与此相对。宋霭龄立即找孔祥熙，仔细看了设计图纸，见此楼规模不在图书馆之下，高度和图书馆相同，就提出自己要为这座试验楼取名字。孔说，试验楼咯，取啥名字？宋霭龄说，图书馆为啥能取名？孔祥熙就明白了。赶忙说好好，你取你取。宋霭龄说，那就叫“嘉桂科学楼”好了。孔祥熙一沉吟，嗯，这试验室改成科学楼倒很贴切，只是么，“贾桂”乃法华寺里的奴才，连让坐都不敢的人，用来命名科学楼合适吗？宋霭龄大怒，我这“嘉”是宋嘉树的嘉，“桂”乃倪桂珍的桂，你有意作践我父母不是？孔祥熙“噢”的一声，连说得罪得罪！赔了半天礼，看宋霭龄不吭声了，以为这下总算是摆平了，不想宋霭龄还不满意，非要把科学楼加高不可，明明是要压孔祥熙一头。

孔祥熙虽说愿意奉承，但图纸早已设计好，马上就要完工，稍有改动就得费大工，孔祥熙以经济原因搪塞。宋霭龄又发起火来，喊道，没钱你整天给我摆什么谱？吹什么首富脚富？没钱明天把城里老院卖了，反正我只住这里的花园洋房，不住你那欧洲古堡！孔祥熙被逼不过，只好下令加高。不意又遭到设计人员抵制，加高以后整个建筑就不协调了，留下那样的丑陋作品是要坏他们名声的。最后达成妥协，只在原来的基础上加高了一砖，不仔细观察感觉不到。不过在宋霭龄看来那意义就不同了，一砖高也是高，还是宋霭龄压住了孔祥熙。

原先，孔校长讲授课程没有多大反响，他本人当做游戏性质的体育课中的“操练”却引起社会的注意。其操练实际上是军事持枪训练。学生们手持木枪，按照从美国搬来的士兵持枪动作进行活动。同学们欢迎的原因是当时为数不多的现代型中学还没有这一课程，大家感到很新鲜。太谷商会对此却是大惊小怪，以为太谷来了什么“军事家”，特地盛邀孔为商团教官；警察局也屈驾上门，聘为顾问。一夜之间孔某成了当地知名人士，他也将计就计，当起“军事教官”和“警察顾问”来。

孔祥熙在办学之余，不忘经商。此人身上充满经济细胞，具有经商的天才和遗传因素，所选择的第一个投资项目是销售煤油。中国惯用的晚间照明用料主要是植物油和蜡烛，孔祥熙看到了煤油的价值，认为无论是从价格或效果上看，煤油均胜过植物油和蜡。果然不出他之所料，煤油销售利润不薄。他再凭着经济头脑，用25000英镑的代价，以“祥记公司”的名义，购得在山西全省经销英国亚细亚火油公司产品的代理权。这一垄断经营给孔家带来很大经济效益。经销亚细亚火油是他第一次独自经商的尝试，他从中总结出两条经验：选准投资方向和垄断性经营。在以后的赚钱生涯中，尽管有更多的致富之路，可这两条法则他始终没有放弃。

宋霭龄在铭贤学校的生活是繁忙的，但也是充实的。她那时已身怀六甲，既要随时准备迎接长女孔令仪的降生，又要协助孔祥熙处理校务，在师生面前树立起“夫唱妻和”的贤淑形象。

孔祥熙一直把铭贤学校看作私有财产，为收买学生、笼络人心，他极力装出一副师生之间平等相处的样子，经常讲："师生有如家人父子，能多聚集，总要多方聚集；能多会晤，总要多方会晤；能多探讨，总要多方探讨；能多畅叙，总要多方畅叙。"宋霭龄不仅对丈夫这番论调衷心赞成，而且身体力行，瞄准机会就往学生中间凑，还不时邀请部分师生到校长公馆做客便餐。每逢这时，宋霭龄总是身扎围裙，亲自上锅掌勺，做出拿手的西餐来，让大家品尝。这群出身山西土财主家庭的富家子弟，山珍海味都吃过，就是不曾见过西点西餐，在校长家里他们才算真正"大开洋荤"，吃的是西式糕，喝的是咖啡、可可。校长一家的"恩惠"把这群学生感动得五体投地，他们决定集资买一个金手镯赠给宋霭龄。

"师母，这点小礼物，不成敬意，请你收下啊。不要忘再加几个好菜啊。"

"好、好、好。"宋霭龄接过金镯，"咦，好漂亮啊，我可不敢要。你们现在是学生，花钱还是父母身上的。父母的钱也不是天上掉下来的。等你们日后有成，你们纵是给我一座金山，师母也敢收。你们说是不是？"宋霭龄虽然爱财，但却有女人心肠。

"师母，这酒就不好喝喽。"

"礼不收，酒菜还是要吃要喝的。"

孔祥熙见僵持不下，忙出来和解道："师母不收我收下，大家喝酒吃菜。"

"还是校长开通。"大家哈哈笑起来。

宋霭龄也笑了起来。从此学生们一见到宋霭龄便围住她"师母""师母"地叫个不停，直叫得这位师母大人春风满面，喜不胜收。校长先生更是笑口常开。

宋霭龄不仅仅是校长夫人，大家的师母，同时还是一位执掌教鞭的"良师"。尽管这段教书经历不长，但宋霭龄以自己的勇气和才华博得了学生的爱戴。

孔祥熙夫妇从日本回到太谷后，主要精力放在增设大学预科方面。等到一切准备工作基本就绪，开学在即之时，原先应聘的一位美籍教师，突然变卦，表示不来中国任教了。这就使师资力量尚感不足的铭贤学校，陷入更加困难的境地。如果再从外国请教师就得推迟开学，从中国沿海地区聘请一位教师来代课，也没有了时间。就在孔校长急得团团转的时候，一帮学生来到校长室。

“踏破铁鞋无觅处，得来何需费工夫。为何不请现成的老师——毕业于美国威斯里安学院的校长夫人出来任教呢？”

“好主意，好主意。就这样定了。”孔校长连连称好。

当孔祥熙找宋霭龄商量时，“我能行吗？”宋霭龄起初有点犹豫。

“那就试一试吧。”

就这样，宋霭龄这位年轻女子拿起了教鞭，走上了这个都是男子学校的讲台。她主讲英语，同时指导卫生和环境卫生课。第一节课时，她有点卡壳，在同学们鼓励下，一周后也就自然了。两个月后，她已名扬全校了。很多教师纷纷来听她的课。随着第一个孩子罗莎蒙黛（孔令仪）呱呱落地，宋霭龄也结束了作为大学教师的一段生活经历，退出了那个令人尊重的教席。

当后来谈到这段经历时，宋霭龄说道：“我根本不配做这种工作，我相信即使在一所普通学校里教书，我也不够格。我之所以能够教书，只是因为当时的特殊情况，也想为我丈夫分忧。我记得在一次英语课上，一个学生问我，为什么在一个英语复合句里，有时候不能重复使用一个名词？我回答说：‘噢，这是不言而喻的！’在我看来，对于那些使我和学生都感到不解的问题，这是一个最好的回答。从此以后，每当我遇到难题的时候，我就说‘噢，这是不言而喻的！’这段时间虽短，但却使我终生难忘。从人之生到人之师，这是一个很大的进步啊！”

宋霭龄教书之暇，还要帮助丈夫整理文牍、润色文章。丈夫亲切地称她“一字师”，宋霭龄不服气地反驳说：“何止是一字师呢？你真是得了好处卖了乖，那篇檄文也是一字师吗？”

宋霭龄指的那篇文章，乃是新近在民国日报发表的讨袁（世凯）文章，洋洋万言。

四

说铭贤，道铭贤，
铭贤美名天下传。
自从来了孔校长，
铭贤一夜变了天。

这是人们对铭贤的褒赞。一分耕耘，一分收获。宋霭龄逛了一趟太原，考察教育，听到这首民谣，喜不自禁。要说收获，这是最大的收获，真是不虚此行。宋霭龄急急忙忙回到太谷，把听到的这首民谣唱给丈夫听。祥熙高兴地说：“看来我们事业有成了。”

当天晚上宋霭龄做了一个美梦：一位身穿蟒袍，头戴乌纱的大人物，坐着轿子来太谷视察，接见了他们夫妇，夸奖了铭贤，称赞了夫妇二人，还提笔写了匾，并用轿把丈夫抬出了太谷。宋霭龄上前拦轿，有话说给丈夫听。大人物不答应，宋霭龄急了，醒来却是一场梦幻。

宋霭龄见天色已亮，推醒了丈夫，把梦幻讲给他听。祥熙听了哈哈大笑：“人家是望子成龙，你是望夫成龙啊！”宋霭龄用指头点了一下祥熙的鼻尖尖：“我这是夫耀妻荣嘛！”……说话间，家人送来了文书一封：妹夫中山来信啦，要祥熙去广东。祥熙感到惊讶，宋霭龄忙抢过文书：“呀！美梦成真啦！祥熙，我不是说谎吧？”

“佩服，佩服。夫人真乃是先天之见。”祥熙哈哈大笑道。

1922年初，孙中山领导的南方革命轰轰烈烈，正是用人之秋，他致信孔祥熙，要求他速去广东。夫妇商量一周，决定夫人先行一步，以便借关系斡旋一下。

4月的一天清晨，孔祥熙的使者宋霭龄，带着7岁的长女孔令仪，从山西出发，路经石家庄、郑州、长沙，径到广州，看望妹夫孙中山和二妹宋庆龄。

孙在那里任大元帅，寓所位于观音山粤秀楼。孙当时正在指挥北伐军挥师前进，一路高奏凯歌。对于大姐的到来，孙中山十分高兴，遂安排宋庆龄接待。

宋庆龄对于一母同胞的大姐并不记恨，热情地接待了她。特别是见到自己的外甥女——7岁的令仪，宋庆龄的感情一下子涌了出来，又是拿糖，又是端水果，热情得不得了。

在热情的气氛中，姐妹进行了长谈。从家庭到社会，又从社会到家庭。

“大姐，祥熙是个有本事的人，现在在干什么？”宋庆龄问。

“他呀，现在也没有什么大事。在前，阎锡山想用他，感到话不投机；后来，吴佩孚、张大帅又送密信，他也没有答应；依附王正廷，也不是常法儿。如果这里有合适的事儿，我会竭力劝他的。”

“关于祥熙的事儿，我已给先生说过，去信让他来也是为了这个事情。”

“谢谢妹妹的关心。他这次没来的原因，主要是手头还有要紧的事儿，一时难离开。要不，也和我一块儿来了。”

……

一天晚上，孙中山陪宋霭龄吃饭的时候，他又旧事重提。

“大姐，祥熙的事庆龄已经给我说了。你回去好好劝劝他，吹吹枕头风，让他尽早来南方参加革命。广东形势很好，正在进行北阀，很需要人呢。他要是来不了，我可要找大姐算账了！”中山说完，哈哈笑了起来。

“要来还不容易，我的大元帅，你给他安排个什么差使?”宋霭龄直言相问。

“安排一个部长还不行吗?”

“好！这事就说定了，我回去一定传达你的话。”宋霭龄笑了。孙中山也笑了。

“饭都凉了，别光说话了!”宋庆龄在一边也笑了。

第十章

追随孙文

孙大元帅见孔迟迟不来，让宋庆龄再发电致孔。宋庆龄听了生气地说：“大姐在这里说得好好的，回去就变卦了，看来大姐也是位靠不住的人。”“大姐这个人我还是了解的，看来还是一时离不开吧。”孙先生打圆场说。

——题记

一

宋霭龄没有游览羊城的风光，便匆匆踏上了归程。

宋霭龄及时向孔祥熙传达了孙中山的邀请，但是，孔并没有立即奔赴南方。

孙大元帅见孔迟迟不来，让宋庆龄再发电致孔。

宋庆龄听了生气地说："大姐在这里说得好好的，回去就变卦了，看来大姐也是位靠不住的人。"

"大姐这个人我还是了解的，看来还是一时离不开吧。"孙先生打圆场说。

后来，美国记者埃米莉·哈恩分析说，这是因为孔当时在热衷于实现他在山西的教育计划，所以不愿跻身政界。这个分析并不正确。其真实的原因是：一、孔当时正在为"鲁案善后督办公署"效命。二、孔那时也正在做一些秘密的活动，一时还脱不开身。

1922年春天，多事之秋，用人之秋。

孙中山为争取皖、奉二系共同对付直系，积极和皖、奉代表联络，以形成孙中山同段祺瑞、张作霖联合对付直系军阀的三角同盟。同年4月28日，第一次直奉战争爆发。5月1日，张作霖宣布"东三省人民自主，并与西南各省采取一致行动"，共同反对直系军阀。但是，时隔几天，奉系惨败，张作霖退回东三省。6月4日，张正式宣布就任"东三省保安总司令"，继续整军备战，以图反攻，并表示出"南倾意向"。在此形势下，孙中山再致电孔祥熙，秘密指示孔祥熙进入东北，与张作霖、张学良父子多次接触，力谋加强孙中山领导的南方政府同奉系的合作关系。

孔匆匆备了一些重礼，尽快赶到沈阳奉天府。在宽敞豪华的督军府，这位称雄东北正觊觎着全国的张大帅，拍着孔的肩头说：“老朋友了，这回来了就不要走了，白山黑水，任君驰骋。”

孔祥熙笑答道；“谢谢！只是这次行前匆匆，有些事务未曾交代。待我回山西物色好人选，当即北来效力。”

在沈阳，孔祥熙同张作霖进行多次秘密交谈，相互之间取得了一些默契。虽然孔祥熙没有留在张作霖的奉天府，但是却给张作霖提供了不少南方革命的重要情况，还一次又一次地向张作霖表示忠诚之心。一贯颐指气使的张作霖在听到孔祥熙虔诚的表白后，脸上露出了一丝不易被人觉察的奸笑。

二人各有心事，相互拉拢，相互吹捧。

张作霖为了进一步拉拢孔祥熙，在孔祥熙临行前特意派人送来东北特产的狐裘、人参等贵重礼品。孔祥熙自然是客套一番，最后还是一件不少地全部收下了。

孔祥熙回去后，同张作霖函电交驰，互通机密，建立了比较紧密的联系。

1924 年 1 月，孔祥熙接受孙中山的邀请，赶赴广州。

前嫌不计。孙中山夫妇还是热情地接待了他。

“北京政变”后，北方出现了由冯玉祥和奉系军阀张作霖、皖系头子段祺瑞共同支配而由段为临时政府总执政的中央政权，三者之间形成了又联合又斗争的新局面。

冯玉祥、张作霖、段祺瑞各怀着不同的政治目的电邀孙中山北上共商国是。孙中山为求得全国统一，不顾个人安危，毅然决定应邀北上。

孙中山于 1924 年 11 月 13 日由广州北上，中间经过香港、上海，取道日本赴天津，辗转一个多月，直到 12 月 31 日才风尘仆仆地到达北京。由于多年艰苦的革命工作，孙中山劳累成疾，北上途中，又怒不可遏地一再痛斥段祺瑞等人的卖国谬论，使病情恶化。他到北京后，便一病不起，送进协和医院后，被确诊为肝癌，而且已经到了晚期。

看到这种状况，孔祥熙心急如焚。他跑里跑外，请医生，买药品，竭尽全力，关心和照料重病中的孙中山。

孙中山病危之时，他的亲密同事们纷纷来到他的身旁，但他最重要的三位副手——右派胡汉民、左派廖仲恺和担任军职的蒋介石——都留在广州。不是他们不来，而是孙中山不让他们来，因为他们对那个南国都城的控制并不牢固。

在弥留之际，孙中山建立了一个中央政治委员会，代表他在北平展开活动。风度翩翩、讲究打扮的汪精卫是委员会的高级成员。汪精卫也有一段非凡的历史，他曾以1910年“暗杀”清朝摄政王“未遂”而著称。那次行动不过是一场闹剧而已。暗杀者把一枚土制炸弹隐藏在摄政王府附近的一条沟内，由于导火线扯得太长了，炸弹被发现。根据装炸弹的箱子这个线索，清廷追踪到了阴谋者在北平的躲藏处，汪精卫被发现。他知道这次行动，但他实际上没有参加，他坐了几个月的牢，直到1911年的革命冲开清政府的大门，他才获释。这段经历便成了他的政治资本。他声称，暗杀计划是他的主意，此后他的仕途便一帆风顺。汪精卫几乎在任何一个原则问题上都能妥协，这样就使他在国民党内经久不衰；他周围的人都被杀害了，他却安然无恙。现在，他有幸守在孙中山的病榻旁，极有可能成为大元帅的继承人。

当这位伟大的革命者生命垂危时，国民党中央政治委员会面临着两个问题：孙中山同莫斯科以及中国共产党的联盟是否要保持下去；而最重要的是，谁将成为国民党的新的大元帅或最高领袖以获得孙中山长期斗争的成果。于是，争夺权力的斗争开始了。

在这场权力之争中，有人策划于密室，有人公开叫嚣，造谣中伤，无情打击，令好人心寒，令胆小者退却。斗争的结果，蒋介石窃取了革命的果实。

在当时的大多数旁观者看来，蒋介石作为继承人的可能性并不大，因为还有许多比他显赫著名的人物。但是，这不等于没有空子可钻，关键在于两条：手腕和心计。

蒋介石深深懂得：劫持了革命并不是劫持了全国。为消灭反对他的人，他还必须寻找靠山，找个有钱的洋爸爸。洋爸爸是日本还是美国？他想尽量争取美国。于是再一次想到了宋家家族和美国这种根深蒂固的关系，想到了宋美龄、想到了宋美龄的大姐宋霭龄，以及她的丈夫——孔祥熙——一棵摇钱树。

想到这里，他便派人找来了好友张静江，二人为之密谋了一番。于是，一场政治婚姻伴随着蒋介石得天下的阴谋同时进行。

二

孔祥熙因主持孙中山的葬礼而名扬天下。此时他看到由商界跻身官场，已不再是可能，而成为现实。在孙中山先生病重之际，宋霭龄已与他策划于密室。他们统一认识：在这个社会里，钱固然重要，但无权难成巨富。究竟怎样升官发财？关键是选好后台。那么先生逝世后，谁能有实力接先生的班？

“那不是秃子头上趴虱子，明摆着的事。胡汉民、汪精卫、廖仲恺，不都是孙的副手？还有老资格的杜月笙。”孔祥熙喷口烟笑说。

“你目光短浅，问题不在表面，这事很复杂。我看不见得是他们四人。”宋霭龄摇着扇子道。

“那依夫人之见呢？”祥熙忙问。

“我问你，如今谁在掌军权？”宋霭龄答非所问。

祥熙搔了搔头皮，道：“黄埔军校校长蒋介石。”

“我敢把宝押在他身上！”宋霭龄嫣然一笑，“此人不可小看。他做事圆滑，上海青帮那里有一定势力，且又军权在握，外加他又有野心。我看极有可能是他。”

“不是没有想到他，但在老资格面前他还有些嫩。经你这么一说，还真没准儿。”祥熙笑道。

……

后来他们左分析右分析，在纷繁复杂的多系派性斗争中，在众多的矛盾中，找来寻去，还是蒋介石。

“要是老蒋，事情就好办了。”祥熙道。

“何以见得?”宋霭龄诧异。

“他正在追小妹美龄呢。依我看，你就成全他们吧。这个事若成，我们的大事还用说吗?”

“此事当真?”宋霭龄瞪大了眼睛。

“我闻此事已有些日子了。”

“好，这个事我给小妹说说，小妹还是听我的。就来个美人计。”

“还是我的夫人精明能干。就这样办了!”孔祥熙高兴得一拍大腿，差点儿摔了一个跟头——原来是椅子腿断了。

“看把你高兴的!”宋霭龄以扇掩嘴笑说。

……

孔祥熙在广州停留了几个星期，便回到了上海。在那座极为豪华的西爱咸斯路孔氏夫妇的住宅里，孔氏夫妇经常同蒋介石商议政治、军事大计。许多忠于蒋介石的将领，腰缠万贯的大买办资本家，横行霸道的流氓头子，耀武扬威的军阀，也都时常来到孔祥熙寓所聚会。在一阵酒食征逐之中，在一片轻歌曼舞之下，酝酿了一个又一个的计划，那计划便是“蒋家天下陈家党，宋家姐妹孔家财”。

到 1927 年 3 月以后，在孔氏夫妇的住宅里，如何解决蒋介石与小妹的婚姻大事，以及蒋与汪的矛盾，成了主要的话题。

第十一章

超级“红娘”

所谓超级红娘，决非一般的红娘，操的是一般的男女之姻。她是站得高看得远，谁手里有权，谁能关照丈夫的“乌纱”，谁是未来的总统，她就将小妹嫁给他，做第一夫人。超级红娘就超级到这里。

——题记

无冕女王
宋霭龄

一

蒋介石得天下、得美人的计划，在宋霭龄夫妇的竭力帮助下，同时进行。

上海的青帮，蒋介石的弟兄们，经过一阵热闹的游说，使宋家听到的皆是对蒋的赞扬话。他们说中国唯蒋能得天下，除此没有别人。宋家正是在这种形势下开了一个重要的“家庭会议”。

莫利哀路宋子文豪华的公馆里，拉上窗帘，谢绝宾客。宋霭龄在丝绒沙发上高谈阔论，坐在她旁边的是对她百依百顺的丈夫孔祥熙。

“这事我跟子文商量过不止一次。要我看，中国的形势要变，上海更不用说了。宋庆龄那边的武汉政府迟早要垮台，只是时间问题。宋美龄这门亲事应当尽快定下来，不然，怕失去了机会。再说，青帮这伙人是什么事都能干出来的。”

“是的。”孔祥熙始终赞同他太太的看法，在一旁敲着边鼓，“太太说的也是，政府要分裂，形势就变幻莫测。现在看来，老蒋的命运也是我们的命运。半个月前，老蒋去了日本，我看是要寻找靠山。说实在的，那小日本，是靠不住的。”他只有深深地叹息。

“问题是日本不可靠，美国又信不过他。”宋子文微笑道，“前些日子美国对他这位总司令是采取不信任态度的。所以他此次日本之行，是为了给美国施加压力。说实在的，美国表面上对此事不露声色，但在暗中活动得可厉害哩，也怕老蒋真的投靠了日本。总之，形势可复杂哩。”他放下雪茄：“谁不知我们宋家同美国的关系？美国对我们不错，我们也不能错待了人家！”

“那我们怎么办？”宋霭龄插嘴道。

第十一章
超级“红娘”

“是啊!”宋子文说，“现在我们不是在想办法吗?依我看，蒋介石这个人不是不想投靠美国。最近，他和我说了几句话，泄露了天机。”

“他说什么啦?”宋霭龄、孔祥熙都伸过头来。

“他说，青工会、童工会不是美龄干的活，他想给美龄安排工作。”

“什么工作?”宋霭龄嘴快。

“秘书。”

“秘书?”宋霭龄眼珠一亮，两手一拍道，“有了!把美龄嫁给他。我想改天他一上台，就不会把我们宋家搁在脑后。”

“妙哉，妙哉!”孔祥熙再次赞同，“他想睡，我们给他一个枕头。日后，他不会不感谢我们的。”

宋子文一言不发。

“你是不赞成?”宋霭龄瞪着一对黑眼珠，“美龄当了他的秘书、夫人，有利于他打通美国的关系，这不仅对姓蒋的有利，对我们宋家也有利呀!你不赞成吗?”

“我不赞成。老太太那里也通不过。”宋子文不软不硬地答道：“再说二姐也是不答应的，美龄自己也是不会同意的。大姐，我看趁早不要操这个闲心了!闹个全家反对，何必呢?”

“是的。”孔祥熙道，“这是个问题。不要说美龄，就是庆龄她也是反对的。”

“她不赞成算老几?”宋霭龄气愤地说，“庆龄根本不能算是我们宋家的人，她早已背叛父母，管她干吗?至于老太太，工作我包了。美龄，她不赞成也得赞成，她这次的婚事实在太重要了!子文，你也给个话，到底同意不同意?”

“我不是不同意。老蒋这个人不怎么样，个性暴躁，生活放荡，风流韵事又多，我们小妹又不是嫁不出去，何必非找他这个老头子?

这不是光彩的事!”宋子文说完一甩袖子。

“老蒋今年多大了?”孔祥熙问道。

“40。”宋子文不冷不热。

“小妹今年多大?”孔祥熙问太太。

“你管她多大!”宋霭龄嗔一眼胖头大脑的丈夫,“今年18,你还问我?”

“说正经话嘛!”孔祥熙笑道。

“她今年真实年龄是30。30对40,也不能算太离谱。”宋霭龄说。

“我不是这个意思。”孔祥熙说,“小妹已有情人刘纪文。恐怕刘纪文也不干!”

“干不干还不得听美龄的!”宋霭龄淡淡地说,“只要老蒋给刘纪文安排个好工作,他会乐不颠地愿意!”

“老蒋那边的太太也得离婚?”

“没有关系,只要姓蒋的明白他同小妹结婚以后有些什么好处,他就有18个太太也得离婚。”宋霭龄又道,“要我看老蒋这个人,有本事,前途无量,未来天下还不姓蒋?小妹当了第一夫人,还不是咱宋家的荣耀!子文啊,你不要再抠那个死理了!”

“那你就先做老太太的工作吧。”

“谁做媒人呢?”孔祥熙又问。

“这还不好办!”宋霭龄十分有把握地说,“在上海这个地盘,找个合适的媒人怕是不难吧,张静江、杜月笙……”她一连气说出八九个。

“噢,原来大姐早有谱啦!”宋子文挪了挪身子,惊奇地说。

“不是大姐有谱,因为父亲在世的时候,已把小妹的婚姻大事叮嘱过我。”宋霭龄说到这里,追问,“大弟,你对小妹了解吗?”

宋子文答道:“小妹在美国的时候,就同刘纪文打得火热,而且，”他放低声音，“他俩又快结婚了，怎么一下子又变卦？叫人为难。再说姓蒋的绝比不上刘纪文。蒋是流氓出身，刘是个出国留学生；蒋其貌不扬，刘英俊洒脱。哪个女孩子不爱漂亮的小伙子，我看小妹不会肯的。”

“我说她肯！”宋霭龄力排众议，“不信我同你打赌！哪一个女孩子不喜欢做第一夫人？”

“你把二姐往哪儿放？”宋子文问。

“她是现在的中国第一夫人，小妹是将来的中国第一夫人。”宋霭龄瞅了眼孔祥熙，“就是我这个大姐，永远做不到第一夫人啦！”

孔祥熙装作没听见，只管大口大口地吃水晶红苹果。

“先问问小妹再说！”宋子文抬腕看看表，“你的意见我赞成。小妹同纪文出去看电影，也该回来了。”

正说着，一辆汽车在门外戛然而止，从车上走下来跛脚的青帮头子张静江。

“稀客，稀客！”宋霭龄首先站起来迎接。宋子文也迎了出来：“静老，你来得正好，大姐正要找你哩！”

“好哇！那么说我这次来对了。”张静江哈哈笑道，露出一嘴假牙。

张静江这个头面人物进出宋家大院是有次数的。过去三年没有来过一次，这近一个月便有两次，今天这是第三次。张静江来这里目的不是别的，他是奉蒋介石之命来这里“牵线”做月老的。他知道宋霭龄是这个家庭的主事人，因此他对宋子文、孔祥熙道：“我知道你们都是忙人，今儿我想找霭龄扯扯，你俩该忙都忙去吧。”

“好，好，有事你就跟大姐谈吧！”宋子文和孔祥熙客气一番，便各干各的事去了。宋霭龄把张静江让到客厅里坐下，又倒上一杯浓茶，开口道：

“静老，你这是无事不登三宝殿，哪股风把你吹来的？”

“哦，我也是随便走走。过去因为忙，欠债太多啦，该走的都没走到。”张静江呷下一口茶，吐出一片茶叶又道，“今天我来，也顺便关心关心你家小妹。”

“你是想给我家小妹提媒是吗?”宋霭龄露出几分喜色。

“有这么个意思。”张静江紧紧注视着宋霭龄表情的变化。

“那你先说说是个什么人家?说实在的，我小妹眼光可高着哩!”宋霭龄道。

“那么，也说说你小妹眼光有多高?我包她满意就是。”

“我小妹条件有三!”

“哪三条?”

“一是要求门当户对；二是要相貌超群；三是要才能出众，要有相当于领袖或统帅的能力和权力。按小妹的话说，非英雄不嫁。”宋霭龄说完自己也笑了，“恐怕难找吧?”

“不!”张静江摆了摆手，道，“依我看，你是已经有目标啦!”

“没有。这只是条件。静老今天来要提哪家呢?”宋霭龄反问道。

张静江想了想道：“这三个条件起码我包你有两条满意，行不行?”

“哪两条?”

“你说的第一、第三条。”

“好哇!你就说说吧，反正这里也没有外人。”

“要我说我就说，”张静江放下手中的杯子靠了靠，“最近听老蒋放出风声，想换位如意夫人，我看你家小妹合适。蒋、宋、孔、陈这四家都是大家族，可以说是门当户对。再说蒋介石也是未来的中国一号人物，这是其二。至于这人英俊不英俊，我看无大碍。情人眼里出西施嘛，全在美龄看啦。你说是不是?”说完一阵笑声。

“这是件大事，我怕小妹不会同意。”宋霭龄故意拿一把。

“那你当大姐的可以帮着拿个主意嘛!”

"是啊!"宋霭龄淡淡一笑,"静老既然来了,我可以拿个主意。等我和小妹通个气,然后再给你回个话,可以吗?"

"那好!那好!"张静江连连答道,"我这头就等你的话啦。"

接着,他们又谈了一会儿家常话,张静江便驱车离开了宋家,直赴蒋介石的下榻处。

此后,宋霭龄又与张静江密谈了三次。

二

就在张静江回家吃饭的时候,"天乐"电影院正好散场。宋美龄和刘纪文挽着臂,顺着人流走下电影院大门口的台阶。

宋美龄身穿粉红色中国旗袍,手戴金镯,颈戴项链,英国式棕色高跟皮鞋走起步来稍带"嚓嚓"声。此时她显得风采动人,姿容高雅。和她挽臂的刘纪文,是位高大俊美的青年,相貌漂亮而又端正。他的身材、体态,证明当地人送给他的"排球健将"的雅号当之无愧。他乌黑的头发梳得平贴和整齐,使他那白色的面庞充满了青春的活力。他风度潇洒,脚步从容,态度温和。

他俩依偎着沿着马路向前走。从表情上看,他们还沉浸在刚才电影的情节里。

"泰尔和玛丽是多幸福的一对,我想我们的结合会比他们更加幸福,美龄。"纪文道。

"亲爱的,我们相爱多年了,我们应该结婚。不过我还得同母亲、大姐商量一下。"宋美龄莞尔一笑,笑得越发迷人了。

说实在的,宋美龄自从美国归来,在爱情的海洋中,她一直脚踏两只"船"。一是刘纪文,二是蒋介石。为此,她拒绝了多少富门纨绔子弟。她爱刘纪文,爱得深沉,在异国的土地上,他们就相识,以至于谁也离不开谁了。但是，随着时间的推延，随着阅历的丰富，“当第一夫人”的愿望又渐渐使她认为刘纪文并不是她理想中的丈夫，致使她把目光瞄向另一个人——蒋介石。因此，刘纪文几次提出与她结婚，她都婉言谢绝了。但是，感情又使她与刘纪文分不开。今天，刘纪文邀她看电影，尽管大姐要她去家一趟，可她还是陪刘纪文看电影来了。他们从电影院出来时，太阳已经沉入了地平线。大街两旁的华灯已亮，行人越来越少，地上好像下了场小雨，柏油路面反射着灯光，给人一种神秘感。

他们正好路过宋霭龄家的门口，宋美龄道：“纪文，陪我到大姐家去一趟吧？大姐今天早上就让外甥女喊我。”

“我不去了。我不想看你大姐那张严肃的脸。”刘纪文答道。

“大姐就是那样的脾气，实际上她心眼善良着哩！亲爱的，陪我去一趟吧！”

刘纪文禁不住宋美龄的几句好话，便说：“好吧，陪你去一次，下不为例！”

他们来到大姐的家门口。

这是一所豪华的住宅，整座楼房雕刻着古老的花纹，古色古香。它那下面的两根大柱子，它那尖尖的瓦屋顶和顶楼的像鸟嘴似的突出部分，这一切，使这所宅子看起来像一只蜷曲着的大鸟。

他们俩刚进大门，宋霭龄便从屋里迎过来。

“你们俩看到这个时辰，怎么没把影院子背到家里来呀！”大姐埋怨道，“我想找美龄谈点事，纪文你先到客厅休息去吧，有人在那里打麻将。”

“好！”刘纪文瞋了宋美龄一眼，很快地走开了。

宋霭龄把宋美龄领进了自己的屋里，坐下。宋霭龄端出糖盒，倒出一颗巧克力，塞到宋美龄的嘴里。然后道：“小妹，今天大姐找你有一件事商量。”

第十一章
超级“红娘”

“什么事让大姐这么着急，早晨就让人喊我。”宋美龄嚼着糖问道。

“好事呗！”

“什么好事？”

“你猜猜吧！”宋霭龄笑了笑，打开了留声机，一阵德国爵士音乐便放了出来。

“猜不着。”宋美龄摇了摇头。

“那我就告诉你吧！”宋霭龄道，“有人给你提媒啦！”

“提的哪一位公子？”宋美龄调皮地问。

“不是公子，是一位司令，他叫蒋介石。”宋霭龄说完观察着小妹的脸色。

说实在的，她是想过蒋介石，没想到大姐又提了出来，她心里确实很矛盾，唉！感情这怪物！

“大姐，”宋美龄诉说道，“你是我的大姐，你能看着我跟他 40 岁的人结婚吗？我才 30 岁呀！谁都知道姓蒋的作风不正，害杨梅疮弄得发脱齿落，我我……”她说着说着抹眼泪了。

“你真是不懂事！”宋霭龄摆出大姐架子，“就因为我是你的大姐，我不能让你同纪文结婚！纪文有什么好？你说他是留学生，留学生的地位也不能跟姓蒋的比！你说他长得漂亮，漂亮管什么用！姓蒋的乱找女人，那是过去的事了，只要他以后不乱来就行了。你别看刘纪文有钱，今后姓蒋的挣钱比呼吸空气还容易！何况你今后是中国的第一夫人！无论名誉、地位、财产……你真傻！肥肉到嘴你还推开？告诉你吧！要不是我已经同你姐夫结婚，我非抓住这个姓蒋的不可！”

宋美龄思索着，睫毛眨了眨。

“小妹，”宋霭龄拉住她一只胳膊，“你别傻啦！你想，你同姓蒋的结了婚，你就是总司令夫人，以后就是主席夫人，甚至是总统夫人。傻丫头，想一想吧！刘纪文能满足你这些吗？”

宋美龄虽然已经心动，但还坚持道，“我不！大姐你想，姓蒋的满身杨梅疮，会不会传染……”

“笑话！”宋霭龄笑道，“万一你生了病，我陪你到纽约找医生，怕什么？姓蒋的不会要儿子，你也已经在纽约扎起了输卵管，不必担心孩子会有先天梅毒，这个问题怕什么！”

“姓蒋的已经有了三个老婆，而且到处玩女人，”宋美龄撇撇嘴，“我再嫁给他，不……”

“又是笑话！”宋霭龄苦笑着说，“他的家庭问题你不要管，他已经同三个老婆脱离了关系。别说他有三个老婆，即使有三十个，她们都不敢出面吵吵闹闹，那不是同自己的性命开玩笑吗？”

“我的生活习惯同他合不来，”宋美龄皱着眉头，“他常莫名其妙地同青帮勾勾搭搭，他连拿刀叉都不懂，真像个一窍不通的阿木林……”

“不许你这样说！”宋霭龄生气道，“你要放明白点，今天不是你同蒋介石结婚，是同统治中国的皇帝结婚！你懂吗？看你聪明一世，糊涂一时，连这点问题都想不通，还埋怨我做姐姐的，气死我了！气死我了！”她边说边躺在沙发里直揉心口。

“大姐，”宋美龄挨着她坐下，“我不是不懂，是怕……”

“怕？”宋霭龄扑哧一笑，“有什么可怕的？”

“怕他干涉我的行动。”

“傻丫头！”宋霭龄纵声大笑，“你以为这个人可怕？你错啦！你说姓蒋的莫名其妙，有点脾气，那真是一点不错。现在他靠着美国的势力要上台啦，谁不知道宋家同美国的关系？现在我们宋家的人嫁给他，那等于替他统治中国。就像爸爸当年做买卖一样，中国有货卖，美国商人要买，他在中间转一个手，买卖成交，钞票赚到。”她叹叹气：“什么国家大事？据我看来同做买卖一样，不过写字间改作国民政府，总经理改名总司令，将来业务扩大，改作大总统而已！所以我说姓蒋的一点都不可怕！当然，中国人是怕他的，他的部下会怕他的，我们怕他干吗？一不是普通的中国人，二不是他的部下，姓蒋的今后里里外外离不了我们宋家，怕我们的不折不扣倒是他！”

宋美龄思索着。宋霭龄看她已经动摇，也不去打扰她，慢慢呷一口茶，准备听小妹的答复。

“大姐，”宋美龄边削苹果边问，“纪文怎么办呢？他要是知道我变了心，他会自杀的。”

“哈哈！”宋霭龄几乎笑痛肚皮，“你以为纪文真会自杀？你以为这种男人对爱情真是忠贞不贰吗？”

“纪文跟我说过的。”宋美龄躲避着大姐锋利的眼光，“他对我说：‘我诚心诚意地爱你，如果你跟旁人结婚，我就死在你面前！’”

“一对傻家伙！”宋霭龄叹道，“两个傻东西！”她抚摸着宋美龄的肩膀：“小妹，你现在决定了？”

“要我嫁给姓蒋的？”宋美龄起立，“让我再考虑考虑。”

“你要找纪文商量吗？”宋霭龄警告道，“你就说，如果他敢不放弃你，小心姓蒋的剥掉他的皮！”

……

三

宋美龄从大姐宋霭龄屋里出来时，星斗满天了。刘纪文在客厅里等她等得发急，早憋了一肚子火。

“看你姐俩有完没完，早知道这样，当初我就不来了！”纪文埋怨她说。

“你这个人就爱耍小脾气，”宋美龄的脸色也不像初来时有说有笑，“说实在的，我真不喜欢你这点小脾气。”

……

两个人一路无语。

他们再往前走，马路上升起了雾。灰色的雾气笼罩着灰色的城市，由于装饰上一层白霜，树枝子和电线都显得毛茸茸的，马路两旁的夜灯也显得昏暗多了。

人生啊，也像这夜雾一样！

此时，刘纪文感到宋美龄有些态度反常，他不理解此时的宋美龄就像不理解眼前的夜雾一样；宋美龄也感到自己心中有团雾，她想不到姐姐会说出那样一番诱人心灵的话，以至于使她坠入眼前的五里雾中……

越往前走，夜雾越发大了、浓了。他们俩是不知道怎样走到刘的家中的。两颗心被这夜雾隔绝了。

“美龄，我觉得你今天态度有些反常。大姐和你谈了些什么？你能如实告诉我吗？”刘纪文拉开台灯，终于憋不住了。

“没有什么！”宋美龄竭力掩饰自己的内心。确实她心里也乱成一团麻，她不知怎样开口说出那件使他们双方不愉快的事。

“不，不说清，今天谁也别想睡！”刘纪文说。

“就是没什么嘛。”宋美龄一屁股坐在床上，把头低了下去。

“快讲吧！”

“……”宋美龄无语。片刻她抽泣起来。

“哭什么？”刘纪文上前说道，“反正你不说出来，我也猜个八九不离十，大不了来个分道扬镳！你走你的阳关道，我走我的独木桥。我虽然是爱你，也不像有些男人离了女人不能过。是不是你大姐又给你介绍了一个40岁的老头子？”

“纪文，你知道？”宋美龄瞪圆了泪眼。

“世上没有不透风的墙！早几天，蒋介石还在日本时，就有人放风。我只不过听了没当回事。我也相信你不会这样做的。”刘纪文侃侃而谈。

“纪文，你没猜错，大姐找我谈的正是这个事。”

“那你答应她啦？”

“不不！”宋美龄又抽泣起来。

“那我们提前结婚，来个先斩后奏，既成事实，看她怎么办！”

“不不！”宋美龄哭着，“若是那样，大姐会不认我这个妹妹的。”

“你呀你，真是个女人！我说的主意又不行，你又拿不出个主意来。”

“你不知道，是老蒋求的婚。”

“老蒋追求你，难道不兴我追求你！”刘纪文替自己打抱不平。

“你说，他那个老头子，我能喜欢他吗！再说他是有妇之夫，可是我怕……”

“你怕什么？”刘纪文追问。

“我要依了你，那老蒋心狠手辣，他会整死你的！你还不知道，今后这天下是他姓蒋的天下。胳膊拧不过大腿啊！”宋美龄心情很矛盾。

“那你屈服他啦？”

“你说不屈服能行吗？”

刘纪文没有答话，心想美龄也是为自己好，她是有苦难言啊！他也知道蒋介石和他的青帮兄弟们在上海的厉害，多少人被他们暗杀！多少人家破人亡！是啊，未来的天下是他姓蒋的天下，他也不能不想到这一步，不能不防啊！

“纪文，你是哑巴啦，你说话呀？”宋美龄追问道。

沉默，又是一阵沉默！

刘纪文心里有莫大的痛苦！

“如想到后果不堪设想，那我们就分手吧！”良久，刘纪文才答道，实际他也潸然泪下了。

“你同意分手？”宋美龄不相信自己的耳朵。

“对！好合好散，为了你也不痛苦。”刘纪文语气肯定。

“纪文，说心里话，我也是为了你好。即使我名誉上成了蒋的人，我们也不能忘记恩爱一场，你有什么要求就说吧。比如要他给你更高的职位？要我俩私下保持联系？你要什么？我都能通过蒋的口满足你、答应你。不然我不和他结婚！”

“美龄，你考虑得很周到，凡是你所说的我都同意！”刘纪文擦了一把泪。

“纪文，如果我答应了你而办不到，我起誓不姓宋。”

……

夜是深沉的，他们是以泪水洗面熬过了这一夜。

第三天的傍晚，宋霭龄一直在耐心地等着宋美龄的归来，院子里一阵风掠过，宋美龄悄悄回到了家里。

“小妹回来了！”宋霭龄喜出望外，只见她容光焕发，精神抖擞，与三天前那种不安的样子大不相同。宋霭龄心头雪亮，把她一把拉进房里，笑着问道：

“小妹，这几天你同纪文商量得怎么样？你想通了吧？有些什么条件？快告诉大姐！”

“条件？”宋美龄大惊，“你怎么知道我们有条件？”

“你说吧！”宋霭龄把她按在沙发里，“那是一定的，你们对老蒋有些什么交换条件！”

“第一，”宋美龄当真开口道，“纪文说他现在已经是中央委员，这份差使没赚头，他要求蒋安排他做南京市长；第二，给他 100 万现金，作为赔偿费；第三，”宋美龄顿了顿，“我同他可能还有些来往，蒋介石不得干涉！”

“还有吗?”

“没有了。”

“好!”宋霭龄笑道,“我马上找他们去,我想他们一定会答应的。”

宋霭龄立刻把这个喜讯报给张静江。张静江又连夜飞报给蒋介石。蒋介石一听,大腿一拍道:

“好啊!我和宋小姐喜结良缘,这真是苍天有眼,大地相助啊。静江,给你这个兄弟记上一功!你马上告诉宋霭龄,这三个条件我包了,包括祥熙职务安排,叫大姐放心!”蒋介石心想先把宋美龄弄到手,有关条件吗,今后可以算数,也可以不算数。

“是!蒋总,我马上回话告诉宋霭龄!”张静江应道。

“慢着!”张静江正要回走,蒋介石又叫着了他,道,“你快与霭龄确定个喜日,我们热闹一场!”

“好,一切由我张静江安排!”张静江笑了,蒋介石也由衷地笑了。

四

几经周旋,好梦成真。

宋霭龄办事认真,只要她认准的事,非办成不可。同时,也让世人看到,她在家庭这个舞台上的作用与威信、威力。实际上,这个颇为解放的家庭也保留着“无父尊长”的传统风俗。

1927 年 9 月 17 日《纽约时报》于头版头条的位置刊登了一则令人吃惊的消息:《蒋总司令即将与宋美龄女士结婚》,并在左上角刊载了蒋介石与宋美龄的近日照片。

该报驻上海记者米塞尔维茨发回的这篇报道说:

> 这场在中国空前隆重的婚礼正在紧锣密鼓地进行，据说蒋已请来了一位英国著名裁缝正在为他赶做礼服、礼帽，宋家正在为其妹赶制嫁妆。据说这份嫁妆价值3.5万美元，是中国姑娘中至高无上的。据说蒋总司令已同结发之妻毛福美离婚，采取的是中国最传统的做法——休妻制，宣布她再也不是他的老婆了。除了原配夫人外，蒋似乎还送走了另外两个“老婆”；另外宋美龄也同她的情人、当年赴美留学生刘纪文分手。

米塞尔维茨还说：

> 种种迹象表明：即将举行的这场婚礼没有因为这些形形色色的蒋夫人的存在而推迟，他们之间的婚姻完全是以双方的爱情为基础的。蒋同宋家的罗曼史将使蒋身价倍增，成为中国第一人……

据米塞尔维茨说，向他提供这一重要新闻消息的，既不是蒋总司令本人，也不是宋美龄，而是赫赫有名的孔夫人——宋霭龄。整个事情都是孔夫人一手操办的。她于9月16日在西爱咸斯路的寓所举行了记者招待会。她把蒋介石和宋美龄“介绍”给一群记者，宣布：“将军要同我的小妹结婚。”然后，大家都到正规的庭院给这潇洒漂亮的一对拍照。全世界的报纸和杂志都预先刊登了这些照片。当时谁也没有想一想婚姻掮客宋霭龄究竟起到什么作用？谁也不想问一问1921年已与蒋结婚的蒋夫人怎么办？所有这些更具有新闻价值的东西，往往被一些记者忘记了。但是历史不会忘记，蒋介石清楚，宋美龄更清楚，他们永远不会忘记他们的恩人——宋霭龄。

1927年12月1日，蒋介石期待多时的婚礼在上海举行了。

婚礼分两次举行：一次是在宋家，这是安静的并且合乎基督教的习俗，时间较短，由宋霭龄操办；另一次是在豪华的大华饭店，带有外交性质，有些中国传统的味道，婚礼时间很长，持续到当晚12点钟。

清晨，当慕尔教堂的沉闷的大钟撞响的时候，宋家的亲戚好友已经聚集到西摩路的私邸。他们是宋霭龄、孔祥熙、宋子文、宋子良、宋子安等51名基督教徒和至亲好友。明眼人会注意到，这里没有宋庆龄。这场婚礼本来已向宋庆龄发了请帖。1927年9月30日，宋庆龄接到了请帖，回到上海她和孙中山曾一起住过的家，但是，她在上海没待几天，便匆匆离开了。她同一位名叫雷娜·曾罗梅的美国朋友去了莫斯科。说实在的，她是很爱小妹的，她力求说服小妹，但生米做成了熟饭，为时已晚。

当教堂钟声再次响起的时候，人们聚集在耶稣的像前，一对新人——蒋介石和宋美龄站在最前排。第二排是宋氏家族的人，其次是宋氏家族的亲朋。宋老夫人头发已经花白，但精神很好，神采奕奕，她对今天的一切安排都很满意。可以说对第三个女儿的婚礼，她是最满意的。她闭目祈祷几句后，主持婚礼的牧师从后门步入教堂。他不是别人，正是南方卫理公会及阿伦纪念教堂牧师余日章。此人是黄仁霖的岳父，办事干练，在江浙一带是小有名气的。本来教堂是沉静的，他干咳一声后，教堂更是寂静无声。

在余日章牧师的主持下，婚礼进行得很顺利。

接着是一阵朗朗可闻的圣经祷告声漫过这阴森寂静的教堂，这声音像一部合唱的歌曲一样悦耳动听。

蒋介石、宋美龄在牧师的指挥下进行各项议程，随后，大家簇拥着他们二人走出肃穆宽敞的教堂，转移到外滩的大华饭店舞厅，举行邀请来宾参加的婚礼。

如果教堂过于严肃的话，那么大华饭店则是异常的热闹。偌大的大华舞厅，在沪是出名的。一条黄绿相间的玻璃屋檐，把个巍峨的大华饭店和舞厅从蔚蓝的天空中勾画出来，那壮丽的柱廊，淡雅的色调，以及四周层次繁多的建筑，组成了一幅庄肃绚丽的图画；屋内装饰豪华的天花板上，吊着金黄流苏的五彩宫灯，宫灯四周又有小彩灯相配，犹如众星捧月一般。辉煌的大厅布置得光彩夺目，刘易斯育婴堂用彩带和白色鲜花组成了巨大的婚礼之钟。在临时搭起的台子上有一幅孙中山的大幅画像，画像两边是国民党党旗和国旗。台上摆着各色鲜花，一个大“喜”字占了显赫的位置。在另一个台上坐着白俄的管弦乐队，他们个个穿着白衣白裤，可谓浑然一体；在管弦乐队的旁边，来自世界各地的三十余家报纸杂志的记者，手提照相机正在焦急地等待这场婚礼的进行；大厅里早已坐满了一千三百多名来宾，他们怀着兴奋的心情耐心地等待着（遗憾的是在这一千三百多名来宾中张静江这个月老没能来，他是头天被送进医院的）；舞厅外面还有一千多看热闹的人；大华饭店六层楼的房顶上垂下十六行花花绿绿的鞭炮，一直到地面。看热闹的人围观着，谈笑着。只要那爆竹点燃，便是这隆重婚礼的开始。

下午4点一刻，爆竹点燃，乐队开始奏乐，场面煞是热闹。“噼噼啪啪”的鞭炮声把沉寂多日的大华饭店震醒，把人们的兴致推向高潮。如果说外面热闹，那舞厅里更是热闹。当婚礼主持人、前北京大学校长蔡元培先生登上礼台、立在孙中山遗像下的时候，台下爆发出经久不息的掌声，那掌声震耳欲聋。蔡元培先生是一位当代中国最有影响的人物，是南京政府的教育部长。本来这场婚礼应由张静江主持，因他有病，临时改为蔡元培先生。此时，蔡先生目扫一周，只见来宾中有英国、美国、日本、挪威、法国以及其他一些国家的领事。陪同这些贵客的是国民党众位元老，以及上海各界的头面人物，他们分别坐前三排。“杜大耳朵”也夹在中间，剃光的脑袋闪闪发光。自然也有宋霭龄——这位牵线搭桥的红娘，以及她的丈夫孔祥熙。她们的高兴不像前者，更多地埋在心底。此时他俩负责接待，等宾客到齐坐下后，便主动离开了。

蔡先生用英、汉两种语言向来宾致意。台下又是一阵热烈的掌声。

“先生们、女士们，今天是大喜的日子，贵客满厅，让我把各位来宾以及外国来宾介绍一下。”舞厅里顿时鸦雀无声。

蔡先生将来宾一一向观众介绍，足足持续了半个多小时。最后，他宣布：“欢迎新娘、新郎入场，向众位宾客致谢礼！”

同时，蔡先生也指挥舞女们跳起来、白俄的乐队奏起来……蒋介石穿着高雅的欧式礼服，在孔祥熙和作为男傧相的首席秘书的陪同下出场，舞厅里热闹迭起。但见他穿的是条纹裤子、鞋罩、燕尾服、银色领带，像花生形古怪的脑袋剃得发亮。他满面挂笑，向来宾们挥手致意。人们热烈鼓掌欢迎这位军事领袖，摄影师把镜头对着他不停地转动、拍照。

又一次掌声响起，后面的人们再次登上椅子，伸长了脖子。伴随着《新娘来了》的古老乐曲，新娘挽着她的姐姐宋霭龄及哥哥即前财政部长宋子文先生的臂膀从廊子后面走进舞厅。廊子上铺着大红地毯，两边摆着各色的鲜花。宋美龄穿着白色长裙礼服，披着银白色乔其纱，披纱用一枝香橙花别着，稍稍偏向一边。饰以银丝的软缎长裙长长地拖在身后，她像一只出水的白天鹅，透过轻纱裙可以看到银色皮鞋。她的乌发藏在白色尚蒂利桃花的罩纱里，罩纱垂到肩上，形成第二层披纱。她手里捧着一束用银白色缎带系的淡红色的康乃馨。

有四位女傧相伴随着宋美龄，她们是郭小姐、王小姐、孔小姐（罗莎蒙德）和倪小姐。前两人穿的是桃红色软缎衣，上面镶着钻石和桃红色珠子。软缎袖子长仅齐肘，在肘部用浓淡相宜的桃红色乔其纱做成宽大的袖口。另外两位年纪较小的女傧相，穿着同样的衣服，但是颈上装饰着带褶的乔其纱，袖口也带褶。女傧相后面，跟着撒花的小女孩周小姐和陈小姐。她们身穿撑开来的桃红色塔夫绸衣裙，手持装满花瓣的小花篮。最后是两位小侍从孔珍妮小姐和孔路易少爷，他们身穿黑色丝绒衣和缎子马夹。

这是一次高雅文明的婚礼，与基督教的习惯相反，新郎、牧师或其他人都没有拥抱或亲吻新娘。

新娘款款走到新郎身边停下，镁光灯闪烁着，拍下了一张张动人的画面……

“向国父孙中山鞠躬!”蔡先生指挥道。

“向宋老夫人鞠躬!”

“向来宾来客鞠躬!”

“夫妻对拜鞠躬!”

新郎、新娘按照主婚人的指挥，一丝不苟地做了。他们知道，不认真做，观众是通不过的。

接着，蔡元培先生宣读结婚证词。宣读完毕，一个大印盖在结婚证书上，一式两份，新郎、新娘每人一份。在接受证书的时候，一对新人向主婚人蔡元培先生躬身施礼，然后他们又向证婚人蒋介卿施礼，向周围观众施礼。

“向新郎、新娘献花!”在蔡先生口令下，只见两个十一二岁的小姑娘（据说其中一个是宋霭龄的长女），头扎红头绳，手捧鲜花，跑上台前向新郎、新娘献了花。

在乐队的伴奏下，美国男高音歌手霍尔唱起了《哦，答应我!》。洪亮的歌声，伴着人们有节奏的掌声，弥漫于大厅。

“先生们，女士们！为新郎、新娘祝福！为祖国的统一祝福！唱吧！跳吧!”顿时，舞厅活跃起来，对对舞伴结伴走出，挽臂搭肩，轻歌曼舞。

……

舞会一直持续到晚上 7 点钟，接着，大华饭店又为来宾举办了盛大的宴会。宴会中，新郎、新娘又举杯为一千多名来客碰杯、致谢……午夜12点钟时，蔡先生宣布晚宴结束。在雷鸣般的掌声中，蒋介石和新娘快步穿过廊子，走到由鲜花组成的大钟下面的椅子边。缎带拉开了，数百数千的玫瑰花瓣从花钟里落下来，撒在新郎、新娘的身上。

宋美龄退席了。她悄悄从后门出去，乘车到西摩路私邸换装。晚上，她和蒋带着200名卫兵上了专列，去莫干山青帮的一个寺院。在那里他们开始了新婚蜜月的生活。

《纽约时报》第二天在头版头条的位置报道了婚礼的盛况，他们说这是近年来的一次辉煌盛举，也是中国人的一个显赫的结婚典礼……国民党将在星期六召开全体会议。该报说：“如果会议开得圆满，蒋将再次成为中国的实权人物。”蒋发表了一项声明，说他准备重新掌握指挥权：“我们结婚以后，革命工作无疑将取得更大进步，因为我今后能安心地担起革命的重任！从现在起，我们两人决心为中国革命事业做出最大的贡献。”

旁观者没有忽略参加婚礼的整个外交团。人们注意到布里斯托尔上将参加了在西摩路举行的家庭婚礼仪式和在大华饭店公开举行的婚礼，他手下的人同他一起参加了大华饭店的婚礼。宋氏家庭的新成员蒋介石得到国际认可，美国感到满意。

宋美龄和新婚丈夫刚到寺院，第二天一早，蒋就被叫去参加一个据说是“党的重要会议”。会议从早上8点一直开到晚上8点。

正如宋庆龄说的：“他俩的结合是政治，不是爱情！”1927年12月10日，即婚后第九天，蒋介石恢复了总司令的职务，后来又被选为中央执行委员会主席，即委员长。

在1928年10月10日庆祝1911年武昌起义的“双十节”时，蒋介石抵达南京政府，宋美龄也成了第一夫人，从而实现了她那“非英雄不嫁”的誓言。作为大姐的宋霭龄，也松了一口气。

第十二章

夫耀妻荣

1938 年 1 月，丈夫出任国民党政府行政院长，兼任财政部长、中央银行总裁、农业银行董事长、四行联合办事处副主席；有心计的宋霭龄也成了第一夫人。

——题记

一

蒋宋联姻，说明了宋霭龄的超前眼光，以及她对形势的准确把握。作为宋家长女，她敢当家做主、力排众议，再次显示她的过人胆识。

蒋宋联姻，蒋家受益，宋家沾光，真正实现了“蒋家天下陈家党，宋氏姐妹孔家财”的蓝图。随着蒋氏政权水涨船高，宋霭龄的丈夫孔祥熙也青云直上、官运亨通。

1928 年 2 月孔祥熙被蒋任命为南京国民政府工商部长，当选为国民政府委员；

1929 年 3 月，在国民党的“三全大会”上，孔祥熙被选为候补中央执行委员；

1930 年 12 月，南京政府将工商、农矿两部合并为实业部，孔祥熙出任实业部部长；

1931 年 11 月，在南京召开的国民党“四全大会”上，孔又被选为中央执行委员；

1933 年取代宋子文独掌财政大权；

1938 年 1 月，孔又出任中央常委、行政院长，兼任财政部长、中央银行总裁、农业银行董事长、四行联合办事处副主席，成为蒋政权的核心成员。

历史把他推到仕途顶峰，使他成为中国近代史上又一风云人物。

1928 年底，北洋军阀的割据基本结束，南京政府名义上统一中国，但并不太平。蒋介石一上台就被中国共产党为代表的人民革命力量所反对。在国共两党这场势不两立的政治斗争、军事较量之外，国民党内的汪精卫系、胡汉民系及地方实力派不断围攻蒋介石集团。

第十二章
夫耀妻荣

直到1930年10月中原大战结束，地方实力派对南京政府的军事威胁才告解除；再到“九一八”事变和“一·二八”抗战，汪精卫、胡汉民、西山会议骨干及地方实力派对南京政府的政治威胁才告停止，蒋介石的“龙椅”才算坐稳。在这四年间，孔祥熙为新生的蒋介石政权出力甚多。论本职工作，只因南京政府忙于军阀混战，经济建设无大作为，主管经济建设的“工商部长、实业部长”无事可做，故时常另受重任，奔走于各派政治和军事力量之间。作为蒋介石军事打击之外的第二条战线，中央军发射的是枪弹，孔祥熙发射的是“银弹”。

孔部长有使用金钱、收买对手的条件。新军阀混战和国民党内讧本无本质之争，只是权力、利益分配不均所致。因此只要谁开的价码合适，提供的金钱、职位称心，对手可以握手，对立可以并立。孔祥熙利用掌握国民党财政的便利，倾中央财政，慷国家之慨，为蒋介石一人服务，专营收买政敌、对手的勾当。孔部长的“银弹”击中不少地方实力派的主将，大大缩短了蒋介石收编作乱军阀的周期，减少了军事“围剿”的难度。

“九一八”事变和“一·二八”抗战把中华民族推到最危险的关头，但蒋介石没有因此而停止“围剿”红军，继续打反共内战。他叫嚣“攘外必先安内”，可是统治集团内部却有变化。日寇侵略缓和了国民党上层争权夺利的矛盾，南京政府出现从未有过的统一、合作局面，蒋介石的领导地位走向稳定。

从南京政府成立至此，历时五年，蒋介石在组建领导班子、巩固统治地位的过程中，培植起一批基干力量，以适应建立全国统治的需要。孔祥熙作为老朋友、新亲戚，当然成为蒋某优先考虑的人选。孔则不负蒋望，既为自己，也为蒋某，辛勤工作。此五年，打下四大家族统治大陆22年的根基，孔也成为蒋家帝业的创业者。当然，这不光是孔的荣耀，也是宋霭龄的荣耀。

二

随着丈夫地位的上升，宋霭龄的地位也在提高。

1932年1月28日，蒋介石被推选为军事委员会委员长兼军事参谋长。独裁后的蒋介石，重新上台，即任命孔祥熙为“中华民国考察欧美各国实业特使”。名曰考察访问，实际是向欧美各国接洽军械枪支飞机的购买及设厂自制事项。

也正在此时，日军的大炮开火了，向驻上海的中国军队发起进攻。

从此宋霭龄并不限于从事儿童福利工作，她还关心到那些待命战斗的年轻军人的个人生活，她与小妹一起组织了军官励志社，将一所小楼加以整修，作为该社的活动中心。

“一·二八”淞沪抗战爆发时，宋霭龄正住在上海的塞伊寓所里。在全国人民抗日救国激昂情绪的影响下，宋霭龄在一段时间里参加了抗日救援工作。

一天深夜，宋霭龄接到上海红十字会主席打来的电话，请她帮忙解决涌进城市里的大量伤兵的医治和床位问题。

宋霭龄放下听筒后，在屋里急得团团转。她心里明白：如不及时抢救，伤员会死的。当时，又没有时间采取通常的“运动”或义卖等方式来募集资金，怎么办呢？

宋霭龄当机立断，她同三位朋友一起商量，拿出了8万美元，以救燃眉之急。他们立即选址，建立了一座配有400张床位的培德医院。一周之内，这所医院就住满了伤兵。

同时，宋霭龄又在一些人那里鼓动募集一笔巨款。不久，一所有1000张床位的私人医院又在上海建立起来。

然而，南京国民政府并无抗战的勇气和决心。蒋介石到浦镇“指示沪事”，“以十九路军保持十余日来之胜利，能趁此收手，避免再与日决战”。3月初，驻沪日军同时发起总攻，中国守军撤退至昆山至福山一线。3月3日，国民政府行政院决议中日双方停止战斗。后来，中国与日本外交代表谈判，签订了屈辱的《淞沪停战协定》。

三

淞沪战事稍稍停息，宋霭龄夫妇便于1932年3月13日启程奔赴欧美，这是他们婚后的第一次西方之行。这次出访的第一个目的地是美国。

他们从上海启程。

到机场欢送的不仅有南京政府的要员，还有蒋宋两家的亲友，包括委员长蒋介石。

“祝你们一路顺风！”宋美龄和大姐拥抱后，把一束象征友谊和吉祥的鲜花献给她。

“谢谢，谢谢，请诸位静候佳音。”宋霭龄和孔祥熙缓缓走上舷梯，二人满面春风，在舷舱口旁，又举起鲜花向送行的人频频致意。

一阵轰鸣，飞机像只大鹏，越过还弥散着硝烟的上海上空的云层，翩翩上升。

飞机在白云上穿行。它要把宋霭龄夫妇从大洋的这岸送往彼岸。

从飞机上往下眺望，未受战争影响的华盛顿，犹如幻想中的童话城市。

在客机的圆形舷窗中，首先出现的高矗云天的华盛顿纪念碑，像一柄白色的长剑直插云霄；波托马克河畔停泊着好多艘漂亮的汽船，岸边行驶的汽车，看上去像是一只只小甲虫；接着浮现的是方格棋盘般的大街，具有民族文化交融的建筑群令人目不暇接。后来，国会大厦、林肯纪念堂和最高法院也一一展现在眼前。

访美初期，他们在一片热情洋溢的欢迎气氛中度过。在华盛顿，在纽约，在其他的大城市，他们日夜不停地出席各种招待会。孔祥熙同美国官员们进行高级会谈，宋霭龄也借各种机会在美国的同学中重温旧情。

从前的朋友都来看望宋霭龄，有的还为她举办接风洗尘晚宴。

旋转门转个不停，会客厅高朋满座，熟人接踵而来，带着鲜花和他们的夫人。一位小姐落落大方地弹起了钢琴，她演唱的是《美丽的阿拉斯加》和《朋友，祝您晚安》。在五彩缤纷的宴席上，摆着香肠、炸牛排、喜三肝、鸳鸯蛋、女士香槟和德国啤酒以及微甜的白酒。

舞厅里，霓虹灯闪亮着，优美悦耳的舞曲中，对对舞伴跳起来，转起来，优美的舞姿给人留下了深刻的印象。

在休息室里，宋霭龄与众多的大学同学聊天。好多人的话题都是想买花园式的洋房，换辆新轿车，购买更时髦的家用电器，追求享受和福利及“三高”物品。有位朋友自信地说，美国正向这个方向前进。舞台的歌星是这样唱，收音机里是这样讲：战争是凶神，但美国无意卷进去。

不同的思想，使宋霭龄觉得有些说不出的隔阂。朋友们劝她同他们一起做一次环岛旅行，她谢绝了；朋友们劝她参观往日的校园，她也摇摇头；朋友们开车拉她参加美国传统的婚礼，她推说有事离不开。对于美国国民这种安于现状，她表示莫大惊讶！她想着她的东方，战争的凶神在吞噬千万个婴儿，战争的火焰在燃烧着千万座无辜的民房……

在访美后期，宋霭龄夫妇的旅途却蒙上了一片阴影。此时，美国舆论界正盛传着有关蒋、宋、孔家族的一些不堪入耳的丑闻。这些从上海传来的消息，登在美国的报纸上，说得活灵活现，使宋霭龄夫妇十分尴尬。宋霭龄心乱如麻，很想中断这次访问，以免在同窗好友面前出丑。她谢绝了不少公开场合的活动。

曾在美国会见过宋霭龄的威斯里安女子学院校友、杂志主编尤妮斯·汤普森说：

“我看见孔夫人非常真实地流下了女性烦恼的眼泪，并且亲自去把她的氨水精拿来，以便使她的神经镇定下来……她担心甚至在最后一刻可能丢人现眼也许会受不了。但我们答应她，不加张扬，而且在朋友们的配合下兑现了这个诺言，因为这些朋友都能理解她确实多少需要保持清静和不受打扰。她的同班同学得到通知，从全国各地前来威斯里安学院同她会合。在整整的两天时间里，她会见的全都是她熟悉的人。于是，她能够一连若干小时把祖国的苦难置于脑后。”

在一些同学的关心下，宋霭龄的恐惧和悲伤情绪暂时烟消云散，心情愉快多了。为了配合孔祥熙在美国的外交活动，宋霭龄以捐献“奖学金基金”的名义，献款给母校——威斯里安女子学院。

宋霭龄夫妇这次出访的实际目的，是奉蒋介石之命，向“友邦接洽军械飞机之购买与设厂自制事项”。孔祥熙虽然拜会了美国的总统以及其他高级官员，但是没有达成购买军火方面的协议。

因此，孔祥熙在访问欧洲时，特别重视意大利和德国。

为了下一站的成功，夫妇商量一宿，最后决定由宋霭龄公关开路，先走一步。

宋霭龄在孔祥熙之前先期到达意大利的威尼斯。

由于宋氏家族的显耀，宋霭龄受到非凡的接待。

靠发动“向罗马进军”的法西斯军事政变而就任意大利首相的墨索里尼，派几位高级官员乘一艘摆满鲜花的游艇去迎接她。看到这种蔚为壮观的皇家场面，宋霭龄激动不已。后来，她对人说：“这太美了!”“不过为我铺陈这样大的场面，使我感到紧张。我在乘船赴意的旅途中，一直在阅读有关意大利的书籍，是子文送我时给我买的。我看的多是些有关政治和许多数字的统计，这么多鲜花实在出乎我的意料，不过我很高兴。还有旅店的房间——官府大厦！我一生中从未看到过这么多的红色和金色。”

在首相府，墨索里尼亲自会见了她。

不久，孔祥熙也由美国来到了意大利。

意大利是古罗马帝国的发祥地，名胜古迹颇多。宋霭龄夫妇尽情地游览了意大利境内的许多充满宗教色彩的建筑和历史古迹。世界八大名胜之一的古罗马露天竞技场、举世闻名的比萨斜塔、文艺复兴的摇篮佛罗伦萨、世界上唯一的出门乘舟不用汽车的水城威尼斯、圣玛丽亚修道院里达·芬奇的名画《最后的晚餐》等等，令宋霭龄夫妇眼界大开，流连忘返。

乘孔祥熙兴致勃勃之时，墨索里尼同孔谈起军火生意来。墨索里尼装出一副关心中国建设的样子，对孔说:“贵国建国，应从空军着手。空军发展起来比较快，所需经费，较海军为少。且将来战争之胜负，取决于空军。日本为海军先进国家，贵国欲赶上日本，非仓促可办。空军则三五年内可见成效。”

中国当时是一个极为贫穷落后的半殖民地半封建国家，政治腐败，军事落后，民不聊生，靠买几架飞机，建设空军，是不可能“建国”的。何况，战争的胜负是由政治、军事、经济诸因素力量的对比所决定的，单纯依靠空中力量是不可能制胜的。对于这样简单的常识，不知孔祥熙是根本不懂，还是另有考虑，他居然对这种“空中制胜”、“空军建国”的谬论，钦佩得五体投地，并专门向蒋介石做了汇报。

经过几次谈判，孔祥熙购买了一大批“飞霞式”轰炸机，并且聘请了以劳地为首的意大利顾问团来华协助建立空军。墨索里尼将协议的具体事宜交给了他的皮肤黝黑的女婿、意大利驻华公使齐亚诺伯爵，这实际上加强了蒋介石、孔祥熙同墨索里尼的联系。

初有收获，意大利给孔祥熙、宋霭龄留下了深刻印象。

接着，夫妇一行又来到德国。此时，正是希特勒忙于总统竞选之时。经过多年的经营，希特勒的纳粹党已经在各方面做好了接管德国政权的准备，它的触角像毒藤一样蔓延到德国社会的各个角落。希特勒用他滔滔不绝的叫嚣和民族复仇主义狂热情绪，到处宣扬其疯狂野心：创建第三帝国和征服欧洲。

在同希特勒的会见中，孔祥熙颇有点儿兴致而又认真地听完了希特勒“创建第三帝国”的计划，表示了对这位德国纳粹党元首的崇敬之情。他握着希特勒的手，低三下四地说：“希望日后能加强合作，共增友谊。”希特勒傲慢地点了点头。经过几次会谈，孔祥熙购买了2500万美元的德国武器。后来，这些德国武器大多数被用于“围剿”中国工农红军了。

结束了三国访问，孔祥熙、宋霭龄回到了中国。

在一个风和日丽的傍晚，宋霭龄夫妇专程访蒋，并给宋美龄捎去了高雅的礼物，借此机会，向蒋介石详细汇报了出访欧美寻求“援助”的情况，并且表示“谨允就个人在欧所见所闻，随时提供意见，供做参考”。蒋遂命孔为中央航空学校校务委员。

孔祥熙不满足“航空学校校务委员”之虚职，曾有当航空部部长的妄想。他曾对蒋的亲信、航空署署长兼中央航空学校代理校长葛敬恩说：“建设空军，已得到意大利政府的支援，财力物力都有办法，航署应即扩充为部。”并且开门见山地表示，“愿意自任航空部部长，请葛以首席次长负实际责任。”蒋介石没有满足孔的这一奢望。

孔开始发些牢骚，但很快就平衡了自己。

后来，孔祥熙订购的二十余架意大利“飞霞式”轰炸机运到，经航空署派人检查，认为“这样的旧东西，炮管里的来复线都已磨光，如何能用?”有人主张退货，葛敬恩只得据实向蒋请示。蒋介石表面说要追究责任，但是以后并无下文。

当然，孔祥熙是不会过问他购买的飞机质量如何这类事情了。宋霭龄夫妇既会聚敛金钱，也会在关键时刻“大智若愚”地打发金钱。为了政治目的，多花点钱，他们已习以为常。他们周游一路，几次慷慨解囊，其目的在于建立蒋介石同西方列强反共反人民的反动联盟。

宋霭龄更不管那一套了，她以此行为资本，夸耀她的成功。

第十三章
“耳光风波”

“娘希匹！我骂你，我还要打你这个狗日的！”蒋介石不能容忍，多年来这位大舅子对他的种种大不敬，一齐涌上心头，一怒之下，赏给宋子文一记重重的耳光。“你敢打人?”国舅被这一记耳光打晕了，片刻，他反应过来，便抡起凳子，向老蒋砸去……

——题记

无冕女王
宋霭龄

一

1933年3月的一天晚上，这是宋霭龄夫妇由欧洲回国的第三天。

上海塞伊街孔氏的寓所里，宋霭龄正打开留声机，播放着美国西部的《狂舞曲》，等待丈夫的归来。

孔祥熙在早晨6点半被蒋介石召去，说有要事相商，直到晚上10点还不见回来。宋霭龄不免有些着急，担心有祸事发生。

正焦急间，孔祥熙风风火火地推开了门。

“出什么事了？”宋霭龄边给他脱下风衣边着急地问。

“今天咱们拿酒庆贺！”孔祥熙满面春风。

“有什么高兴的事儿，值得你这么高兴？”宋霭龄不解地问。

“咱们边喝边谈。”孔祥熙把手一扬说。

……

在宴席厅里，孔祥熙“牛饮”了半瓶白兰地，打开了话匣子：“老蒋要委我以重任。”

“给你个什么高帽戴戴？”宋霭龄幽默地问。

“中央银行总裁。”孔祥熙把这六个字咬得很重，似乎从牙缝里挤出来。

“你干总裁，把大弟往哪摆？”宋霭龄有些惊讶。

“老蒋另有安排。”

“是不是对子文的工作不满意，还是另有阴谋？”宋霭龄追根刨底。

“唉，一言难尽……”孔祥熙摇着头说。

蒋宋矛盾由来已久。

早在1926年11月8日，北伐军打到武汉城下，主力转向东南战场，此时国民党内出现两大争论：“定都之争”和“法统之争”。

宋子文作为广州政府迁往武汉的策划者之一，却于1927年4月初就离开武汉到达上海，不再为革命政权工作。蒋介石叛变革命后，有人劝宋回武汉任职，履行财政部长职责，可此时的宋子文对国共合作已失去昔日的热情。但蒋怀疑宋实际上同情武汉政权，倾向二姐宋庆龄。此间，当上海银行家要求批准付给蒋介石的借款时，宋拒绝了。于是蒋记恨于心，置宋的财政部长的权力于不顾，不和宋商量而自行借款，并指派财政官员。1927年4月20日，蒋终于封闭了宋在上海的办事处，任命他以前的秘书长古应芬为财政部长。对此，宋子文也是有气的。

“四一二”反革命政变后，在蒋介石的威逼利诱下，宋子文不得不离开汪精卫的武汉政府，参加蒋介石的南京政权，并出任财政部长。作为宋子文，一边是二姐，一边是小妹，说实在的，两边都有后台。尽管他对蒋有气，思来想去，他还是倒向了小妹这边，答应了蒋介石。

宋子文一旦成为蒋的人，便真正成了一条很好的“看家狗”。他挖空心思为蒋介石筹款，以支付日益激增的各项开支。他巧妙地向银行家们推销了一大笔债券，并且获得了成功。这样，那些大腹便便的银行家们，自觉不自觉地同蒋介石的南京政权拥抱在一起。那些五颜六色的政府债券塞满了银行家的皮包。银行家们为了维护自己的利益，不得不在政治上支持蒋介石的政权。

宋子文的所作所为，很得蒋介石的欢心，蒋把他当作了心腹之人。

但是好景不长。随着日本帝国主义加紧对中国的侵略，蒋、宋矛盾又尖锐化了。

日本帝国主义在继“九一八”事变以后，又于1932年挑起了“一·二八”事变。宋子文看到日本人突然进攻所造成的严重后果，深感震惊。此后，宋子文同蒋介石的不抵抗政策产生了分歧。

1932 年夏天，当上海的战火刚刚平息时，蒋介石就准备了巨大的费用，开始发动大规模地对革命根据地的“围剿”。宋子文对此坚决不同意。他认为抗日比“剿共”更为重要，政府应力图收复满洲，保卫华北。宋和蒋为筹措对共产党战争的军费发生龃龉。1932 年 6 月初，蒋介石提出每月军费由 1300 万元增加到 1800 万元，以支付“剿共”费用，这使宋子文的节缩财经计划流产。宋子文反对蒋介石将十九路军调往福建去“剿共”，反对更多的借款，实际是对蒋的反共政策的“合理性”提出了异议。

1932 年 5 月，上海实业界的许多巨头和在西方留过学的教授，在上海成立了一个叫做“废止内战大同盟会”的组织。宋子文虽然不直接参加废止内战的集会，但他对大同盟的活动表示了明显支持，他表示这个组织终将成为一个“没有一个军阀敢于忽视其意旨”的组织。

但是，蒋介石一意孤行，坚持采用“攘外必先安内”的反动政策。

宋子文见此情形，便以“把十九路军调走了的做法在上海金融界不得人心”为由，于 1932 年 6 月 4 日向蒋介石提出辞职。

这时候，孔祥熙在欧美尚未归国。蒋介石又感到宋子文筹款有方，便再三加以挽留。结果，他们互相做了妥协。宋子文同意担任财政部长之职，蒋介石则许诺将宋提升为行政院院长，并且宋还同意用贩卖鸦片的秘密收入支付一部分军费作为回报。

不久，宋子文发现自己再次被蒋介石欺骗了。他为支付抗日军费而发行的公债，受到蒋介石的阻挠；驻热河省的中国军队遵照蒋介石的命令从抗日前线撤退，一仗也未打；汪精卫也从海外回国，坐上了行政院院长的宝座。

宋子文心灰意冷，决定辞去中央银行总裁职务。他以参加世界经济会议为理由，到美国去进行长达四个月的访问。话不投机，蒋介石也没阻拦。

在这个夹缝里，孔祥熙就更加受到蒋介石的重视。

孔祥熙和宋子文有很多相同之处。他们都是基督教徒，都受过美国教育，都同孙中山和蒋介石有姻亲关系，都通过家族关系和个人才能在政界发迹，地位显赫。但是，他们在同蒋介石的关系上却有些差别。一位美国人认为，孔含蓄随和，似乎是中国政界的老好人，尽可能地与所有政客军阀表示亲切友好。他对蒋殷勤驯顺，和蒋的关系较宋与蒋的关系更为密切。而宋子文态度生硬，在南京政府中树敌甚多。在一段时间内，宋对蒋表现出一种“傲慢”的态度。他曾私下对人说：“当财政部长，跟给蒋介石当一条狗，没什么两样。”

而蒋介石正是需要孔祥熙的殷勤驯顺。

对政坛的每一丝变动，宋霭龄都是十分敏感的。此时她的心情很复杂：一边是丈夫，一边是大弟。大弟受了委屈，她是十分同情的，忙问：“子文现在在哪里？”

“他向委员长提出要出国四个月，不知准备得怎么样？”孔祥熙道。

“我得看看他去。”宋霭龄边说边站起了身。

“你看几点啦？都到12点了。”孔祥熙提醒她。

“那我明天去。”

二

第二天早晨吃过早点，宋霭龄给宋子文挂了电话。也许是故障，不通。于是，便叫了随从和司机，驱车匆匆向宋子文官邸驶去。

事不凑巧，宋子文驱车刚刚离去，宋霭龄很是扫兴。当晚又来，再次扑了个空。因事务缠身，一周后再来，宋子文已去了机场，宋霭龄驱车去追。赶到机场时，宋子文的座机已经起飞。那机尾的红灯在夜空中，给宋霭龄留下了若明若暗的光曦。宋霭龄落泪了，祝愿大弟心宽体健，一路顺风。

新官上任三把火。孔祥熙走马上任，大报蒋介石知遇之恩。老蒋要“剿共”，他凭经商的精干，鞍前马后，为主子筹备充足的经费。

当时，国内形势十分严峻。由于蒋介石年复一年地发动反革命“围剿”，致使广大人民颠沛流离，国民经济遭到严重的破坏，南京政府的财政赤字连年增长。到1933年，每月赤字将近1200万元。

为了解决反革命“围剿”的经费问题，孔祥熙专程飞到江西同正在指挥军队向红军进攻的蒋介石讨论筹措方案。最后，蒋、孔商定以关税为担保，发行1亿元新公债。

接着，孔祥熙飞到上海，向银行家们推销1934年初正式发行的新公债。这次还算顺利，公债不久就被买光了，孔祥熙十分得意。可是，这1亿元钱到手没有多久，就被蒋介石用去购买打内战的军火，花得一干二净。

为了补充蒋介石的内战经费，孔祥熙又发行第二期“关税库券”，并且越来越多地直接向银行借款和透支。

孔祥熙为蒋介石筹措经费的“锦囊妙计”，就是用高利率夺走生产领域的资金。当时，农村经济萧条，民族资本家困难重重，批发物价和房地产价暴跌。上海银行家发现这些领域的投资已没有吸引力。某些最兴旺的企业所得红利很低，例如商务印书馆为7.5%，南洋兄弟烟草公司仅有5%，而孔祥熙发行的公债纯利超过20%。因此，大量的货币从农村流入城市，又被孔祥熙的公债所吸收。成千上万的货币不是用来发展生产，而是消耗在破坏生产的“内战”上。

其结果是，蒋介石得到了充足的反革命"围剿"的经费，银行家也从中牟取了高额利润，而工农业生产则一步步陷入困境。

一位有识之士当时就公开指出："政府公债的高利率促使工业萧条、农业破产。"越来越多的人也开始反对孔祥熙的公债政策。

很快，孔祥熙的"妙计"就不灵了。一个时期以来，西方资本主义国家处于经济萧条之中，这股萧条之风迅速地袭击了上海。1933年，美国已放弃了金本位政策。为了满足遭到经济衰退打击的西方矿业国家的要求，美国开始储存白银作为财政准备。美国国会规定的银价是每盎司50美分，这对上海的银行家颇有吸引力。他们认为，如果不买南京债券，而是将白银运到美国，就能赚一笔十分可观的利润。因此，下半年，大量银元纷纷流往国外，债券销售额一落千丈，蒋介石的内战经费频频告急。同时，大量银元外流，造成了中国金融市场银根吃紧，于是银行贷款的利率急剧上升。这种趋势直接威胁着南京政府的赤字财政，南京政府能否继续存在都成了问题。

身为中央银行总裁的孔祥熙见此情况，如坐针毡。他将幕僚们找来紧急研究一番，感到制止白银外流的唯一办法就是宣布禁运。于是，他们以南京政府财政部的名义宣布："在另行通知之前，严禁买卖外汇。"可是，那些银行家们对这项禁令置若罔闻，仍然我行我素。

一计不成，再生一计。孔祥熙采取了更为严厉的办法。他公布了一项公告："鉴于白银价格上涨过猛，已与物价水准极不相称，国民政府为保障中国经济之利益，为保护中国之货币，兹决定对白银出口征收关税。"由于对白银出口加收了10%的关税，中国的白银价格便与英美市场的价格相等了，白银外流的现象受到了遏制。

孔祥熙将中央银行看成是蒋介石内战经费的钱袋子。蒋让中央银行享受了多种特权，垄断了政府的收支，有权发行金券供兑付关税之用，实际上使该行成为国库的代理机构。孔祥熙宣布施行白银出口税，但中央银行则免税出口了大量的白银，赚了一大笔钱。孔祥熙还设法使中央银行在黄金市场上捞取了巨额利润。因此，被孔祥熙掌握的中央银行发展迅速，成为旧中国最获利润的金融机构。

平常，孔祥熙一个劲地支持中央银行在金融界大捞特捞。这次由于债券市场急剧缩小，孔祥熙不得不打出中央银行这张王牌。他命令中央银行大量吸收公债，将相当一部分赢利用于南京政府贷款。

中央银行吸收公债虽勉强支撑了一阵，但这毕竟不是长久之计。

最后，孔祥熙终于又想出了新招，这就是采取高压手段，颁布《储蓄银行法》，迫使银行家购买公债，使银行家苦不堪言。

三

春去秋来。四个月后，宋子文从美国回来，看到银行家们怨声载道，对孔祥熙越权十分恼怒，对蒋介石的不信任更是极为生气。宋、蒋矛盾加剧，一场暴风雨就要来临……

关于年终实行预算审计制一事，二人发生了激烈的争论。

宋子文是吃洋面包长大的。实行预算审计制，这是宋子文采取西方现代国家经济管理理论的杰作。实行国家预算，对中国来说是个新事物，中国统治者历来对此不感兴趣。国君金口玉言，一言九鼎；统治阶级可以为所欲为，花费无度，怎么会受“预算”的限制，自己捆住自己的手脚？直至清末、北洋军阀时期均为如此。当然，蒋介石也不例外。

蒋介石的南京政府建立后，宋子文留学西方，对美欧等国实施的预算制颇有好感，故而信奉国家管理必须实施预算制，必须做到收支平衡。作为财政部长，他从国家管理正规化、制度化、法治化的角度出发，非常认真地搞起国家预算来，并将预算制作为管理国民经济、做到收支平衡的工具和手段。

蒋介石对此漠不关心，时冷时热，故四年过去仍无结果。宋子文凭着国舅的地位和牛脾气，再三进谏，再三坚持，直到1931年才算有了独立的国家预算机构——主计处，次年9月24日颁布了《预算法》，预算体制确立。在要不要国家预算上蒋介石总算首肯了宋子文的主张。

但两人就严格执行预算问题出现冲突。宋子文对整个政府预算偏重于军费大为不满，例如1929年度支出为6.19亿元，军费达2.66亿元，行政费用为1.46亿元，经济建设分文不支；1933年度支出为8.28亿元，军费支出高达4.16亿元，行政费用为1.71亿元，经济建设分文不支，其余均为债务本金利息所支。再蹩脚的经济学家，对这样的国家预算收支状况也会感到不正常，何况宋子文还是美国培养出来的经济学博士，对此不会没有看法。他一是对国家预算中的各项支出比例不合适屡次向蒋进言，要求限制军费比重；二是对蒋介石不尊重和任意修改预算、军费高于一切的主张不满。

在蒋介石看来，宋子文简直是幼稚可笑。现在是“训政时期”，军事上既要对付红军，又要对付李宗仁、冯玉祥、阎锡山、唐生智、张发奎等倒蒋派，军费当然是重点保护的支出。由于反共内战、军阀混战不断，无法估计作战的大小多少，又怎能正确预算军费所需数目？故对军费只有采取按需分配、实报实销的办法。军费支出是打破宋子文收支平衡的主要原因。

宋子文确实“可笑”，他主张限制军费，可不主张停止反共内战和军阀混战；蒋介石发给部队的薪饷、军需本来就不足，这导致军队内部喝兵血盛行，对外则抢劫老百姓财物，如果宋子文再削减军费，军队内的贪污和危害百姓的罪行将会更多。宋子文提出减少军费，平衡开支，力劝蒋介石“停战”。

“停战，人家要推翻我们，停他妈的什么战？”蒋介石愤愤不平地骂道。

“我作为财政部长，实在拿不出那么多的经费。”宋子文再三解释。

“南京政府到底是谁的天下？谁在当家？你懂吗？”蒋介石一甩袖子，“你不要干涉太多！”

“我不怕丢乌纱帽！我是对你负责，对党国负责！”宋子文也扔下帽子，拍起了桌子。

“就是你对‘剿共’不积极，不提供所需经费，否则‘剿共’早就胜利了！”蒋介石寸步不让。

“噢！你是总指挥，战争没打胜，倒怪到我头上来了，真乃岂有此理！”国舅据理相争。

“娘希匹！这是我蒋家的天下，你要不想‘剿共’，滚蛋去球！”

“你不要这么霸道！不要这样血口喷人！”

“娘希匹！我骂你，我还要打你这个狗日的！”蒋介石不能容忍，多年来这位大舅子对他的种种大不敬，一齐涌上心头，一怒之下，赏给宋子文一记重重的耳光。

“你敢打人？”国舅被这一记耳光打晕了，片刻，他反应过来，便抡起凳子，向老蒋砸去。侍从们急忙奔过来拦下，方结束了这场“战争”。

四

宋子文被送到自己的官邸后，躺在床上，长吁短叹。

秀才遇到兵，有理难说清。宋子文为这位曾在上海洋行里厮混过的妹夫伤心到了极点。“当财政部长跟当蒋介石的一条狗没什么两样！甚至还不如他的一条狗！”守在旁边的妻子张乐怡，听着丈夫的含泪诉说，只能暗暗地流泪。

张乐怡把一杯水送到宋子文床前：“喝口水吧。”

“……”宋子文不说话。片刻，他揭开了被子，吼道，“我咽不下这口气！乐懿，你给我拿笔墨来，我不当这条狗啦！”

妻子放下茶杯，脚步轻轻，忙从书房里取出墨笔来，送到宋子文面前。宋子文挥笔而就，写下了辞职报告。“你就给我送去吧。”

张乐怡接过这份报告，沉甸甸的，不知如何是好。于是她便挂电话给宋美龄，不通。接着才挂通了大姐宋霭龄。

“深更半夜的，有什么急事吗？”宋霭龄问。

“你大弟被老蒋打啦，也不吃也不喝，又写辞职报告，我也没主意了。”

“到底怎么回事？”宋霭龄急问。

“一句半句，我也说不清楚。”

“你等着，我随后就到。”

不一会儿工夫，一阵车鸣，张乐怡迎上前去。出乎张乐怡预料的是，来人不是大姐宋霭龄，而是小妹宋美龄。

“啊，是小妹来了？”张乐怡感到吃惊。

“子文大哥呢？”宋美龄问。

“在屋里躺着哩。”

宋美龄随脚来到卧室，宋子文一动不动。

“大哥，小妹来给你赔罪来了。”

“是老蒋让你来的，还是你自己来的？”宋子文蒙着被子问。

“当然是我自己来的。听说你挨打，我刚与老蒋吵了一架。亲不亲，骨肉分，我心里也不好受哩。”宋美龄说着说着，也泪水潸潸，“这老蒋怪脾气，有什么大不了的问题，值得打人呢？”

“小妹，你大哥心里不好受，咱姊妹客厅里谈吧。”张乐怡劝说。

“好的。”

宋美龄和张乐怡刚在客厅里坐下，门外一阵车鸣。“是大姐来啦！”张乐怡告诉宋美龄。接着，二人迎过去。

“大姐。”宋美龄叫道。

“美龄，你也在这？”宋霭龄道。

“我也是刚刚来。”

“你来了就好了，这老蒋太不像话了！你采了我们宋家的鲜花，还打我们宋家的人！我们不和他算账才怪呢！”宋霭龄嗓门很大，一串话像打机枪似的。

“看看你大哥去。”

宋霭龄在宋美龄、张乐怡的陪同下，到了宋子文的卧室。

“子文啊，你感到怎么样？需要不需要看医生？”宋霭龄心疼地问。

“……”宋子文仍是不吭气。

“大姐，咱们还是到客厅里谈吧。”张乐怡出来劝道。

“美龄，你告诉老蒋，你大哥若是有个好歹，我们宋家非找他算账不可！让他的官当不好！”宋霭龄此话说给小妹听，更多的是说给宋子文听的。

在客厅里，宋霭龄又道：“乐懿，你要好好劝说子文，不要过于悲伤，要以保重身子为重。要说这也是我们家庭内部的事，兄弟之间打架吵嘴，是常有的事，并不为过。但是，话说过来，你是委员长，他是财政部长啊！按前者说，兄弟间互相谅解就算了；按后者说，我们宋家也不能饶了他。这叫有软有硬，软硬兼施。我现在是怕老蒋对大弟有成见，影响大弟的前程。这个问题就看小妹的啦！”宋霭龄说到这，把目光投向了宋美龄。

“大姐，你就放心吧，有小妹在，我谅他是不敢的！”宋美龄软中带刚。

“有你保证，我就放心了。”其实，宋霭龄心里也很复杂，蒋介石曾放出风来，让祥熙接任大弟的财政部长，所以她是既喜又悲。她们姊妹既然上了蒋家的车，谁也离不开谁了，共同的利益，把她(他)们连在一起了。“哎，这个世界也真复杂啊!”

……

五

宋美龄驱车回到家中，闹得老蒋不能入睡，非要老蒋说个清楚不行。老蒋一个劲地向宋美龄承认错误：“今天，确实是怨我，我不该抽他的耳光，我承认错误还不行吗?”

“不行！你打了人，说声不对，这就完了？没这么便宜的事！你还得保证，今后不加害于他!”

“他是咱们的大哥，你又和他是一母同胞，我姓蒋的是疯子还是傻子啊？你把我看成什么人了?”

“那就立字为证!”宋美龄抓住不放。

“好好好，立字为证，立字为证。”蒋介石缠不过夫人，败下阵来。

后来，事实也验证了蒋介石的话，他对国舅一直留有情面。

蒋介石虽把宋子文赶离财政部，但这并不是最后的摊牌、决裂。10 月 27 日宋子文提出辞职，29 日国民党中常会、中政会批准。蒋介石在会上，大讲特讲宋子文的能力和贡献，离去只是工作的需要，另有要职安排，表示两人继续合作，共图大业。宋子文听了也心平气和。

事实上，宋子文离开财政部和中央银行后，对南京官场的影响力并没有下降，而是更加风光起来……

1933 年 10 月，出任全国经济委员会主席；

1935 年 4 月，兼任中国银行董事长；

1939 年 10 月，兼任“四行联合总处”副主席；

1941 年 12 月，兼任外交部长；

1942 年 11 月，在国民党五届十中全会上当选为中央常务委员；

1944 年 12 月，兼代理行政院院长；

1945 年 5 月，被正式任命为行政院院长；

1946 年 6 月，兼任全国最高经济委员会委员长；同年 10 月兼任行政院绥靖区政务会主任委员；同年 12 月，当选为伪制宪国民大会代表，达到了他仕途的顶峰。

宋子文转任全国经济委员会主席。此职无经济实权，无经济实体，只是一个全国性的经济协调机构，任内的主要工作是协助孔祥熙进行一些经济建设。

随着时间的流逝，一记耳光引起的风波，渐渐在人们的脑海里淡忘。

第十四章
姊妹抗战

舞池内一阵骚动，每一对经过她们面前的舞者都转头，瞪大了眼睛。是真的，宋家姊妹全都在这儿——气质沉静的孔夫人、容光焕发的蒋夫人和神情庄重愉悦的孙夫人。大家像发现了“新大陆”，镁光灯不停地闪烁……

——题记

一

国家兴亡，匹夫有责。

抗日战争爆发后，中国人民面对的是一个财力、军事技术装备都比中国雄厚优良得多的强大敌人。要战胜日本帝国主义，争取民族解放战争的胜利，必须动员全国民众参加，进行持久抗战。宋霭龄认为妇女占全中国人口的一半，是一支重要的力量。正如她自己所说的："在各种保证我们取得最后胜利的力量里，最显要最值得注意的表现，就是妇女界的活动。"因此，在组织战时妇女活动中，她以国民党的代表，以及部长夫人的特殊身份，出席会议，并做了大量工作。

1938年5月20日至25日，风景秀丽的庐山，聚集着全国各界妇女代表精英四十余名。她们是各党各派、各团体及无党派的妇女领袖和妇女工作者。她们在这里召开一个重要的会议。

抗战开始以后，全国妇女积极投身到了神圣的民族自卫战争中去，在伤员的慰问与救护、战时孤儿保育及宣传组织民众方面，发挥了重要作用。但是由于妇女运动分别由各党各派领导，发展很不平衡。广泛、普遍地动员全国妇女参加抗战，是这次会议的主要宗旨。

会议本着团结抗日的精神，研究讨论了动员妇女民众、鼓励妇女参加生产事业、改善妇女生活及妇女团体联络等战时妇女工作，决定在新生活运动促进会妇女指导委员会的基础上，进行改组扩充，使之成为全国妇女总的组织机构。

会议期间，宋霭龄很活跃，与共产党方面代表的邓颖超、救国会代表史良等一些著名人士有了很多的接触，并成为了抗日的好姐妹。会议成员来自全国各地，政治主见迥异，争论是难免的，但大家都能求大同存小异，在抗战这个问题上，求得一致。

会上宋霭龄的发言是诚挚的，她说："今天，能够认识大家是很兴奋的事。我虽然在国外（香港），心却一直记挂着国内的事……我希望全国姊妹们继续努力工作和彻底合作。因为只有合作，才能得到真正的团结！我在这里答应各位姊妹，我们要以忠诚来贡献祖国，这只是为了一个可以在短时期内达到的目的——建成一个新的强盛的中国！"

最后，宋霭龄说："我建议，我们这个组织每年'三八'节要举行例会，这届在庐山，下届在什么地方，由德高望重的邓颖超大姐定。"大家一阵掌声。接着她又讲，"一个真正的统一战线组织，应该是国民党、共产党和无党派的妇女站在平等的地位，参加会议讨论，共商国家大事，把全国的妇女团结起来，打败日本帝国主义，建设一个民主自由的新中国。"

宋霭龄对抗战工作是颇为热心的。

捐赠和募集是妇女运动的一项重要内容。宋霭龄严于律己，身先士卒，在这方面做了大量工作。早在1932年上海"一·二八"抗战时，她曾捐赠数十万国币，建立了两座能收治上千名伤员的大医院，及时缓解了上海医院床位紧张、伤员救治困难的状况，备受前方官兵的赞扬，他们称她为"救死扶伤的卫士"。一位伤员，他和哥哥一起参战，相继负伤。哥哥因医院没有病床，抢救不及时而死亡。而他自己住上了宋霭龄捐资建成的医院，得到了及时医治而康复。他高兴地说："没有霭龄妈妈，就没有我。"于是，他提笔给宋霭龄写了信，高度赞扬了宋霭龄妈妈。宋霭龄看了这封信，驱车看望了这位伤员。这位伤员感动得泪水潸潸。此消息发出后，宋霭龄成了备受全军将士欢迎的人物。

在前线伤员的提议下，宋霭龄又担任了"伤兵之友社"理事长。

随着战争不断扩大，大量的伤员源源不断地送往后方救治。上海沦陷前，宋霭龄迁居香港，在那里兼任了香港“伤兵之友协会”会长，把一部分精力和金钱用于帮助伤员方面，保证每个伤员出院或退伍时，都可以得到一套新军服、一包食品和一些零用钱。1940 年，宋霭龄参与全国“伤兵之友总社”发起的征集伤兵之友活动。这项活动在 4 月 21 日结束时，全国共有伤兵之友 70 万人，捐款 133 万余元。

不久，《申报》以《孔祥熙夫人赠棉被背心》为题，报道了宋霭龄“捐赠棉被 420 床，背心 2000 件，送交驻沪办事处，转前方将士用，以御冬寒”的消息，这一举动深受国民的称赞。

1937 年上海“八一三”抗战中，宋霭龄又慷慨解囊，用自己的钱购买了 3 辆救护车、37 辆军用卡车献给军队。她还特意送给由小妹宋美龄担任秘书长的航空部队 20 多辆军用卡车，以做后勤之用，并订做了 500 件黑皮衣送给了空军飞行员。

战时后方也是艰苦的。宋霭龄是热爱儿童的，由她发起，创办了全国儿童福利会。日本帝国主义的大举入侵，导致无数儿童流离失所，饥寒交迫。为了抢救民族后代，培养无家可归的难童，使之健康成长，中国妇女慰劳总会筹设了战时儿童保育院，1936 年 3 月 10 日，在汉口召开成立大会，宋霭龄一次就承担了 100 名战时难童的生活费用。孔祥熙、宋霭龄还创办了全国儿童福利会，宋霭龄主持日常工作。每到儿童节，宋霭龄不是亲自到战时儿童保育院与那里的难童欢度节日，就是出资购买礼物送给小朋友。1940 年儿童节前夕，宋霭龄视察了重庆儿童保育院，在当晚的日记中写道：“今天的活动极为有意义，儿童们极为活泼可爱，颇为欣慰。特于昨天（国民政府规定每年 4 月 4 日为儿童节）儿童节，购买精美糖果六百余份，赠送该院难童。”

二

宋霭龄三姐妹联袂来渝，成了陪都的新闻热点。

三姐妹的风采，成了街头巷尾人们的热门话题。

4月2日，中央社发了专讯："孔夫人、孙夫人暨蒋夫人于4月1日联袂来渝。孔夫人暨孙夫人尚系首次访问战时首都，彼等对于增强抗战力量，咸备最大热忱，故此次利用蒋夫人赴港疗养返渝之机会，相偕同来。三位夫人同来后方，将共同从事抗战建国之工作，致力于奠定新中国之基础，发扬中国旧有光荣。据悉三夫人将视察各种合作事业与救济机关。"重庆各大报纸争相转载。

《新华日报》4月3日发表短评，欢迎孙夫人，对初次来渝的孔夫人致敬。4日又对宋霭龄等人的活动做了追踪报道，发了消息："孙夫人、蒋夫人、孔夫人等昨（三日）视察新生活运动妇女指导委员会，与该会全体工作人员合摄一影……嗣三夫人接见妇指会高级干部训练班学员并与高干班学员同用午膳。午后三夫人驰车赴歌乐山，视察战时儿童保育会第一保育院。"

宋霭龄到重庆的数月间，参加了不少的社会活动，除了出席各种会议和向抗战团体发表讲话，参观工厂、学校和机关外，到电台发表对国外听众的演说、视察公共防空设备，则是她的两项重大活动。

事情竟是这般巧合。没容宋美龄拨动号码，宋霭龄已先于她把电话打了过来。

"啊！是大姐。我正想给您打电话，不想您给打回来了。"大姐是令宋美龄尊重的人，宋美龄那高兴的劲儿似乎是看到了大姐的面容。

“小妹，你要打电话找我什么事?”宋霭龄问。

“没什么大事。明天我们三姊妹去广播电台演说，定在什么时候?说定后，我再通知二姐。”宋美龄道。

“我也为这件事打电话找你。你说呢?”宋霭龄身为大姐，一向做事有强加于人的印象，这次她故意把口气变成商量。

“要让我说，就定在明天早8点半。电台花池门口相聚，不见不散。”

“那好，就这样定下来，由你直接通知庆龄吧。”宋霭龄吩咐道。

“我这就打电话。”

“你真是个急性子。大姐的话还没讲完呢!”

“大姐，你就讲吧，我听着!”

“庆龄她自尊心很强，再加上她与老蒋有隔阂，你讲话要注意分寸，注意她的心理，莫伤了她的自尊心。咱们三姐妹与政治无缘，尽量求同存异。好在是一母同胞，能团结尽量团结……”宋霭龄越说越多。宋美龄有点不耐烦了，打断了她的话。

“大姐，你莫说了。我又不是小孩子，你说的这些我都懂。”

“我知道你懂，可是要真正做起来，你又由着性子，什么都忘了。大姐还不晓得你那怪脾气。”

“好啦，下次我一定按大姐的话去做，坚决改正。说实在的，我真不喜欢二姐那种太不现实、太理想化的声调，我一听就发火。”

“我作为大姐警告你，你那火要用水浇一浇。”宋霭龄说到这里，马上把话锋一转道，“老蒋在家没有?”

“他刚才让人打来电话，说他仍在会上，今晚就不回来了。”宋美龄回答。

“这个老蒋，让小妹守空房，真不像话!”宋霭龄出于对小妹的关心，叹了口气。

“大姐，别说了。”宋美龄道。

“你说什么，小妹，不让我说了？我不少说。等有机会，见了老蒋，我不说他才留着他哩！”显然宋霭龄余怒未消。

“就这样吧，大姐。天不早了，我还给二姐挂电话呢！祝您晚安。”

“那好，晚安。”

到达重庆后，宋庆龄没住在两姊妹的任何一家，独自在两路口新村安顿下来。这倒不是出于其他原因，主要是宋庆龄觉得这样无拘无束，进步人士和共产党方面的人也便于找到她。要是住在警卫森严的别墅区或官邸，她会觉得很憋气的。

傍晚遭受日机空袭那阵，日军的炮弹准确性偏了点，没有命中宋庆龄的房屋而是命中左侧的木房。那木房刹那间燃起熊熊大火。火头凭借着风势，向宋庆龄住的房屋蔓延、吞噬。因为重庆当时的房屋大都不是砖石结构的，而是中间有层木片或竹片，外涂层三合土的夹壁墙，见火就着。消防队出于无奈，只得狠心拆除了两幢房屋，隔断火源，保住了宋庆龄的住房。

空袭警报解除后，宋庆龄曾到城内四处随便转了转。映在宋庆龄眼帘的是：几辆卡车被炸坏了轮子，堵塞了全市交通。走不多远，就会看到炸残的车辆和抛在车上、地上的尸首，有被炸掉胳膊的，有被炸掉大腿的，惨不忍睹。刺鼻的硝烟味和焦臭味，像一层浓雾笼罩着城区……

宋庆龄走着，心中燃起了满腔怒火。太悲惨了！太悲惨了！这就是那些口口声声宣称“大东亚共存共荣”的家伙，那些反复鼓吹“中日亲善”的军国主义者的“亲善”与“共荣”?！他们派出的轰炸机公然冒天下之大不韪，把成吨的炸弹扔到人口稠密的居民区，散播了多少死亡的种子？日本帝国主义，你拿什么偿还中国人民的鲜血？国民政府的军事委员会只知道一天到晚泡在会议中，那些顽固派津津乐道的是跟共产党搞摩擦，偌大的一个陪都只有几十门高射炮来保卫，怎能阻止惨祸的发生？

宋庆龄回到自己的寓所，及时拨通了军事委员会的电话。秘书回答：委座与其他长官正在开会。她本想找蒋介石接电话，一想到自己人微言轻，她又犹豫了。她切断了电话，踱步走出寓所……片刻电话铃响起，宋庆龄急忙走了过去，拿起了听筒。

“啊，听出来了，是小妹。”宋庆龄道。

“二姐，您没有睡觉吧？”宋美龄传来的话音很轻很轻，因为“太上皇”大姐有言在先。

“日机空袭，你那儿没问题吧？”宋美龄又问。

“看你问的，小妹。如有好歹，我不会站到这里给你说话啦。”

宋美龄心里恼火，她不便发作。接着又道：“二姐，咱们不是约定要到广播电台去演讲吗？”

“我知道，你说吧。”

“大姐刚才给我来电话，说是定在明天 8 点半，在电台门前的花池旁聚齐，不见不散。”

“我记住了。小妹，你还有什么事？”

“没什么事了。今天坐了一天飞机，你应该早些休息，二姐。再者，重庆的天气与香港不一样，夜间比较凉，请注意盖好被子。”

“谢谢小妹的关心。”

宋庆龄放下电话。宋美龄也放下了电话。真正有气的还是宋美龄。她气的不是别人，总感到二姐在说话中少些手足姊妹之情。

宋美龄并不甘心于现状，她在朝一个目标努力，她相信总有一天，她会唤起二姐胸中那燃烧着的姊妹之情，启开她的心扉，畅谈姐妹之情。那将是一种人生情趣、一种天伦之乐。

宋美龄期待着。

宋霭龄也期待着。

三

广播电台门前的花池中，各种花卉聚于一池。

花吐胭脂，香欺兰蕙。

早晨8点半钟，三辆轿车分别载着宋氏三姊妹，从不同的方向准时开到这里。宋美龄的车早到了一步，其次是宋庆龄，最后是宋霭龄。

三姊妹下了车，寒暄了一阵，随后在电台官员的带领下进入地下播音室。一种阴森的感觉袭上三姊妹的心头，但她们丝毫没有流露出来。

播音室有两幢房子那么大，地上铺有红色地毯，四周镶着用特殊隔音材料做成的方板，板与板之间看不出什么缝隙。录音台犹如写字台那般大，端端正正地放在房间的中间位置。正面墙上挂着总理遗像和遗嘱，旁边配着“革命尚未成功，同志仍须努力”的对联。

这次专题节目的主要对象是美国听众，全部用英语播出。三姊妹的英语是具有相当水平的，而且三姊妹的号召力也是他人无法相比的。

当播音员向美国听众介绍完宋庆龄的身份后，她略为思索了片刻，大大方方对着麦克风演讲了起来：

“亲爱的美国听众，我不知道怎样才能表达我此时此刻的心情。我们刚经历了又一次野蛮大轰炸，美丽的山城重庆已经变成了一所血腥的屠场。成千上万的和平居民丧失了他们最后的一点东西，流离失所，无家可归。他们中的许多人是从陷落的长江中下游逃难到四川来的，最大的奢望仅仅是想生存下去，可是万恶的日本帝国主义连这点起码的权利也不想给予他们。”

“众所周知，中国是一个约有四万万人口的大国，但她又是一个非常贫穷落后的国家。连年的天灾、动乱以及其他种种原因，使我国在战争的最初几个年头内一直处于劣势，被动地抗击着上百万装备精良的日本军队的进攻。我们缺乏武器、燃料、钢材和食品，更缺乏全世界主持正义和公道的国家，包括美国这样的民主国家的道义上的支持。”

“因此，我们呼吁你们，亲爱的美国听众，在力所能及的范围内给予我们有力的援助。我们无意滥花你们提供的资财，我们把每一个辅币都用于神圣的抗战事业。我们呼吁你们，敦促美国政府抛弃所谓的‘中立’政策，尽快与法西斯帝国宣战。因为，今天发生在中国的惨祸，明天或者后天就有可能降临到贵国人民的头上，这是法西斯帝国的本性所决定的。”

宋庆龄的讲话，通过重庆电台的大功率短波发射机，升上电离层，回响在大西洋和太平洋的上空。最后，宋庆龄激动地高呼：“必须制裁日本帝国主义！必须阻止他们犯下更多的滔天罪行！必须惩罚他们屠杀中国妇女、儿童和无辜人民的罪恶行为！否则，中国人民就不会相信，在这个病态的世界里，还有怜悯和良心可言；不会相信，在这个病态的世界里，还有公正和道义可言了。”

……

演讲完毕，宋庆龄还是那么激动，以至于宋美龄不得不扶着她到休息室里去平静一会儿。宋美龄知道姐姐那疾恶如仇的性格，担心姐姐在这样的场合，讲出一些刺激美国听众的言辞来。

接下来演讲的是宋霭龄，她不像宋庆龄那样激动，她的口气要温和得多，像是在和听众谈话。她说：

“当我向美国讲话时，我感到并且深知，我正在向真正同情中国的朋友们讲话。在我们与日本帝国主义进行生死存亡的战斗中，我们始终都没有孤立的感觉。一想到友好的美国人民站在我们一边，我们的内心就充满了深厚的感激之情。”

宋霭龄在谈到中国人民万众一心，怀着必胜的信念坚持抗战的情况后又说：“必胜的意志也体现在妇女们已从与世隔绝的生活中解放出来，参加各种工作。在前线，她们同士兵和伤员在一起；在后方，她们同遭受战争灾难的同胞在一起；在农村，在医院，在战时孤儿院，在工业和公共事业里，都有妇女们做出的贡献。”

“我们的事业是正义的，正义的事业必将胜利！”

……

最后一个演讲的是宋美龄。

按说她的口才要好于两位姐姐。她的英语水平也高些，口音略带美国的南方味。难怪，她在那里生活了十年。人生有多少个十年呢？

她的演讲话题与两个姐姐不同，主要是针对美国的国会议员和新闻界而发。她多次去过美国，知道只有这两者才能左右美国政府。

宋美龄以她那非常流利的话语，首先谴责了美国政府在“中立”的幌子下，向日本出口战争物资和武器的可耻行为，那是有根有据的，宋美龄为此专门列举了一连串准确的数字……

宋美龄说：“在这里，在中国‘民主之友’的庄严讲话台前，我们要求制止两件事：一是身为美国立法者的国会议员，不应该对侵略行径表示恐惧。二是不应该同意把汽油或石油副产品，以及其他战争物资，尤其是武器输送到日本以鼓励这种侵略行径。”

宋美龄由此展开，进而说：“我不知道各位尊敬的国会议员们是否想到过，如果中国政府已向自我吹嘘为不可战胜的日本帝国投降，那时世界上将会发生什么样的事情？答案是显而易见的。日本将保持完整的陆海空军，它将利用我国的领土、我国的人力和我国的资源以支持极权主义反对民主国家的军事行动。”

“我并不想在这里恫吓各位尊敬的国会议员们，”宋美龄继续说道，“但是如果真的到了那一天，到了占全人类人口五分之一的中国沦为日本的殖民地时，整个世界的形势将变得漆黑一团。”

“中国人民不愿充当亡国奴，必将全力以赴，同日寇血战到底。问题是，我们会得到国际上公正的对待吗？这只能由美国人民和他们的国会议员来回答。”

“中国人民已被炸弹震聋，但是他们正焦急地等待着你们的回答。”

宋氏三姊妹带有真挚感情的讲话，通过电台大功率发射机，传到在大洋彼岸的每个有正义之心的美国听众耳中。据说三姊妹讲话的第二天，美国纽约州立大学就有上千名学生上街游行。他们的口号是：“反对侵略，支持中国人民抗战！”“打倒日本帝国主义，维护世界和平！”“强烈要求国会政府采取有效措施，制裁日本！”再者，白宫国会的有关知名人士当天也以个人名义向国会递交了制裁日本的意见书。同时美国国会也答应立即研究这份意见书，并做出答复。美国人骚动了，各种舆论向着有利于正义的一方倾斜。

四

时间过得飞快，一个月后，两兄弟宋子安、宋子良也从昆明回重庆来了。

六兄妹团圆，机会难得。

无父尊长，作为大姐的宋霭龄，听了这个消息高兴得不得了，连忙用电话告诉了小妹宋美龄，宋美龄更是高兴。

“小妹，小弟们都回来了，我们姐妹们为他们洗尘，吃个团圆饭，在黄金酒家，钱由我出。你说怎么样？”

“我看用不着在黄金酒楼。我可不像你，没有那么多的钱，干脆就在我家，我喜欢热闹。再说酒楼也不是个说话的地方。”

“要得好，大让小。那就依小妹你的意见了。”

“一切都由我安排了，二姐我来通知。明晚6点，不见不散。”

“小妹，你就辛苦了。”宋霭龄放下了电话。

宋庆龄的工作终于做通，答应宋美龄参加八月十五日的全家团圆会。

宋美龄像只花喜鹊飞回了黄山官邸的家里，兴奋的她，又接连拨通了大姐宋霭龄、哥哥宋子文、小弟宋子安、宋子良的电话，把这一喜讯分别告诉了他们。为了八月十五赏月团圆，她终于说动了二姐同意聚会，大姐宋霭龄特意订购了六斤重的大月饼，代表六兄弟姊妹的团圆，开车送了过来；宋子文也特意派飞机到昆明购买了两只象征团圆的神龟鱼，送进了宋美龄的餐房；两位弟弟也为宋美龄请来了重庆饭店的高级厨师。

在中国这块古老的土地上，家族的团圆是最神圣的。神圣的团圆又吸引着每个家族成员。尤其是在宋氏这个与中国命运紧紧相连的、在全世界都声名显赫的家族里，他们视团圆为黄金。宋氏家族团圆远超过普通家庭团圆的意义。

八月十五的满月非常好看。它镶嵌在青碧如海的天空，投下淡淡的银光。黄山官邸冷清清地耸立在银光下面，楼前是片白灿灿的花朵。还有山、石壁、桃树、柳树，各有各的颜色和形态，在银白色的月光下，似乎都含有一种不可告人的秘密。此时黄山官邸的宴会厅里甚是热闹。

宴会厅内的十几台大吊扇一齐开动起来，阵阵凉风送爽，宋氏兄弟姊妹六人以及他们的家眷、司机、卫官足足摆了五大桌。十几名侍者身穿全套白色制服，有的在一旁悉心伺候，有的满头大汗跑来跑去，忙着上桌。

为了全家族的团圆，今晚他们辞去了一切公务。在太阳落山时，六辆轿车已驶入了这里。六辆轿车停在云鹤楼前的草坪上，煞是壮观。在中国文明落后的当时，宋氏家族的文明却是超前发展。他们不但拥有自己的专车、专机，还拥有自己的多处别墅。偌大的中国，孰人能比？

此时，餐桌上的美味更是令人垂涎。五个大大的餐桌上摆满了高级厨师做的名菜，它们分别是：油炸团圆神龟鱼、莼菜鸽蛋汤、眉毛丸子海参、香酥鸡网油蟹卷、生菜大虾、油淋安康鱼，以及叫不出名的山珍海味，还另有点心、水果、冰激凌。

宋美龄的开场白像一篇优美的散文诗，短短的几句话，真挚动情，使全家人都兴奋起来，连连举杯庆贺这难得的团圆。那高脚酒杯的红色液体，通过兄弟姊妹间的碰杯后，仿佛不再是酒，而像母亲的血液，再次注入他们的肌体，使他们产生了共同的话语。

“莫谈国事。”在大姐宋霭龄这道戒令发布后，兄弟姊妹们竭力维护，尽情地开怀畅饮，倾腹吐心。以前，他们在大庭广众面前所表现的尊严，在这种场合下，已不再粉饰。在亲人的面前，各把各的性格暴露无遗，那才是亲切、痛快哩。他们尽情享受着团圆的欢乐……

“大妹，大姐敬你一杯！”宋霭龄首先站起了身，端起了高脚酒杯。

“谢谢大姐，我理应敬你。”宋庆龄端起了杯，“我喝酒不在行，让我喝一半吧。”

“不行，要喝就要喝光，”宋美龄插言道。

宋庆龄无奈，只好一饮而尽。

“二姐，我这一杯呢？如果你喝大姐的，不喝小妹的，可有点不公啊。”宋美龄也端起了酒杯。

“小妹，饶了我吧。”宋庆龄道。

这时，宋美龄亲自掌勺做的花溪河鲤鱼端了上来。宋美龄夹了一块放在宋庆龄的盘里，“二姐，先尝尝我这手艺然后再喝也好。”

“哎哟，烫着我的嘴了！”宋庆龄尝了一口，连声道，“有滋味，有滋味。”

“既然有滋味，请二姐喝下小妹这杯酒吧。”宋美龄又站了起来。

“好，我喝。”宋庆龄脸颊微微发红，“小妹，我也有对不住你的地方。”

“二姐，莫说了。”宋美龄马上制止道，“你还能再喝点吗？”

“不，不喝啦！”

这时，以宋子文为代表的三兄弟也来向三姊妹敬酒，一阵碰杯声后，大家又是“朝天乐”。

酒足饭饱后，自然是尝饼赏月。

尝饼赏月是在官邸的草坪上。银白色的月亮高挂中天，是那样的皎洁纯美。宋氏兄弟姊妹围着圆桌，圆桌上摆着那像月亮一样圆的特制枣泥馅大月饼。大姐忙着把月饼切开。动刀前，她把人头点了点，生怕少了孩子们。

宋庆龄捅了捅席地坐在身边的宋美龄，道：“小妹，这次我给你挑个大块的，免得你再当面向我哭鼻子喽！”

“你真坏，二姐。”宋美龄咯咯地笑了，去擂宋庆龄。宋庆龄直向大姐求饶：“大姐，小妹要打我。”

“别闹啦，快吃完咱们去看舞会。”宋霭龄制止道。

晚上9点，宋氏一家准时来到了重庆大酒家的舞厅门前，他们受到舞厅老板的热情接待。他们在宋美龄的带领下，进入舞池，在舞厅旁的长椅上依次坐了下来，背靠着墙，眼中净是重庆的达官贵人、富豪佳人们，边用餐边跳舞，好不惬意。很快大家就发现了宋家姊妹，舞池内一阵骚动，每一对经过她们面前的舞者都转头，瞪大了眼睛。是真的，宋家姊妹全都在这儿——气质沉静的孔夫人、容光焕发的蒋夫人和神情庄重愉悦的孙夫人。大家像发现了“新大陆”，镁光灯不停地闪烁……

一位报人评论道：“我想姐妹之中的二人在这儿，我不相信孙夫人也在这儿。她是绝对、绝对不可能和其他俩姐妹同时出现的！”

另一人以自然的口吻说：“一定是因为芬兰，她一定是因为不满苏俄才这样做的，一定是因为芬兰问题。”头一名报人不同意：“不对，我知道为什么，是为了要做给汪精卫看。”

笔者认为：他们全猜错了。宋氏三姊妹在娱乐场上的同时出现，是她们以大局为重，标志着抗日战争的新阶段的开始。

经过努力，三姊妹终于走到一起来了，她们围着一个餐桌吃饭，这是可喜的。这是第一次，然而也是最后一次。

感情这东西，在政治色彩的包装下，使三姊妹饱尝了它的甜酸苦辣。

第十五章
“工合”领袖

孔祥熙为什么能来个 180 度的大转弯支持“工合”？是因为夫人枕头风起了决定作用。

——题记

一

1940年4月22日晨，春风拂面，丽日高照。

作为中国工业合作社的领袖，宋霭龄和姐妹们在“中国工业合作社”总干事刘广沛的陪同下，乘火车由山城重庆驰抵成都，视察那里的工业合作社。

宋霭龄心里是十分高兴的。早在一周前，刘广沛就找她汇报成都方面的情况，尤其是集合毛纺厂的事迹，尤为动人，可以说是全国的典型。作为领导，她要抓典型，以典型引路，把“工合”运动轰轰烈烈地开展起来。于是她动员姐妹们，到蓉视察，造成声势，进一步扩大她对工作的影响。

作为宋霭龄，在政治地位上不及二妹、小妹，但在家庭地位上，绝对是权威，是颇有号召力的。

坐在专车窗口的宋霭龄，望着山野的风景，陷入了沉思……

“工合”时下鲜为人知，它的全称叫“中国工业合作协会”，最早是由美国友人斯诺夫妇倡导发起。1937年11月，斯诺夫妇从解放区参观回到上海，参加了上海各界爱国人士和社会名流的“周一聚餐会”。在会上他提出沿海工业区已沦陷，后方工业品很缺乏，应以合作社方式动员后方的人力、物力，从事生产、支持抗战的建议，得到了与会者一致响应，会议决定成立“中国工业合作社设计委员会”。大家一致推选当时任上海工部局工业科长的新西兰友人路易·艾黎为该委员会的召集人，起草一份在全国范围内组织3万个工业合作社的计划。1938年5月，“周一聚餐会”成员和斯诺、艾黎等国际友人以及英国外交官亚历山大、美国参赞文森等再次开会，研究这份计划。大家认为，要在全国范围内开展组织3万个工业合作社运动，一方面应保持自己的群众性和民主性，同时应该尽量争取国民党政府在财务、行政上的支持，以便顺利开展工作。

会后派人携带计划到汉口，初步取得了国民政府行政院长孔祥熙的首肯。孔祥熙还答应聘任艾黎为技术顾问，负责筹备组织工作。艾黎当即辞去上海工部局工业科长职务，于 6 月初由上海经香港到达汉口，找孔祥熙报到。据艾黎回忆，孔祥熙的态度比较冷漠，不大愿意搞了。但在武汉各抗日救亡团体的影响下，他最后又勉强同意，答应由政府拨资 500 万元。

8 月 15 日，“中国工业合作协会”（简称“工合”）在武汉成立了。“工会”下设区办事处、事务所、指导站。因为孔祥熙是行政院长，“工合”要在各省设立机构，开展工作，有没有孔祥熙的支持大不一样，所以协会理事长一职还得推选他担任。

孔祥熙虽然口头上答应拨款 500 万元支持“工合”工作，但实际上到武汉沦陷为止只拨给“工合”20 万元。然而在国民政府全部迁往重庆后，孔祥熙对“工合”的态度却来了个 180 度的转弯，变得异常热乎起来。不仅答应拨给的 500 万元兑了现，而且亲自过问协会的组织和人事安排等。

孔祥熙为什么能来个 180 度的大转弯？这里有一段插曲，夫人枕头风起了作用。

被称为“财神爷”的孔祥熙对此事冷淡下来后，精明的“工合”筹备人便紧紧盯住夫人宋霭龄，一个劲地做工作，使夫人先开了窍。明眼人清楚，在家里，孔夫人是说了算的，孔祥熙是“气管炎”（妻管严）。

宋霭龄是位参政敛财意识极强的女人，尤其是丈夫当了行政院长后，她这种欲望更大了。宋查理的这位长女在某些方面继承了父亲的遗传因子，并受西方的文化影响，开拓大于保守、理想多于现实。纵观她的一生，梦幻是多于理智的。她认为工业合作运动与她前几年设想通过创办实验工厂的形式消除劳资对立的计划是不谋而合、殊途同归的。当时宋霭龄设想在城乡建立许多模范村，模范村中有实验工厂、棉厂、学校和母亲训练中心，并备有自来水和电，以帮助妇女从家庭劳务中解放出来。宋霭龄还构想将工厂的股份作为工人的奖金，这样就可以使老资格的工人成为股东之一，资方和劳方和谐共存。她反复地向人说：“也许行不通，但值得一试，就算是小规模亦可。当进行这项工作时，我们还可以尝试去解决别的问题。例如童工的雇用并不是口头就可禁止的。雇用童工固然不对，但如果不工作就要饿死的话，也就不能怪父母要送孩子去做工了。我们应该逐渐减轻其工作量，直到完全消除为止。”

宋霭龄这种超阶级的设想在实际中是注定行不通的，因为正如宋霭龄自己所说：“除非资本家自愿帮助劳工。”“工合”运动的发起，使宋霭龄一度搁置了的设想再度在脑海中出现。她主动去找技术顾问艾黎，研究工业合作社计划，异想天开地要求将她的一些理论付诸实践。宋霭龄在工业合作运动众多生产部门中都进行投资，尤其对纺织业及其生产情况表现了特别的兴趣。1939 年，她投资建立了一座小型纺织企业。美国女作家埃米莉·哈恩断言，这与宋霭龄孩童时，其父宋查理热衷经营从茧中制造丝绸的经历有关。虽然宋查理当年投下的一笔巨额资金因化学师去世配不出染方而告吹，但 30 年来，父亲对人造丝绸的兴趣肯定一直储存在宋霭龄的记忆中。

宋霭龄开窍后，便主动做其丈夫的工作。

一天傍晚，在餐桌上，夫妇二人就“工合”一事进行了认真的探讨。当然是在孔祥熙高兴的时候。

“人家对你有反映，说你不支持‘工合’？”知夫莫如其妻。这时，宋霭龄把一支美国香烟递给祥熙，并帮他点着。祥熙美美地抽了一口，吐出一个烟圈道：“那都是假的。‘工合’按原意，是为前方筹备资金，实际干起来并不是那么回事。不但无钱可捞，净是出力不落好的买卖。”

“我看不见得，关键看你怎么干？”宋霭龄道，“以我们的私人银行贷款，‘工合’实行股份，股份开支工人奖金。工人积极性高了，我们的腰包不就鼓了吗？”

“夫人高见，如果你热心的话，咱们就干。”

宋霭龄接着又道：“现在是国共合作，人民群众抗战情绪高涨，舆论界，特别是《新华日报》、《大公报》，又对‘工合’运动评价很高，这还可以捞到政治资本，我们何乐而不为呢？”

“夫人还真有一套呢。这个事一言为定。”孔祥熙当场拍板，放下了饭碗，“有什么困难，你就让他们找我吧。”

“我做你的顾问。”宋霭龄道。

“不，就当主任吧。有里有外，事情就更好办了。再说，小妹担任名誉理事长，社会工作较多，精力难以集中，你也可以帮她一把哩。”祥熙笑了。

……

一场交易就这样达成了。

翌日，在宋霭龄授意下，“工合”筹划人重新找到孔，孔前后态度，判若两人。

“那经费怎么解决？”艾黎问。

“好说，好说，明天你就来取。”孔祥熙满口答应下来。

有钱好办事。就这样，“工合”运动很快轰轰烈烈地开展起来了，遍及全国各地，形势喜人。果然不出宋霭龄所言，“工合”既给孔捞到了政治资本，也给宋霭龄捞到了实惠。有钱有名，世上还有什么比这更金贵的呢？

……

宋霭龄想到这里，由衷地笑了。

“大姐，我最爱看你的笑脸。”宋美龄嫣然一笑道，“看到你的笑脸，我就想起妈妈。”

“笑总比哭强吧！”宋霭龄瞅一眼严肃的宋庆龄笑道。

“大姐，这次以你为主了，发言稿准备得怎么样？”宋美龄问。

“还用发言稿吗？”

“大姐水平高，也可以不用，不过有备无患。”宋美龄提醒道。

……

成都到了，火车徐徐地进站，慢慢地滑向站台，停下了。三姐妹缓缓地走出车门，向迎接的人群频频招手。

驻蓉机关的要员，一个个西装革履，迎着料峭的春风，立在跑道附近，目视着三姐妹的英姿；以“中山小学”学生组成的军乐队，鸣奏着鼓乐；手持鲜花的姑娘们，唱着欢迎歌……

《新华日报》在 4 月 29 日引载中央社成都通讯，详细地报道了宋霭龄等视察成都工业合作事业的情形：孙、孔、蒋三夫人于 4 月 22 日晚抵蓉，25 日下午 4 时相偕至中国工业合作协会成都事务所视察。该所成立于 1938 年 2 月 1 日，已组织工业合作社 52 个，以纺织为最多，计 37 社，其次为服装 3 社，丝织及织袜各 2 社，印刷、机械、皮革、制鞋、制药、卷烟、印染等各 1 社，共有社员 507 人，此外并有纺毛女工 5000 人。

“四个小时前，该所即集合纺毛女工数百人，在华美女中广场上设置的毛纺机照常工作。三夫人驾临后，群起立为礼，并唱欢迎三夫人歌，即由该所主任粟君致词报告工作，继由社员代表致欢迎词，并合唱社歌，乃请三夫人致训词。孔夫人首先致词：‘今日到此参观，与各位热心工合事业之朋友及努力工作之职工社员相见，无限欣慰。此次由渝来蓉，沿途所经各县，曾先后参观新生活妇女指导委员会指导下各种事业，成绩皆佳，对于生产事业，尤觉快慰。今日我国一面抗战，一面建国。合作社之目的，于协助抗建工作以外，更求民主主义实行，是以希望工合事业在各地普遍的成立，同时更希望各合作社均有完美之成功。’”

宋霭龄致完训词，接下来是宋美龄、宋庆龄致训词，致词完毕，“乃由社中职员陪同参观工合出品展览室，内有绣花及挑花两班，共有二十余名，从事于挑绣式作业。”宋霭龄等视察询问，职员们颇感兴趣。美国摄影师格里芬当场摄成电影，与工业合作社其他影片一并寄往欧美放映宣传。

在一个车间里，宋霭龄见到一位女工工作甚为勤奋，而背上还背着一个婴儿，颇受感动，当即对该厂厂长说：“我建议，应该在厂内建立一个公共育婴室，把后勤搞上去。”厂长点点头，表示赞许。

……

宋霭龄等人的成都之行引起了强烈的反响。一名外国通讯社记者说：“在成都之行以前，我一点也不欣赏这几个女人。对于我们来讲，在旅行中，住小旅馆是习以为常的事，臭虫和飞机声都没什么。但是绝难想象孔夫人那样的人也能对此怡然自得。在成都的一次空袭中，她们不顾旅途劳顿，微笑着出现在大家面前，真是精力过人。连我们之中最强壮的人都不太吃得消空袭，她们却好像没事一样。”国民党中央通讯社也在一些报道中称誉宋霭龄“对工业合作社素具热忱，故此次视察尤堪注意”，“孔夫人之热心赞助尤为合作事业发展之主动力量”，“合作事业得有今日之成绩”，宋霭龄等“皆有力焉”。

由于“工合”适应了战时经济发展需要，不但得到了国内各方的支持，而且也得到了国际上的赞助，发展非常迅速。“工合”组织几乎遍及整个大后方，甚至深入到了敌占区和游击区。1941 年 11 月 15 日，孔祥熙在重庆做《中国工业合作运动之现在与未来》的演说，对三年来的“工合”运动做了总结。他说：

“工业合作运动，在国内普遍发展，迄今不过三载”，“已获初步成功。三年以来，在 16 省地区内，设立合作社近 2000 个，动员失业工人、荣誉军民及难民达15万之多，皆使其参加战时生产工业。每月生产总额逾2000万元，产品种类达百十余种，举凡军需民用之物品，已样样俱全。”

1942年，国民党政府却因“工合”与积极坚持抗战的中国共产党合作而不满，竟不顾许多人的反对而宣布停止提供给“工合”经费，一些“工合”领导人遭到迫害，“工合”运动受到了极大的挫折。到抗战胜利前夕，曾经轰动一时并得到了像宋霭龄、孔祥熙、宋美龄等国民党显赫人物支持的“工合”事业，除了解放区外，已名存实亡了。

从今天时代发展来看，“工合”运动为中国的工业发展奠定了基础。

宋霭龄是功不可没的。

第十六章
子女风波

警察仰面倒地，殷红的鲜血汩汩流出，登时一命呜呼。孔二小姐理直气壮：“光天化日之下他动手动脚调戏我，为了保护我的清白，这是正当防卫！”

——题记

一

由于宋霭龄夫妻只顾了事业和挣钱，而疏于子女的管教，“耳光风波”不久又发生“子女风波”。孔祥熙、宋霭龄都是吃过洋面包的，因此给四个孩子都另起了洋名字，在家庭范围内使用。孔令侃的洋名叫戴维，令仪叫罗莎蒙黛，令俊叫珍妮特，令杰叫路易斯。由于孔祥熙身居要职，教育子女的责任，自然是做母亲的宋霭龄多多承担了。

孔令俊小的时候，与别的孩子并没有明显的不同。她第一次上幼儿园时，对带她离家的仆人又踢又咬，表示她的抗议。到了那里，老师费了很大劲才使她安静下来。当问她名字的时候，她羞怯地说：“妹妹。”其他的孩子都笑了起来。老师继续和颜悦色地说：“这是家里人对你的称呼。想想看，还有没有其他的名字？”她踌躇了一会儿，忽然想起了曾经听到过的一个名字，于是赶紧说：“令仪。”令仪嚷了起来：“这是我的名字。”令俊感到伤了她的自尊心，眼泪一下子涌了出来。不一会儿她想起了反驳的理由：“难道我借一个名字都不行吗？”

宋霭龄在教育孩子上有一套自己的理论。她认为树大自然直，不必让他们从小就受太多的约束。让他们自由发展，想干的事情就鼓励，想要的东西就满足，更容易培养他们的自信心和行动能力。

有一天吃完正餐，仆人端上一盘雪梨。孔祥熙要求孩子们按顺序从上面开始拿，不许拣好的抢。盘子端到老大面前时，令侃看到最上面是一个带疤的梨，他缩回手说：“谢谢，今天我不想吃梨。”轮到令仪，她毫无怨言地拿起那个疤梨。当盘子转了一圈，放回桌子上时，盘子里只剩下一个又大又好的梨了。这时令侃说：“我想我还是应该吃点水果。”说着就毫无愧色地拿起大梨削皮。其他孩子识破了他的花招，一齐嚷了起来：“戴维骗人，不害羞，不害羞！”但宋霭龄却笑了，她说：“戴维的行为虽然不够好，但他注意运用策略达到目的。嗯，你们以后遇事不妨多动动脑筋！”

在这样的环境下，有的孩子并没有按照宋霭龄的设想发展，而是渐渐显露出一种扭曲和乖张。

孩子们住在上海，不时被宋美龄接到南京玩耍。有一次蒋介石正在召开一个重要会议，忽听上面阳台上一阵吵嚷，急忙赶去察看，原来是令侃、令俊发生争执。孔令侃抢先告状说：“她打我，你得替我打她，要不我可要自己动手了！”蒋介石看了看兄妹俩，便教训起令侃来：“你的个头和年龄都比妹妹大，又是男孩子，怎么可能被她打了？嗯？你如果胆敢再欺负妹妹，看我不狠狠揍你。嗯？”两个孩子都不吭声了，蒋介石背起双手往回走。他很为自己明察善断的才能而得意。但他走到门口偶然一回头时，却看见令俊正一手顶住令侃的脖子，另一只手抓着令侃的手放到嘴里咬，作为对他刚才告状的报复。而令侃害怕蒋介石再来主持公道，竟不敢再叫嚷了。

孔令俊到了学校，对课本上的知识毫无兴趣，成绩常常是班上的倒数第一，但她自有办法。期末放假的时候，孔令俊攥着成绩通知单闯进了老师的办公室：“老师，我的成绩填错了！”50多岁的先生透过老式花镜片注视着她涨红的脸，疑惑地接过被揉皱的通知单，仔细看了一遍，又翻出考卷一一核对：“没错呀！你看……”“好！这可是你教出来的成绩！”孔令俊气呼呼扭头要走，这一下老先生才回过神来。是呀！子不教，父之过；苟不学，师之惰。以孔家的权势，人家要是不满意，还有我这个穷教书匠吃饭的地方吗？

“慢走，令俊。你说怎么办呢？”孔令俊把成绩单一把撕碎，扔进纸篓里：“我不知道！”老先生摇着头，哼哼唧唧念叨着：“都怪我，都怪我，填错了，填错了。”说着找出一张空白成绩单，重新一一填过，四门功课一共加了137分。第二天，孔令俊把137元钱放到了老师桌上，说是家里给教师的谢仪。老先生收不是，不收也不是。他把此事说给同行听，别的老师说："管她呢，分又不是你家的，多送她点怕什么？"老先生说："分要是我家的倒好了，天天送她几百分，也好换几个钱养家糊口啊！唉，这算什么事嘛！"

别看孔令俊学习成绩不行，却是班上的帮头领袖，不论男孩女孩，都得听她编派。一年秋天，班上转来个男孩，名叫黑虎，长得人高马大，黑粗黑粗的，据说是北方某军阀的宝贝儿子。开始这小子一口北方土话，常被上海滩上的假洋崽们学舌戏弄。几架打下来，他确立了自己的小霸主地位。几个赖小子，便情愿做了他的小喽啰，帮虎吃食，起哄取闹。孔令俊眼看自己的地位发生动摇，就开始寻找机会。有天上完体育课，这黑虎余兴未尽，在操场上嘿嘿招呼起一群人，喷着唾沫星子说："爬单杠、跳木马，那算什么？爷们会武，给你们露点真功夫！"说着往中间一站，左右手在腰间啪啪一拍，摆开架势，来了套通臂拳。腾挪闪耀，双拳呼呼生风，果然有些招数。那帮小喽啰起劲喝彩叫好，别的同学也看得直了眼。孔令俊抱胸看了一会儿，瞅出了名堂，慢慢挨了过去。趁张黑虎向前冲拳的当口，孔令俊一步跳过去，右脚在底下一勾，左手在背后一推，把个张黑虎顺势嘴啃泥摔出去五六步远。这小子爬起来刚要发作，一看是孔令俊，咧嘴一笑，摆出一副男子汉大丈夫架势："得得得，鸡不跟狗斗，男不跟女斗，算啦算啦！"几个小喽啰"噢"的一声起哄。不料这一下反激恼了孔令俊，她从鼻子里哼出一句："你会五（武），我会六，本小姐今天就要教训教训你！"说着左脚尖一踢，一股沙子直朝对方面门飞去。张黑虎不曾防备，迷了眼还灌了一嘴。这一下他可真火了，他揉揉眼，"呸呸"吐了两口，双脚点地，旱地拔葱，飞起身脑袋直朝孔令俊撞过来。孔令俊侧身闪过头部，一把抓住了他的后腰带，接着伸出另一只手从肚皮底下一抱，借着他冲过来的惯性，原地旋转一圈，然后“呼”地把他甩出去丈把远。孔令俊在家有武师点拨，学了些防身格斗的技艺，这一手叫做“四两拨千斤”，可把这小子摔蒙了。张黑虎的几个小喽啰一下傻了眼，没想到一个女同学还有这一手。其他同学可来了神，这等于看不花钱的惊险片，一时间叽叽喳喳，又喊又叫。

张黑虎恼羞成怒，“噌”地从靴子里拔出一柄寒光闪闪的匕首，就要往上扑。孔令俊并无惧色，竟不知从哪里摸出一支精巧的勃朗宁小手枪：“怎么，要动家伙？”随手一甩，“啪”，刚落到屋脊上的一只白鸽子，顺着瓦楞骨碌碌滚了下来。这时早有人去叫来了体育老师，一场风波才告平息。

这次孔令俊是亲自出马，大打出手，挫了张黑虎的威风。而她更拿手的，是暗中挑拨那些男同学互相斗殴。她薄薄的红唇之间，有妖风鬼气，能挟雷带电，只要在这个面前扭扭腰肢，咬咬耳朵，在那个面前挤挤眉眼，来几句酸话，就会像一根马鬃，拨弄了两只蟋蟀，很快出现一个头破血流的场面。别人斗得像水牛顶角，她却笑得拍手跳脚。事后这些人明知上了当，过两天她一下蛆，又把那些半大小子撩得昏头昏脑，不顾死活地拼起来。

孔令俊年纪稍大，不愿做红粉裙钗，便穿起男装来。有时着西装、戴礼帽，有时中山服白内衣，怪模怪样的。对她的穿扮行事，世间议论纷纷。宋霭龄听到耳里，看在眼中，待想制定一套规矩进行约束时，孔令俊已像出窑的瓦罐——定型了。成天把孔孟之道和基督教义挂在嘴上的孔祥熙、宋霭龄，对二女儿的乖张行为，只能大眼瞪小眼，听之任之了。

二

1935年4月，意大利艺术团访华，在南京新街口闹市区一家豪华剧场举行首场演出。不少军政要员、文化名流前往观看，高级轿车一辆接一辆疾驰而来。一些市民也争相购票一饱眼福，卖水果、瓜子、冰棒、晚报的小贩，乘机涌到附近，招徕生意，原本繁华之地，这一下人来车往，更显得热闹非凡。

一家水果摊前突然发生争吵，继而拳脚相向。瞧热闹的人们一拥而上，围了个密密匝匝。一些痞子架秧子起哄，两个当事者怕栽面子，像斗架的公鸡，你进我退，一会儿打到了路中间。围观的人群跟着移动，把马路堵了个水泄不通，来往的车辆都被卡死，顿时秩序大乱。

两名年轻的交通警察急忙跑来，驱赶占据了道路的人群。正在这时，一辆银灰色雪佛兰轿车从鼓楼方向疾驰而来。驾车人一看长长的车龙，大发脾气，一手按住汽车喇叭久久不放，尖厉刺耳的笛声长鸣不绝。正在赶人的交通警察被喇叭声催恼了，正想过去申斥，不想这辆车却开上人行道，向前闯来，行人小贩见这车来势汹汹，吓得四散躲避。警察迎面跑来，拿出指挥棒拦车。这车哪里肯听，竟拱着警察的身子，逼得警察大步后退。

警察急了，吹起警笛，附近的警察一齐跑来，才算把车拦住。

车门“砰”地推开，跳下个十六七岁的白净小伙儿。只见他身穿法兰绒夹袍，歪戴着礼帽，一脸的怒气，不等警察开口，先要开了脾气：“凭什么拦我的车，你们要干什么？”

跑来的警察气还没喘匀，一听这话气更大了：“干，干什么？你胆敢把车开上人行便道，懂不懂交通规则？”

“嗬——”开车人酸不溜溜，奶声奶气，“还交通规则！这么多车堵在这儿，我正要问你们是干什么吃的，怎么维护的交通规则？”

平时哪个司机见了警察不像老鼠见了猫，警察万没想到还有老鼠舔猫眼的，一时竟气得不知如何答对。呆了好一阵才结巴着说：“什，什么？好、好啊！你把车开、开上便道，还敢来指责我、我、我们!”

“你当我愿意走这便道，马路畅通我早开过去了!”

瞧热闹的人们早对两个市井无赖的揪头发扯领子失去了兴趣，看警察吵架更有味儿。说话间，这里已成了旋涡的中心，人们里三层外三层地围上来，一些年轻人甚至爬上了路边的树杈、围墙，有的人过去被警察教训过，大气不敢出，今天见一个小青年竟把警察逼问得头昏脑涨，特别开心。开车人只要一开口，就有人鼓掌、叫好、吹口哨，警察又羞又恼，转身对着人群怒吼:“再起哄抓起来!”

开车人不凉不酸:“能耐真不小，去抓呀，都抓起来嘛!”

后到的一个警察见这样斗嘴不妙，一步跨到开车人面前:“少啰嗦，把驾驶执照交出来!”

开车人把头一仰:“想要我的执照，没门! 闪开路让我过去!”说完抓住车门就要上车。

“你还想走? 把执照交出来!”警察疾言厉色，堵住了车门。

“哼! 也不撒泡尿照照你那嘴脸，跟我要这么大威风!”开车人有恃无恐。

人群中又一阵哄笑。警察急了:“你交不交执照?”说着上前抓住了开车人的左腕。

开车人满面通红，牙齿一咬:“好! 我给你!”说着右手“噌”地从腰间抽出一支手枪，对准警察胸口“当”地就是一枪。

警察仰面倒地，殷红的鲜血汩汩流出，登时一命呜呼。

围观者见出了人命，发声怪叫，一哄而散。驾车人怒犹未息，把枪一挥指住后边的警察:“谁还来要我的执照?”毕竟人命关天，凶手岂能放走。警察一齐拔出家伙，把驾车人带进了局子。局长亲自出面，拍桌子瞪眼:“哪来的狂徒，竟敢当众杀害警察?”

凶手理直气壮:“光天化日之下他动手动脚调戏我，为了保护我的清白，这是正当防卫!”

“哈哈——”警察局长狰狞怪笑，“他‘调戏’你？让我来看看你是哪个庙里的观音？”

警察局长说着就要伸手：“别动！”只听凶手一声断喝，“唰”地一把撕开外罩，露出衬衣紧裹的两个鼓囊囊的乳峰，把胸脯一拍，“怎么，难道你也要来占本小姐的便宜？”

警察局长手停在半空，目瞪口呆。跟来的警察也惊得张大嘴巴，活似木偶泥胎。

局长忽然转身指着跟来的警察：“浑蛋！她是女的，你们为什么不早说？”

一个警察居然下意识地发出反问：“怎么，她是女的？”

凶手把驾驶执照掏出来，“啪”地拍到桌子上：“瞎了你们的狗眼，自己看去！”

警察局长打开执照，照片下面清清楚楚地印着：

姓名：孔令俊

性别：女

出生年月：1919. 8

千真万确，面前这一身男装打扮的白净小伙儿，就是初出茅庐的孔二小姐。她今天并不是去看什么演出，而是自 13 岁学会开车，就养成了驾车兜风的习惯。她那傲慢不驯的性格，仿佛只有在天马行空般的驾车狂奔疾驰中，才感到一种舒展和宣泄。不想她初到南京，这里的警察还只知道车号“777”的孔令侃孔大公子是个无法无天的“惹不起”，并不知道还有比孔令侃更难剃的头，要不也不会闹出这么大的乱子。

孔二小姐指住警察局长的鼻子：“孔祥熙是我爸爸，蒋介石是我姨夫，你们今天这样对待我，是冲着孔院长、冲着蒋委员长来的，我要向行政院、向蒋委员长告你们！”

第十六章
子女风波

孔二小姐抓起桌上的电话要到家里，听到孔祥熙的声音，她“哇”地一声哭了，边哭边说：“爸，我被抓进警察局了，他们欺负我，快来救我呀！”

警察局长傻了。万万没有想到这竟是行政院副院长兼财政部长孔祥熙的千金，这下麻烦惹大了。更重要的是让她这一身男装给坑了，她要是早露出女儿面目，执勤的警察让她三分也就过去了，哪至于闹出人命？可如今她男女变幻，连自己也差点上当。俗话说，狗咬一口，入骨三分。她倚仗家里的权势，加上这女儿之身，倒打一耙，警察局这一盘输惨了……

听见孔二小姐在电话里哭诉，警察局长一步跳过去，赶快抢过电话说：“孔院长，刚才发生了一点误会，不过小姐她安然无恙。我们这就送她回家，请放心，请放心！”

年轻的警察秉公执勤，死于非命，还要背上一口黑锅。杀人凶手轻易脱逃，依然优哉游哉。死者家属呼天抢地，捧着警察的血衣在街头要告她状。在现场目睹事情经过的几个警察，可不像头顶乌纱的头头脑脑们那么惧怕权势，他们向新闻界披露了案情真相。整个南京城里的警察愤怒了，他们采取一致行动，全部罢岗，强烈要求保护死者名誉，严惩杀人凶手。

事情闹大了，当局派人做了几个月的调查，最后公布的结果是：手枪走火，误伤人命。由孔家出钱给被打死的警察在清凉山造了座坟墓，赔了死者家属1.5万元，便算了账。

打死一个警察，孔二小姐毫毛未损，反而因此声名大震。南京城里，孔二小姐代替了大灰狼，不论哭闹多凶的孩子，只要说：再闹，孔二小姐来了！孩子马上吓得屏声敛气；孔二小姐代替了丧门星，两人反目成仇，最厉害的咒语是：你不要神气，出门叫你碰上孔二小姐！

三

一天，四川军阀范绍增家来了位戴宽边眼镜的林先生，他带来一批战时很难弄到的礼品。林先生说，这是政府中某部长的一点心意，请范绍增笑纳。范绍增心想，自己与这位部长并无深交，送这么贵重的礼物，必是要借助自己的部队保护什么走私活动。于是拍着胸脯保证："部长那里有什么吩咐，只管说来，用兵用枪，一句话。只要在咱这一亩三分地上，保证他的绝对安全！"

林先生呵呵一笑："范将军，实不相瞒，部长那里确有一事相求。不过不是请你唱武生，而是请你演文戏，扮红娘。"

"扮红娘？"范绍增一时丈二和尚摸不着头脑。

"是啊！"林先生清清嗓子，"部长的公子最近从美国学成归来，攻的是政法专业。蒋委员长前天刚接见过，颇有嘉奖之辞，看来日后鹏程万里啊！而且这公子生得凛凛一躯，堂堂仪表，盘子靓得很呢！公子的婚姻大事目下尚未解决，到府里提亲的人倒不少，虽说都是名门望族的大家闺秀，但公子皆不中意。原来他早就属意于孔府的二小姐，只恨无人牵线。范将军如能作伐，玉成好事，部长一家上下感恩不浅哩！"

范绍增听到这里，不由哈哈大笑。笑声中既有阴阳怪气，又有些意味深长，把个姓林的笑得满腹狐疑。

"范将军，难道……是过于唐突了吗？"

"不不不！"范绍增把手摆得像拨浪鼓，"我当什么大事，这种儿女姻亲，部长与孔院长乃一殿之臣，何不当面自己去谈，跑来找我岂不舍近求远了吗？再者范某丘八粗鲁之辈，怕是谋非其人吧？啊？"

第十六章
子女风波

“不然！”林先生听到这里，悬着的心才放下，“儿女姻亲，实乃人生第一大事，所以才敢求范公出面。这也有个原委，好在咱是门里说话，这样的事，孔老爹是不做主的，必得请您与孔夫人商量，才有准信儿。”

范绍增听到这儿，不得不掏几句实心话：“林兄，既然部长这么抬举范某，我一定尽心就是。只不过孔二小姐这个人，行为古怪，性情偏执，恐怕未必是如意佳人。事情即便办成，日后那夫妻之间，婆媳之间——”

“这倒不必多虑！人是他们选的，又不是咱赶着他撺掇的，日后关系吗，让他们自己调和去，怎样？难道咱做媒还管他一生一世吗？”

范绍增明白了，对孔二小姐的种种乖张行为，这位部长大人决非无闻，所以要赶这门亲事，无非是看中了孔家的权势和财富，想借此加入孔宋蒋这个裙带关系网，升官发财而已。范绍增心里明白，嘴上却不能说破。人家重礼相托，办成办不成，少不得要走一趟。

范绍增与孔祥熙有通家之好，进孔家登堂入室轻而易举。他见了孔祥熙说明来意，老孔摆着手，操着满带老陈醋味的土话道：“这个这个，儿女之事，俄是不大过问的，你还是去找夫人谈谈吧。”这番情景，范绍增早就在意料之中，只不过按照礼仪得先跟老孔讲过罢了。

宋霭龄听说范绍增为令俊婚事而来，先自皱了眉头，半天不吭一声。儿女的婚姻叫她伤透了脑筋，先是大女儿令仪，不听父母之言，闹了那么大风波，还是远走美国，嫁了个音乐指挥的儿子，使自己墩屁股擦脸，无可奈何。接着是大儿子令侃，风流事闹得更加离谱。原来这令侃自美国留学归来，被孔祥熙任命为财政部特务秘书。这官衔是孔祥熙独创的，官制上从来没有过，谁都说不清他的本职是什么。结果职权无定，不论什么事，他想管就可以插手。后来成立中央信托局，孔祥熙兼任理事长，又由孔令侃任常务理事。中央信托局撤到香港后，就由孔令侃代行理事长职权。中信局一方面抢运先前订购的军火，一方面又续订飞机、枪支、弹药，这就给了孔令侃发财的机会。他还可以利用香港自由商港的便利，搞私人进口买卖。孔令侃成了小财神，就有人在他身上下工夫。当时孔令侃住在九龙，在香港办公，盛频臣就邀他每天到自己家中午餐午睡，以图讨孔令侃欢心以分肥。后来孔令侃秘密使用电台被英方侦破，人台并获，由法庭判决驱逐离港。孔令侃跑往菲律宾时，居然带了盛频臣的妻子一同前往，在那里过起了夫妻生活。拐带别人的妻子在孔家这样的家庭里就够丢丑了，可更荒唐的是那个女人还比孔令侃大了十几岁。这样的婚姻叫孔祥熙、宋霭龄既无从反对又无法承认，真是伤透了脑筋。

憋了半天，宋霭龄长叹一声才开口："珍妮特的事我也做不了主。她的心思我摸不透，不如你直接找她谈谈。"宋霭龄居然这么说，倒有点出乎范绍增意料，他预感到事情难度不小，不由心中有些发虚。但既然到这份上，是好是歹，只得硬着头皮试探试探了。

若说那位部长大人，此事托到范绍增，也真是眼力到家了。若换了第二个人，断没有勇气和面子敢就这事去找孔令俊。一般人跟她打招呼都得小心，她平素不让人叫她小姐，自称是"二先生"，别人就得称呼她"二先生"，若是叫错了，她也不管你面子下来下不来，立即给你个晌午瞧日头——南看（难堪）；手下人一个耳光子能清账，还算是便宜的。唯独范绍增能够直呼其名。正是凭着这一层，范绍增才敢叩开孔令俊闺房的绣门。

孔令俊依旧是一身男士打扮，抱着她的一条宝贝狗儿寻开心。范绍增别看是一介武夫，却颇有心机。他先从天气、时局之类扯起，兜了一大圈子，才扯到最近一批留学归国人员，其中一位贵公子，如何才华横溢，相貌魁伟……没承想尚未入题，孔令俊早猜透了他的来意，呵呵一阵冷笑说："范大将军，来给我保媒是不是？我告诉你，孔令俊早已对天发誓，此生决不嫁人，不论他文的武的、洋的土的、丑的俊的、憨的精的，一律不见也不听。你叫那些王八蛋，趁早死了这个心，别拿这事打扰我，如果谁家有漂亮女子，送来嫁给我倒是正经。"

范绍增一下傻了眼，他只估计这事有难度，却未想到拧这么大弯儿。范绍增一时回不过神儿来，陪着干笑几声说："嘿嘿嘿，小姐你尽说笑话，要是这个不对脾气，叔叔以后再给你看家合适的。"

"还看什么合适的？现放着合适的你怎么不提啊？"孔令俊依旧一脸不阴不阳的神气。

范绍增一听有合适的，兴致来了："令俊，快说，是谁家，只要你看上的，我一定给你办成！"

孔令俊一脸矜持："现放着你家里就有一位，只怕你当做心头肉，舍不得哟！"

范绍增大吃一惊，二小姐怎么会看上自己家里的人？他像过电影一样，急速把兄弟子侄一个个滤了一遍，然后苦笑着摇摇头："不对，不对。"

孔令俊腾地站起："什么不对？舍不得就别充这个好人。噢——'只要你看上的'——得了吧！"

范绍增瞪着惊疑的眼睛，一脸茫然："那就别让我猜谜了，你快说是哪一位？"

"装什么糊涂，邓姨太嘛！"孔令俊说完，把身边的狗猛踢一脚，狗"汪"的一声跑出去了，孔令俊也跟着踱出了屋。范绍增脑袋"嗡"地一下大了。邓姨太，她要邓姨太？

他倒是听说过有同性恋的事，但那都被看做是神经病，说是性压抑、性饥渴造成的畸形变态。一个堂堂孔府千金，她怎么会染上这种病？再说那是非常丢人现眼的事，怎么还敢明目张胆地搞？唉，这些先撂下，问题是眼下怎么办？不管怎么说，现在她把人提出来了，怎么办，怎么办？却说这邓姨太年龄 20 上下，一身嫩肉一身风骚，他老范也不知花了多少心机多少财宝才弄到手，这可是他的压寨之宝。自从得了这个邓姨太，范绍增才真正领略了女人的风味，使他觉得自己都一下子年轻了十几岁。现在要他拱手让出，这不等于剜他心肝吗？要是换个人打他邓姨太的主意，他会立即把枪掏出来，就是打一场战争也在所不惜！范绍增心里酸味苦味交织在一起，久久理不出个头绪。

墙上自鸣金钟“当”的一声响，范绍增激灵一下回过神儿来。他打量着孔二小姐室内的陈设，心里慢慢透出亮来，别人为什么赶着巴结攀亲？还不是因为孔家的权势财富！你爬着赶着，人家眼皮都不抬，还不是鸟招没有？如今既然自己有这个机会，何不来个顺水推舟？今天让出一个邓姨太，得到的好处说不定能再弄几个邓姨太……

孔令俊又回到室内，看范绍增还埋在沙发里，酸不溜溜地说：“哎呀呀，范大将军，别像个落窝鸡似的难受了！‘君子不夺他人之所爱’，算啦算啦！”

“不！”范绍增终于下了决心，“既然你喜欢她，我一定成全你们。今天我先回去打个招呼，什么时候接人由你定！”

“呵呵呵呵，范叔叔，难得你会体贴人，我领情了！我也不在乎一天半天，你再好好受用一个晚上，明天我去接人。送客！”

范绍增也不知道自己怎么到的家，一路上只是臭骂姓林的，给自己招来这么大晦气；同时也嘲骂自己，千古以来哪有这样做媒的，人家的姑娘没说来，反把自己老婆赔进去，这事传出去，岂不是天大个笑话！可为了权势富贵，这些都顾不得了。

第二天，孔令俊果然把邓姨太接走，住在了南温泉别墅。一个大姑娘，一个姨太太，做起了干夫妻。这两人倒也如鱼得水，如胶似漆，比那一般少年夫妇还要亲密十分。

也许是情太浓、孽太深，不久邓姨太竟重病染身，一命呜呼。孔二小姐又遇上了第三战区司令长官顾祝同驻重庆办事处处长庞某的葛太太。这位葛太太同样身段苗条，楚楚动人，与孔二小姐又是前世有缘，一见钟情。孔二小姐故技重演，又把葛太太“娶”了过来，两人住在孔祥熙早年创办的祥记公司里，同衾共枕，出双入对。孔二小姐让上上下下的人称呼自己“总经理”，称呼葛为“太太”，好像还真是那么一回事。

四

别看孔二小姐经常受到一些人的非议，但却受到了一个人的特别赏识，这就是旧中国的“第一夫人”，号称“东方一枝花”的宋美龄。宋美龄早年同两个姐姐宋霭龄、宋庆龄一样留学美国，受到西方新潮思想教育，未结婚就做了输卵管结扎手术，因此同蒋介石结婚后一直不曾生育孩子。不生孩子大概是为了少受拖累，以便有更多时间为她的事业奔走操劳，当然不生孩子不见得不爱孩子，不见得不需要孩子。但宋美龄偏偏喜欢孔令俊，却很令一些人费解。

孔二小姐由于经常地不男不女，阴阳错位，行事乖张，蒋介石对她很不喜欢，蒋经国也有点看不上她，但这并不影响宋美龄对她的喜爱。宋美龄嫌当姨娘还不够亲密，干脆让她改口叫“干妈”，收下一个不伦不类的干女儿。

宋美龄收孔二小姐做干女儿，当然并不是因为她的那些乖张行为，而是有着深远的考虑。宋美龄现在年轻貌美，颇受蒋介石宠爱；在美国有一大批掌权的朋友，可做外援；善于和蒋介石手下的军官打交道，很受他们尊崇，日子自然好过。但年老色衰之后，蒋介石会怎样？太子蒋经国势力一天天增长，二人之间的明争暗斗日趋激烈，宋美龄不能不早做安排。

蒋经国只比宋美龄小 9 岁，他对宋美龄从无好感。他在苏联留学时，就常在报纸上发表文章，骂宋美龄是“美女蛇”、“狐狸精”，说她靠色相迷了他老爹，使他生母毛氏遭蒋遗弃。回国以后，虽经蒋介石劝说，不与宋美龄当面顶撞，但是夺母之恨加上怕宋美龄抢走老蒋继承人的宝座，却使他与宋面和心不和，当面“我的妈”，背后“他妈的”。宋美龄在感情上需要一个贴心的下辈人，以排遣某种孤寂，一些私事也需要特别可靠的人帮助料理。看蒋经国那种咄咄逼人的姿态，一般性格的人必然要被他挤垮。而亲属之中只有孔二小姐办事干练，天不怕地不怕，才足以和蒋经国相抗衡。所以宋美龄认这个干女儿，实在是颇具眼力的。

宋美龄既收孔二小姐做干女儿，就免不了要带她抛头露面，参加一些重要活动。孔二小姐虽说模样清秀，大庭广众之下敢说敢笑，拿得起放得下，可她不肯读书，总是气质上有一层欠缺。宋美龄经常给她讲些读书才能开阔眼界，增强力量，受人敬重之类的话。孔二小姐绝顶聪明，几次讲过，早已会知干妈的用意。

一天，孔二小姐弄来一身学生装，在镜子跟前照来照去。恰好副官进来，孔二小姐立即指着他问：“你快说，我像不像个大学生？”副官一时莫名其妙，后来看她今天不像往日那样要讪谤学者的架势，连忙顺竿爬，给孔二小姐戴高帽说：“像，像！嗯，不像个毛头毛脚的大学生，倒像个学富五车的大博士呢！”

“什么？你说我像个博士？”孔二小姐顿时喜形于色，“那好，你快去给我弄一张博士文凭，我重重有赏。”

副官只当是逢场作戏，随意奉承，哪知孔二小姐当了真，交下这么个差事，副官明知自己没有这个神通，不敢答应，又不敢不答应，支支吾吾连忙走开。

第十六章
子女风波

过了几天，孔二小姐又追问起文凭的事，副官这才知道真是烧香惹了鬼上门。只好去活动宋霭龄的梳头姨娘，请她向宋霭龄求情，说自己办不了这个事。谁知宋霭龄听了倒十分高兴，过去为让她读书费了多少劲都不行，难得她现在自己愿意读书，这还不好吗？宋霭龄请梳头姨娘转告副官，请她放心，这事自己来办。

正当宋霭龄琢磨送令俊到哪里就读时，美国圣约翰大学教授武道来到重庆。一天武道来孔府拜访，宋霭龄就顺便谈起要送二小姐到美国读书的事。哪知孔二小姐听了当场就嚷起来："我要的是文凭！谁耐烦跑那么远去念什么鬼书！"宋霭龄觉得在洋人面前有失体面，急忙喝止她。孔二小姐哪里肯听，继续嚷道："我可把话先说明了，你们要有本事，就给我弄一张文凭来；没那个本事就拉倒！把我弄外国念书，那儿有什么好吃的，有什么好玩的？"

二小姐耍开了脾气，宋霭龄只有叹气。不想武道却有满脑袋花花点子，他连叫"OK，OK！"接着献上一计，说二小姐并不必远涉重洋到美国就读，可以在重庆找几个老师，算是圣约翰大学的特约教授，就在孔府给二小姐上课，读满一定的学分就算毕业。宋霭龄和孔二小姐听了，都喜出望外，要武道立即去办。

武道见对方有兴趣，立即缩了回去："这个还只是我个人的想法，究竟行不行还得校长定夺。再说招聘特约教授还有财务上的问题……"

宋霭龄一听就明白，不注油机器不转。她立即签下一张支票，交给武道，托他抓紧同校长联系，同时物色教授人选。

孔家既肯花钱，武道事情也就办得顺手。不久，武道找了留美获得博士衔的几个人，有哈佛大学毕业的王六照，康奈尔大学毕业的邓辉，还有任中央银行国库局局长的夏普熊，武道自己也算一个。这样，在重庆的孔公馆，美国圣约翰大学分校就敲锣开场了。学生嘛，就是孔二小姐这一个高才生。每次上课，说是一小时，实际讲不了十分钟孔二小姐就反客为主，开始提问了，什么美国人吃什么、玩什么等等，教授们也乐得轻松，就陪她云里雾里神聊一通。这样混了一年，圣约翰大学的毕业文凭就给孔二小姐拿到手了。

从此，孔二小姐掏出来的名片上，便有了“美国圣约翰大学经济学硕士”的头衔。

孔二小姐有了学位，就俨然一个大知识分子了，宋美龄不仅带她在国内四处周游，还带她出使美国，名正言顺地代表国家当起使者来了。

抗日战争正在紧要关头，宋美龄组团到美国争取援助。她走进美国白宫总统办公室，一声“哈啰”，罗斯福总统坐着轮椅迎了过来。罗斯福同宋美龄握手，热情寒暄，孔二小姐在一旁看着看着，竟“呵呵呵”地笑出声来，越笑越不能自已，干脆猫下腰揉起肚子来。在这种庄严的外交场合，这是十分失礼的。一下子在场人的目光都转向了她。美国官员们顿显狼狈，紧张地巡视室内一切，寻找是什么布置失当，引中国代表团发笑。罗斯福瞪大眼睛，迷惑不解。在场的人都甚为尴尬，不知究竟发生了什么事情。

原来孔二小姐从小就被宋霭龄、宋美龄灌输了一脑子美国富有伟大的概念，在她心里，美国总统该是一位威武雄壮的巨子。所以当她看到罗斯福这位因患小儿麻痹后遗症而下肢行动不便的总统时，孔二小姐心生怪想，难道美国没人了吗？怎么选一个残废来当堂堂大总统？这位总统怎么像医院里的伤兵？她顺着这个怪念头想下去，越想越好笑。伤兵——总统，总统——伤兵！谁打伤的呢？

干妈竟来向这个伤兵要援助！他要有钱有兵，能让别人打伤吗？向伤兵要援助，这不等于向乞丐要饭吃吗？

孔二小姐越想越怪，终于憋不住，呵呵地笑起来。宋美龄挨到孔二小姐身边，低声呵斥。孔二小姐一抬头，注意到几乎所有的人都在盯着自己，知道闯祸了。但她脑子一转，毕竟他们并不知道自己笑的是这个残废总统，何不来个调虎离山。她顺手一指宋美龄后面中国翻译的脊背，乘机直起腰来，收敛了笑声。宋美龄更是机灵乖觉，赶紧就坡下驴，她没待其他人看清，迅速掏出绣花手帕，往翻译官的后肩头一盖，假装轻擦两下，咕哝了一句："瞧在车上蹭的！"美国官员看到孔二小姐笑的是中国代表团成员自己身上的东西，才松了一口气。

接着宋美龄赶紧面向罗斯福总统，拉过孔二小姐介绍说："这是我的孩子，她到美国来，一切都感到新鲜有趣，兴致勃勃。"

"噢——"罗斯福一把拉过孔二小姐端详起来。孔二小姐虽是二十三四岁的大姑娘，可由于一身男装，倒也真像个十六七岁的小男孩。罗斯福一时没辨出真假，抚摩着孔二小姐一双玉手，连声说："OK，OK！真是个可爱的小男孩子！"接着又转向宋美龄，"蒋夫人，在我眼里，连你也是个孩子哩。"说得在场的人都轻松地笑起来。罗斯福又提议，让摄影师为他们三人合影留念，这个小小的插曲才没酿成风波。

这次访美，宋美龄依靠她杰出的外交手腕，使美国人相信，日本一旦征服中国，世界力量对比将严重失衡，整个反法西斯战线将被撕开一个大口子，对美国的利益将构成极大威胁，从而从美国人手上讨来了15亿美元的援助。但是宋美龄当天从白宫出来，弄明白孔二小姐发笑的真实原因后，感到十分后怕。因为当时万一掩饰不好，羞恼了罗斯福，后果不堪设想。她心里暗下决心，下次再不能带这个"闯祸精"出国了。

五

广州陷入日军之手后，英国占领的香港虽然受到威胁，但似乎还有一时的安全，因为日本政府尚未向英国宣战。国民党政府的一批政治文化官员撤到了香港，孔二小姐随宋霭龄也到香港暂住。

1941 年 12 月，日本政府向美国珍珠港投下第一批炸弹的同时，向美国和英国宣战。这时香港只有英国、印度和加拿大各两个营的兵力守卫。日英两国一旦进入战争状态，失去广州屏蔽的香港就岌岌可危了。中国军队应英国的请求，试图收复广州，但是没有成功。日军从广州出发，去抢占这个英国统治下的自由商港。

危急！香港沦陷在即。为把那些重要的政治文化官员安全撤回，国民党政府从重庆派出数架飞机，直抵香港，执行撤退任务。什么人可以坐飞机，名单由各方面提出，蒋介石亲自核定，并且下了手谕。

飞机在九龙启德机场起飞降落，汽车轰鸣，人喊马叫，一片逃亡时的惊慌和混乱。

只剩飞往重庆的最后一班飞机了，而亟待撤走的人员中，还有“南天王”陈济棠、国民党中央委员陈策、《大公报》经理胡政之等。日军进攻的枪炮声已隐约可闻，空气里弥漫着硝烟的味道。这帮人等在机场，不时翘首仰望蓝天，盼望着飞机的早点出现。

这天的孔二小姐，威风凛凛，穿了一身黄绿色呢子军服，头戴大檐帽，脚蹬长筒皮靴，腰间武装带上，挂着勃朗宁手枪，而肩上则赫然佩戴着中校军衔。这军衔究竟何时何人所授，这班人这时候是没工夫没兴趣打听了，他们关心的只是飞机早点到来，逃命要紧。

谢天谢地！飞机总算来了。随着越来越大的嗡嗡声，远处天边的一个小白点逐渐变大，开始在机场上空盘旋。这是救星，这是菩萨，这是上帝！机场上信仰基督的也罢，信仰佛爷的也罢，他们这会儿就信仰这架飞机了。飞机，胜过无所不知、无所不能的上帝，飞机就是性命，飞机就是一切！机场上的人们，望着开始着陆的飞机，从心底里，从丹田里，同声发出兴奋的欢呼：啊——

第十六章
子女风波

飞机刚刚放下舷梯，孔家的随从、老妈子就一拥而上。一名工作人员拿出蒋介石的手谕要核对名单，被孔二小姐一把推开，自己把住了机舱口。

那名工作人员冷不防被孔二小姐一推，向后趔趄几步，差点摔个屁股墩地。他勃然大怒，又冲过来吼道："你、你想干什么？"

孔二小姐拿出了中校军官的威风，双手叉腰："这里的事不用你管！"

"什么？不用我管？我这是在执行公务，你懂不懂？"

"什么公务？"孔二小姐斜着眼，一脸冰凉。

"这是蒋委员长的手谕！"工作人员说到蒋委员长，"啪"地一个立正。孔二小姐依然叉腰挺腿，一副不屑一顾的样子。工作人员立正完毕，又接着说："我们的任务是，手谕上有姓名的，必须撤走；没姓名的，一个不能上飞机。"

"好了，这儿没你的事了！谁该坐飞机，谁不该坐飞机，我比你清楚。"

"你？你是什么人？"

"老天王大，我是王二！"

工作人员听这话说得不在行，"噌"地拔出手枪："你敢妨碍公务？"

孔二小姐一声冷笑："你不想活啦？"

这名工作人员仔细看时，只见孔二小姐一左一右两个全副武装的副官，早把黑洞洞的枪口指向了自己，她手上牵的一只大个子黄毛猎狗，更是龇牙咧嘴，跃跃欲扑。他虽有些心虚，但不甘心就这样罢休。一名机组人员生怕他们动武打坏了飞机，连自己也做了日军俘虏，急忙把那名工作人员拉开，附到他耳朵上低低说道："你不看同来的他们几个，人家早躲开啦，你犯什么傻？那是孔二小姐，惹不得呀！"

一听说是孔二小姐，工作人员一脑袋糨糊这才澄出汤来。孔二小姐的大名他当然早已如雷贯耳，南京开枪打死警察的事他还记忆犹新，怪不得同来的人一个不肯上前呢！他摸摸脑袋，幸好还在，"哼"了一声，也躲一边去了。孔家的随从们则进进出出，抬箱扛包，把一应金银细软、粗使家伙都一股脑儿地往上搬。胡政之、陈策几次想上飞机，都被金刚怒目的孔二小姐拦住了：

"等一下，没看见正搬东西吗？"

孔家的随从们把东西搬完了，机舱也差不多占满了。孔二小姐一挥手，喝令收梯关门。

陈策、胡政之再次上前，苦苦哀求："二小姐，就让我们上去吧！"

孔二小姐冷冷一笑："没地方了，等下一班吧！"

这是飞往重庆的最后一班飞机，人人心里明白。可是碰上孔二小姐，一个中央委员，一个大报经理，照样大眼瞪小眼，束手无策。

孔二小姐走进机舱，由副官带到留好的座位上，她像刚刚打完胜仗的将军，潇洒地往椅背上一靠，双眼一闭，要休息一会儿。突然，"汪"的一声，一只雪白的哈巴狗，从一个老妈子的身上奔下，跑到孔二小姐面前，把前爪搭在小姐膝上，拿头去怀里乱拱。

孔二小姐一看，这不是宝贝"雪儿"吗？刚才光顾着把门，把"雪儿"给忘了，急忙抱起来亲热一番。

要说这孔二小姐，和谁都没有长久的感情，甚至没有一时的真情，唯有两条狗，是她最喜爱而且始终不渝的伙伴。一是这条荷兰种的哈巴狗，一身雪白的长毛，蓝幽幽的眼睛，鲜红的舌头，取名"雪儿"，每日用牛奶梳洗，干净、伶俐，眠则同床，出则在怀；一是那条短毛大黄狗，德国纯种猎犬，凶猛异常，取名"黄雄"，是孔二小姐的忠实保镖。

孔二小姐抚弄着"雪儿"，又想起"黄雄"来，急忙回头寻找。

一看，“黄雄”正站在飞机的通道上，瞪着两只惊恐不安的眼睛，望着自己。

孔二小姐一想，这么长途的飞行，“黄雄”、“雪儿”没有地方安置怎么行？于是赶忙起来给它们寻找地方，可是看了一遍，机舱的座位早已满员。她一排一排地逐个审视，大都是自己家的副官、随从、老妈子，看着看着，她突然眼睛一亮，哈！有了！原来陈济棠开始就已经乘着混乱，挤上了飞机，和妻子莫秀英各占了一个座位。

孔二小姐立即命令副官，把陈济棠夫妇拉下飞机，给洋狗让出座位。

两名副官明知这事不妥，但二小姐有令，只好到陈济棠夫妇跟前传话。

陈济棠威严的目光在两名副官脸上盯了足有一分钟，然后“哼”了一声，把头扭过一边，安坐不动。

两名副官知道陈济棠的身份，他可不是那种无名之辈。当年陈济棠追随孙中山先生讨伐陈炯明，英勇善战，颇受孙先生赏识，北伐开始时已升任师长。1929 年他整编两广部队，任总指挥，成为独揽两广大权的实力人物，号称“南天王”。以后，他时而为蒋介石卖命，替蒋介石打阎锡山、冯玉祥；时而又拆蒋介石的台，领衔逼蒋介石下野。1936 年，陈济棠要求对日宣战，蒋介石不允，他一怒之下，发动了“两广事变”，自任抗日救国联军总司令，李宗仁还是他的副手。他调动军队北上，摆出一副蒋介石如不抗日，就先打蒋介石的姿态。蒋介石对陈济棠历来不敢怠慢，千方百计对他抚慰拉拢。这次陈济棠住在香港，蒋介石的手谕上特别点明要把他请到重庆，参加政府工作。想不到这样一位威名赫赫的人物，孔二小姐却要把他赶下飞机，给狗让座。陈济棠自然不肯听命。两名副官也自知不敢硬碰，传达完二小姐的话，见陈济棠不动，只好呆呆地站着，不敢造次。

飞机已经发动，眼看就要起飞，孔二小姐见两名副官完不成任务，几步跳过来，指着一名副官："去驾驶舱守住，没有我的命令，飞机不能起飞！"

副官乐得避开这种棘手的事儿，忙不迭走开了。孔二小姐指住陈济棠："喂，你们下去！"

陈济棠慢慢转过头来："干什么？"

孔二小姐嗓音一下子提高了八度："叫你下去就是下去，没看见我的狗还没座吗？"

莫秀英被孔二小姐蛮横无理、气势汹汹的劲头吓坏了，紧紧靠在陈济棠身上，浑身不住地颤抖。

陈济棠压住怒火，据理力争："二小姐，我可是委员长请去重庆的！"

孔二小姐怪声怪调："嗬——三张纸糊个驴头，好大的脸面呀！既然是委员长有请，你让他给你派架专机好啦！"

陈济棠放眼寻找援兵，他想请随机来接人的工作人员帮自己说话，可那些人刚才尝了孔二小姐的厉害，哪里还敢逞头？他们还怕孔二小姐发怒，连自己也给赶下去呢。这些人一个个把脑袋歪在座位里头，假装睡觉去了。

孔二小姐见陈济棠不动，拔出手枪，下了最后通牒："我说，你们是等着我叫人抬下去呢，还是等我放狗把你们咬下去？"

陈济棠虽说一世英雄，但在这架飞机上，却是光杆司令一条。看架势，孔二小姐可是说得出、做得出的。万般无奈，昔日的"南天王"只好扶着妻子，默默地下了飞机，把两个座位给狗让了出来。

看着这么个大人物被自己赶下飞机，孔二小姐开心大笑。她把两条狗放到座位上，给它们系好安全带，亲切地拍拍狗头："乖乖，好好坐着，咱们要回家了。"

飞机轰鸣着，滑过跑道，腾空而起。陈济棠、陈策、胡政之绝望地望着消逝的飞机，眼中滴下几行屈辱、悲怆的泪水，在日军越来越近的枪炮声中，各自想法逃生去了。

在重庆珊瑚坝机场，各家的接机人员焦灼不安地等待着。飞机来了，只见孔家的主仆一个接一个地走下飞机，接着搬箱子、扛包裹，最后连两条洋狗也从飞机上下来，被孔二小姐带走了。而其余各家要接的人员却连个影子也没有。他们一再打听，才从机组人员口中得知事情原委。

这些人又气又急，但谁能奈何得了孔二小姐呢？有人拼命活动，要求当局再派飞机，但消息已经传来，这架飞机起飞仅几个小时，日军即已攻占九龙机场。那班人的生死，只能听天由命了。

在《大公报》社内，消息传开，可把素有“无冕之王”称号的记者们气坏了。因为原总编张季鸾刚死，急等胡政之回来掌舵。他们事先多方努力，由蒋介石亲自确认，侍从室主任陈布雷做了保证，一定让胡政之坐这架飞机回来。结果是诺言、保证，抵不上孔二小姐一句话；经理、中委，不如孔家两条狗。新任总编王芸生急得号啕大哭。一连等了多天，胡政之仍是杳无音讯。

王芸生咽不下这口恶气，他冥思苦想，怎样才能混过国民党严格的新闻检查，把这桩黑幕披露于天下？恰在这时，国民党五届九中全会召开，会上通过了一项《增进行政效能，厉行法治制度，以修明政治》的议案。王芸生立即借题发挥，连夜写了一篇社论，巧妙地把孔二小姐的恶劣行径捅了出去。这篇社论的题目是《拥护修明政治案》，文中写道：“修明政治最要紧的一点就是肃官箴、儆官邪。譬如最近的太平洋战争爆发，逃难的飞机竟装来了箱笼、老妈子与洋狗，而多少应该内渡的人尚危悬海外。”

新闻检察官们还以为这是一篇唱赞歌的文章，而细心的读者却看出了名堂。报纸一出，顿时激起了各界爱国人士的愤怒情绪。重庆的几所大学立即串联，准备上街游行，后被特务侦悉，当局派出大批军警堵住校门，封锁路口，才算没闹起来。可是远在昆明的西南联大，在遵义的浙江大学，爱国师生却走上了街头。他们高举横幅，呼喊口号，抗议飞机接洋狗事件，反对政府中的腐败行为。消息传遍全国，一时群情激愤，众议汹汹。

国民党内与孔家有矛盾的一些派别，乘机煽风吹火，借此向孔祥熙开炮。孔祥熙、宋霭龄慌了手脚，四处活动，又打又拉，刚刚平稳一些，陈济棠、陈策、胡政之又相继回到重庆，他们召开记者招待会，揭露详细过程，述说逃难艰辛。他们被挤下飞机后九死一生的辛酸经历，又激起许多人的义愤。

原来，陈济棠这位昔日威震一方的“南天王”被孔二小姐的洋狗挤下飞机后，过度的屈辱曾使他想一死了之，多亏妻子莫秀英百般劝解，这才化装成商人模样，从大鹏湾偷渡回渝。谁知祸不单行，上去的竟是一条海盗的贼船，直到身上所有的钱被搜刮殆尽，才落得一条性命。陈策、胡政之被孔二小姐挡驾，根本没能迈上飞机。陈策也找了渔民的破木船渡海，虽没遇上海盗，却遇上大风，结果翻船落水，几乎葬身鱼腹，幸亏被人打捞救起。胡政之平素怕水，不敢去走海路，混在大批逃难的百姓当中，徒步跋涉，吃尽千辛万苦，从新界辗转到了广西，才回到重庆。

学生游行，党内攻击，加上三个人的现身说法，孔祥熙被搞得焦头烂额，不堪应付。他埋怨孔令俊几句，这位二小姐把脖子一梗，反而嚷道：“哼，不是我出力，那些东西能抢运回来？我要不厉害，说不定我们就得被挤下飞机，你以为那些人都是吃素的？都是菩萨心肠？你看我做得不对，把我交出去审判、枪毙好了，免得使你这个行政院长为难！”几句话噎得孔祥熙差点背过气去。

后来还是宋霭龄通过宋美龄，要蒋介石出面才解了围。蒋介石把陈济棠等人请去吃饭，进行抚慰，任命陈济棠为国民党中央常委、行政院农林部长，给陈策也升了官，给胡政之的《大公报》拨了一笔巨款。又传话给党内跳得高的几个人，不许再闹，这场风波才逐渐平息。

六

雾都重庆，难得有几个日朗天晴的日子。这日正值秋高气爽，艳阳高照，坐落于北碚郊区的北温泉公园，景色迷人。这里背靠缙云山，濒临嘉陵江，清泉飞瀑，熔岩深壑，万木葱茏，苍翠欲滴，自有一番天然胜景。又经历代能工巧匠苦心设计，依山傍水，因地辟园，人工建筑与自然风光浑然一体，相映生辉。大佛殿、铁瓦殿、关圣殿，斗拱飞檐，气势壮观。尤其是那一泓温泉，自流不息，热气蒸腾，观赏、游泳更是赏心乐事。这里游人如织，情侣双双，呢喃燕语；骚人结伴，吟诗作赋；流亡学生，苦中作乐，尽情享受着妙趣天成的人间美景。

忽然，山路上响起一阵“嘚嘚”的马蹄声。一匹赤骝火焰驹追风奔月般飞驰而来，两匹青骢马紧随其后。奔腾的骏马，满帆的航船，历来被视为最美的事物，加之马上一女二男衣着华艳，三匹快马映衬在山光水色之中，更给人一种心旷神怡、精神振奋的感觉。园里园外，游人纷纷驻足观看。

但当三匹马擦身而过的时候，路上的游人惊慌起来。先前远处欣赏的美感荡然无存，只剩下愤怒和诅咒。这马来势凶猛，横冲直撞，行人匆忙躲避，虽然侥幸没被踢翻，但马蹄溅起的泥水，已把衣服溅得斑斑点点。

三匹马渐近园门，为首的女子在马背上反而狠加一鞭，直冲而去。检票人刚想阻拦，一看来势凶猛，吓得忙躲过一边。三匹马飞驰到接引殿前，为首的女子一勒马缰，赤骝马“咴咴儿——”一声嘶叫，两条前腿悬空一阵乱刨，停了下来。三人下马，来到一座山石前，放眼看景。园门驰马，自公元5世纪建寺以来，这还是第一遭。游客们猜想定是哪家当朝权贵的浪子，远远避开，侧目而视。

他们猜得不错。这女子正是孔令俊孔二小姐。难得的是她今天倒穿了一身绛紫色西服套裙，露出了女儿面目。身后的两个男子，是她的武装马弁。

孔二小姐才不在乎游人的眼光，她要的就是我行我素。她掏出一方香香的真丝手帕，在鼻子底下挥来挥去。虽然面对的是喷涌的温泉，目光却在高高的缙云山顶上漫不经心地扫来扫去。

突然，一阵嘻嘻哈哈带着淫亵的笑声随风飘来，夹杂着一个女子愤怒的斥责声。孔二小姐平时对轻薄浪荡的公子哥儿们，就有一种天然的厌恶和反感，今天听到声音，她知道一定是哪位姑娘又遭到欺侮，似乎有一股打抱不平、仗义行侠的豪气在胸中陡然升起，她收起手帕，循声寻了过去。

转过一片树林，孔二小姐看到一个高挑个子、身穿米色凡而丁西装的青年，正在纠缠一位大学生模样的女孩子，旁边站着几个穿对襟褂子灯笼裤、腰里斜挎盒子枪的人。那小子对姑娘动手动脚，嘴里说着不三不四的浑话，引逗得那一干人浪笑不已。

姑娘左右躲闪着，一会儿怒斥，一会儿哀求，但那小子嬉皮笑脸，前阻后拦，不肯放过。远远近近已有不少人在围观，却没有一个人上前帮助姑娘。

孔二小姐慢慢踱到跟前，猛然出手抓住了小伙子托姑娘下巴的手腕，狠狠地说："光天化日之下，你不怕卖了吃饭的家伙儿?"

其实小伙子早注意到孔二小姐靠上来，不过他根本就没放在心上。他轻轻一转手腕挣脱出来，弓腰晃肩绕孔二小姐转了一圈，大拇指在鼻子上一抹说："美，美！这个姐儿们才够味儿，够份儿！"

原来的姑娘不知是还没反应过来还是不愿抛下相救的人，依然在原地没动。孔二小姐却是冷眉冷眼，抱胸叉腿，看这小子还有什么花招。

这小子说完见对方没反应，越发来了神儿。回头朝带来的人一挤眼：“嗯——这不就是一幅王什么勃的诗意图吗？嗯，怎么说来着？美人使秋光生色，公子之魂魄欲飞吧？啊？哈哈……”他酸溜溜的腔调使身后的人又是一阵怪笑。

孔二小姐依旧一动不动，这小子似乎更壮了胆：“嗯，怪不得出门时猫头鹰乱叫，原来少爷我今天有身得双美之艳遇啊！来来来，快给我和这两个漂亮妞儿来张合影照！”

这小子说着，把脖子上的照相机摘下来，递给身后一个人，转到孔二小姐和姑娘身后，双手就往两人肩上搭。

说时迟，那时快，孔二小姐乘他手伸上来的一刹那，突然出手，四个指头反扳住他的拇指，自己的拇指则在他手背上一顶，同时猛然用力一拧，这小子不曾防备，疼痛难忍，膝盖一软就往地上跪。恰在这时，照相机镁光灯一闪，竟拍下这么个镜头。孔二小姐的两个马弁，这时才开心大笑起来。

不过，对这小伙子来说，孔二小姐这手外翻腕擒拿效力并不大，他身体下蹲后立即把头一低，顺势一个前滚翻，被别住的手腕就在身后顺过劲来——正宗的解脱姿势！他被反扭的关节一旦摆顺，另一只手握成横拳，就向孔二小姐咽喉切来。孔二小姐眼疾手快，头向后一仰，飞脚就去踢他腋下。这小子立即横拳化掌，侧身去劈她膝关节。

几个回合下来，孔二小姐知道对方武艺高强，非自己所能取胜。她左腿向前一步，双拳向对方太阳穴夹击而去，待对方双臂上挺防护之际，她却二龙摆尾，收回双拳，一个后跳跃，与对方拉开了距离。

孔二小姐站定，立即向她的马弁下令：“给我把这个流氓野种抓起来!”两个马弁才待上前，对方几个人“呼啦”排开，个个横眉立目。

两个马弁不敢上前，孔二小姐急了，拔出枪来，朝天就是一枪，吼道：“还不动手，给我抓!”

对方见她掏枪，也不示弱，腰间“刷刷”拔出双枪，对上“当当当”就是三枪。接着命令他的随从：“给我把这个不识好歹的贱货抓起来!”对方欺这边人少，为首的又是女子，饿虎扑食一般就冲了过来。

孔二小姐推了姑娘一把，叫她快走，自己后退一步，手起一枪，就撂倒了最前面的一个。

对方见她真的开枪打人，吓得就地卧倒，拔枪还击。孔二小姐和两个马弁乘机隐身到石头后面，双方噼噼啪啪开起火来。好端端一座园林，顿时枪声大作，流弹横飞。原先围观瞧热闹的人，躲避不及，早有几个做了肉靶子，负伤挂彩。

被孔二小姐打倒的随从在地上哼哼呀呀，那高挑个子一挥手，其他人抬起受伤者就后撤。孔二小姐哪肯干休，带着两个人又追过来。

正追之间，忽听“哎哟”一声，一个马弁大腿上也中了一弹，跌倒在地。

孔二小姐再看对方，已经退到一座亭子下，藏身石墙后面，自己反而处在开阔地上，顾不得管那受伤者，又返身往回逃。那几个人却哇哇叫着，复追回来。

园内的枪声，惊动了附近的一排宪兵。他们不知是出现了土匪抢劫还是发现了日本间谍，急忙赶来助战。待到将双方隔离包围，排长一看大惊失色。原来一边是行政院长的千金孔二小姐，一边是云南省主席龙云的龙三公子。双方互不认识，也不曾通过姓名。排长赔笑向双方做了介绍，极力调停。

第十六章
子女风波

这一场枪战，孔二小姐和龙三公子各有一名随从负伤，还有好几个游客挂彩，而他们自己却安然无恙。

事情虽经调解平息，但孔二小姐却窝了一肚子气，因为这是她平生第一次感到自己非常有理，而又偏偏没占到上风。她回去向孔祥熙哭诉，要求严惩龙三公子。

孔祥熙听完情况，哼哼唧唧地说："不像话，大白天的，欺负姑娘。还开枪，嗯，不像话！"说完就没了下文。其实孔祥熙心里算盘早拨拉明白了。当时的龙云集云南军政大权于一身，号称"云南王"。他的滇军名义上归老蒋统一指挥，实际上却完全自行其是。日本鬼子要进云南他就打日本，中央军要进云南他就打中央军。蒋介石也只能对他进行安抚。孔祥熙虽是堂堂行政院长，但他要从国外运进战略物资和生活用品，这时只能靠云南通往国外的一条滇缅公路。对龙云巴结还来不及呢，哪能为这一点儿女小事去得罪他？尽管二小姐发怒发怨，死缠活磨，孔祥熙还是哼哼哈哈，把事情压下了。

孔二小姐当场没占到便宜，事后又无法报复，心中自是无限委屈。不过从这件事，她更明确了一条：在这个世界上，要想占上风，还得靠实力、靠后台，道理是全然没有用的。

第十七章

财界称雄

吴秘书醉了一天才醒来。他悔恨交加，一算时间，人家肯定早把库里的东西搬个一干二净，转移别处去了，二次再去定是空库一座，弄不好反被人家倒打一耙。再说自家也没有那个脸，这一趟招摇，这一番叮嘱，羞得他差一点举枪自毙。他再不敢逞能与宋霭龄这个女人作对了。

——题记

一

慰问伤员、领导“工合”等一系列活动随着新闻媒介的广泛宣传，宋霭龄在公众面前树立起了良好的形象。她被认为是具有领袖气质的女强人，富有同情心的善良女性，仗义疏财的大富婆。

然而，在这一切的后面，她一刻也没有忘记大发国难财。

国民党迁都重庆之初，宋霭龄就算准了重庆将被日本军队围困，以后无论是战略物资还是生活必需品，都将严重缺乏。她利用孔祥熙的权力，把百货、药品等大批商品抢运到重庆，囤积起来。单等价格暴涨之后，再稳赚他几十倍的利润。

宋霭龄在经商方面的算度，历来是万无一失的。

日军疯狂推进，控制了中国的所有海港。国民党政府需要的一切物资，既不能通过水陆运进四川，当地又不能生产，仅靠为数不多的几十架运输机从空中补充，犹如杯水车薪，重庆的物资供应很快出现危机。

市面物价在猛涨，宋霭龄丝毫不为所动，她囤积的东西一件不能抛出。

物资供应不足，人心浮动，一股借机生事的暗流在涌动。

对蒋介石铁杆忠心的戴笠把情况作了报告，并且指出当时的重庆并非没有东西，而是一些大户为牟取高额利润囤积居奇所致。

蒋介石听取了陈布雷的意见，立即从两个方面采取措施。一是指示新闻界大力报道中国赴缅甸远征军的作战消息，宣传中国军队很快可以消灭从缅甸向云南进攻的日军。作战一旦取得胜利，滇缅线就会重新打通，国外支援的物资将可以在仰光卸货，然后借道云南运抵重庆，物资紧张的状况将会很快改变。这是一场宣传战，也是一场心理战，一方面可以鼓舞人心、稳定人心，一方面对那些囤积货物者也是一种暗示：一旦有了新的补给，物价必定大跌，现在是抛货获利的最佳时机。二是发布命令，要求所有商行、公司的货物必须立即进行销售，继续囤积者将被查封接管。

一些小商号在蒋介石的两手面前，既沉不住气也顶不住，他们把为数不多的货物很快抛了出来。但是这些把戏唬不了宋霭龄。

她有最准确可靠的军事经济情报来源，她知道事情的一切真相。

看到报纸上报道远征军作战胜利的消息，她只把嘴角微微一撇。因为她心里清楚，目前中国远征军遇到了日军的猛烈反扑，第一阶段作战已成败局，一部分军队退回了云南，一部分则跟随美国史迪威将军，翻过高黎贡山撤到了印度。打通滇缅线在近期之内还是美丽的童话。小商号抛光货物之后，她赚大钱的把握更大了。不到黎明前黑暗的最高价时，她决不把货物脱手。

半个月后，戴笠又站到了蒋介石面前："委座，有一个大户在暗中跟您作对，她的货不出手，一批大户都不肯行动。今天上午一群持币待购的人砸了一家商店，这样下去，如果再有敌对势力插手，这陪都的安全……"

"娘希匹！都是这些豪门误国。他们为了多赚几个臭钱，要搞乱我的大后方。你给我把他们的库封了。政府全部压价收购！叫他们一个钱也多赚不了！"蒋介石气得咬牙切齿。

"委座，这是我查明的贩家仓库的地址和存货数量。这事，要尽量让社会震动小一些才好，所以，目前，还是由……"戴笠说话总是只说半句，剩下的让蒋介石去做判断和决定，以满足老蒋的虚荣心，让他觉得总是自己高明和英明。

"好吧！"蒋介石明白其中的奥秘。

半个小时后，重庆市长贺耀祖被召到了蒋介石的办公室。蒋、贺两人关门秘谈，这事必须严格保密，尤其要防着宋美龄，不能让她把消息透露给大姐。

蒋介石把戴笠的情报交给贺耀祖，命令由重庆市政府出面执行查封任务。为确保顺利完成，老蒋当场写了手谕，如遇抗拒，可以采取任何行动。

贺耀祖连夜召开会议，调兵遣将分头执行，但别处的人都派下去了，唯有宋霭龄的仓库无人肯去。贺耀祖一连点了几人，他们不是推说手头另有紧急事情，就是当场装病，气得贺耀祖大骂一通还是无人肯去。这时有人推荐市府秘书吴浩宇，说此人胆大心细，足智多谋，不怕豪强，是杆硬叉，对付宋霭龄非他不行。

吴浩宇被找来了，没用贺耀祖费什么口舌，吴浩宇当即拍了胸脯："莫说孔夫人，就是孔祥熙本人在场我也得完成使命。他就是万人之上总还在一人之下吧？有委员长的手谕在，什么人我都敢查！我一个芝麻官怕她做什么？只要她要不了我的命，我不怕她日后给我小鞋穿，大不了回家种红薯！先查了她再说！"

贺耀祖听他说得悲壮，连忙安慰说："她怎么敢要你的命？你多带军警，如果动手就先把她打死，委员长的手谕说得明白，出了事决不要你负责！"

吴浩宇话硬但并不蛮干，他再次派人前往暗察，证明宋霭龄的货物确实存在西郊的仓库，里面有呢绒、布匹、百货、西药等，价值达 4000 万元之巨。然后他才持了手谕，带了军警，直奔宋霭龄的西郊仓库。

管库的周经理事先没听到一点风声，他在门口的接待室见了蒋介石的手谕，一阵短暂的慌乱之后，很快镇静下来，他对吴浩宇满面赔着笑说："既是委员长有令，那就执行吧，不过毕竟事关重大，容我向老板禀报一声，马上交割如何？"吴浩宇听周经理这样说，不便为难人家，点头同意。

周经理走后不长时间，有人请吴秘书到亭子间接电话。

第十七章
财界称雄

吴浩宇一进亭子，门被立即关上。电话中传来周经理的声音："吴秘书，我请示过了，你身边人多，说话不便，所以电话禀报。老板要我对您热情接待，并愿意送60万元给您做茶资，只要你宽限一两天时间，这条件可以吧？"

吴浩宇一听，一把推开亭子间木门，当着众人哈哈一阵大笑说："周经理，老板的厚爱我非常感谢，不过送钱的话，60万元少了点，如果能送4000万元，我愿意收下，今后不仅我不来，我还会不让任何人来给你添麻烦！"

周经理急了："送4000万？那不等于都交出去了吗？"

吴浩宇义正词严："那就别在电话中搞这鬼名堂，你马上出来我们当面谈，否则我就下令强制执行了！"

周经理出来了，好像并没有发生什么尴尬事，反而笑容可掬："哎呀吴秘书，刚才一打电话我才听出你的乡音，不用问，定是山东莱阳人吧？"

吴浩宇面色冷峻，只点点头算作回答。经理热情地过来就拉手："这就对了！我也是莱阳人，大西南遇上老家人，难得难得！"接着就命人摆酒宴。吴浩宇一甩手："兄弟今天公务在身，恕不奉陪，咱们还是先办公事，乡情以后再叙。"

周经理并不啰唆："好说好说！唉，咱都是替人家干事，各有难处，你完不成任务回去交不了差，这我理解。不过今天的事我看好办，既有委员长的手谕，你又这样清正廉明，谅谁也扛不过，我们老板也没招。但有一条，你今天得给我个面子，他乡遇故知，人生一大喜，咱山东人最讲豪爽，最重义气，咱痛痛快快，只喝三杯，只要你认下我这个老乡，立马就点货交钥匙，总可以吧？"

吴浩宇开始还心存戒备，后来听周经理家乡话说得地道，只当情真，又自恃酒量甚大，饮三杯也误不了事，便答应说："君子一言！这三杯酒我可以喝，不过喝完了要再生枝节，可别怪我这老乡翻脸不认人!”说罢一挥手，令带来的军警各就各位，把住各处仓库大门，随时准备行动。

周经理连说；“好，痛快！是咱山东人的脾气！多一杯不让你喝，喝完多一句话你处置我!”

两人交杯换盏,“叭”地一碰，仰头就喝。

谁知刚饮两杯，吴浩宇就觉得天旋地转，他一警觉，想揭穿周经理的把戏，却已经身不由己，一下出溜到了桌子底下，然后就什么也不知道了。

当吴浩宇醒过来时，才发觉已躺在了自己家的床上。

原来，当时宋霭龄接到周经理的报告，也不由吃惊。这样的有关经济活动的消息过去总能由孔祥熙获得，瞒过老孔也还有宋美龄通报。这次二人事先丝毫未透，看来是专冲自己来的。孔二小姐听说来人是一个什么重庆市府秘书，陡生恶意，她一拍腰间手枪，向宋霭龄说:“这么一个小人物，怕他什么？咱们干脆——宰了他，看以后还有什么人敢来太岁头上动土!”宋霭龄瞪她一眼:“不许惹祸!”她眼珠一转，说,“那样即使招不来大麻烦，但却成全了他一个美名。应该这样，既让他事情办不成，抓不住我们把柄，还坏了他名声，让以后的人再不敢出头逞这种能。”孔二小姐撇撇嘴:“事到临头，哪去想那样的办法?”宋霭龄说:“好了，你老实待着，听我安排。”于是如此这般，向周经理交代了这个鬼神不测的连环计——先送茶资，此计是假，吴既前来，必不吃这个，但目的是让吴放松戒备，以为宋霭龄也不过如此，再没有什么高招。然后再“称同乡，饮三杯”，酒中下好蒙汗药，这叫做“任他精似鬼，喝了老娘洗脚水”。

这第二计可真算准了吴的弱点，让他放松之后稳吞钩。果然，吴浩宇一倒，带来的小兵小警，群龙无首，谁敢逞头做主？但事情并不就此拉倒，宋霭龄又派人用一乘轿子，招摇过市地把吴秘书送回家中，并且叮嘱吴夫人，待吴秘书醒来后劝劝他，以后出门办事不可贪杯，免得误了公事。

吴秘书醉了一天才醒来。他悔恨交加，一算时间，不用说，人家肯定早把库里的东西搬个一干二净，转移别处去了，二次再去定是空库一座，弄不好反被人家倒打一耙。再说自家也没有那个脸，这一趟招摇，这一番叮嘱，羞得他差一点举枪自毙。从此他再不敢逞能与这个女人作对了。

二

在日寇大举进攻面前，蒋介石一退再退，到了巴山蜀水的重庆，才算喘过一口气来。可是天津、青岛、上海、广州各海口都落入日军之手，国外援助的战略物资运不进来，抗战难以支持。为了打破封锁，国民党政府开辟了从越南的海防市经镇南关到桂林的公路，新修了海防到昆明的滇越铁路，又打通了缅甸到云南的滇缅公路。这样，国外运进的物资在海防和仰光港口卸货，再通过这几条陆路运进。几条陆路成了后方补给的大动脉。由于它们战略地位如此重要，蒋介石特批成立了西南运输处，统一对其进行严格控制。

这下可苦了孔家。要做买卖赚钱，可运不进来货怎么办？开始孔令侃采取瞒天过海的手法，把自家的许多东西混入行政院、财政部或中央银行的货物中，蒙混过关。但这样毕竟碍手碍脚，一来难保绝对安全，二来不能大干。孔令侃冥思苦想，终于有了主意。他在由孔家一手控制的中央信托局，也成立一个运输科，购买了一大批卡车，打着替中央银行运输钞票，为行政院运输特种物资的旗号，跑起来就名正言顺、畅通无阻了。

孔令侃委派他的亲信林世良为运输科主任，只向他一人负责。

林世良原是中央银行事务科主任，没多少油水，自当了这个运输科主任，经常来往于香港、海防、仰光和昆明之间，公私事务一手包办，肥得浑身冒油。他感激孔令侃，为保住这个肥缺，死心塌地为孔令侃效劳。这样孔家生活上用的冰箱、沙发、烟酒、罐头、卫生纸，甚至喂狗的饼干，可以源源不断地运回；私人公司经营的西药、布匹、百货也可以运进，就是走私的毒品也可以夹带进来，还可以为别的公司包运货物。由于打着公家的旗号，捐税杂支一律不交，就是正常的运输费用，也全算在了公家账上，孔令侃这财可就发大了。

一天，孔令侃喜气洋洋回到家里，晚宴过后拿出几样东西请全家欣赏。先是一袭象牙凉席，洁白晶莹，圆润生光，细细的牙篾，编织得十分精巧，用手触摸，柔软、润滑、温凉。孔令侃笑嘻嘻地介绍，这是过去皇帝才能享用的贡品，铺在床上干不燥、湿不潮，冬温夏凉。在闷热潮湿难挡的重庆，有了它，夏季就好过多了。接着他又拿出两只盒子，单看这雕镂镶嵌得华贵典雅的盒子，也可以猜出里面的东西价值连城。果然，打开来，两只夜明珠光彩夺目。孔令侃把珠子放在一只黑漆盘中，随手一拨，即叫关了灯。一片黑暗之中，只见两只宝珠滴溜溜旋转滚动，各自放出一尺大的两团光华，把全家人看得惊喜不已。宋霭龄和令俊各拿一只，捧在手上把玩，看那喜爱劲，恨不得一口吞下肚去。直到令侃又拿出一样宝贝，二人才恋恋不舍地把宝珠放回盒中。刚刚取出的宝贝，引起一阵比夜明珠更大的骚动。只见一挂精致的金项链，下头坠着一颗硕大的绛色鸡心石，上面镶着红、蓝、绿、黄四颗玲珑剔透的大宝石，宝石在灯光下熠熠生辉，让人似乎置身于迷幻的天堂。更奇的是鸡心石竟然散发出缕缕异香，沁人心脾，使人感到脑清气爽，好像鸡心石里面是镂空的，填充了名贵香料。二小姐兴奋地戴到脖子上，到镜子跟前扭来扭去欣赏个没完。孔令侃走到跟前，轻轻从令俊脖子上摘下来，放回盒中，兴致勃勃地说："滇缅线现在被称为'黄金通道'，一点儿不差。离了它，政府不能维持，商人不能赚钱。外面有人指责我们发国难财，可确实国难好发财！要不是日军封锁，什么东西能像现在这样紧俏，能卖上这么好的价钱！有我们中信运输科这支车队，真是'车轮一转，财源不断；喇叭一响，黄金万两'啊！"

孔令侃笑了一下又说："象牙凉席共有三领，父母、小妹和我各一件；两颗宝珠我先放入保险柜，让它作为我们聚宝盆的母珠，愿它引来更多的兄弟姐妹；至于这只金链宝石香壶，我想献给母亲。对了，它的香气可不同于那些外国香水，它是一种神秘的东西，戴上它，可以驱瘴避邪，百病不生。就让它作为我今年献给母亲的圣诞礼物吧！"

宋霭龄脸上笑得像朵花："还是我儿有孝心！"接过来轻轻戴上，抚弄了一阵，又缓缓摘下说："我老了，戴这么漂亮的东西干什么。你还是自己留着，等找个好人家女儿，完了婚姻，给她戴吧！"

早对宝石项链垂涎欲滴的二小姐，见哥哥把它送给母亲，心中不免泛起一阵失望和不满。现在见母亲不要，一步蹿到跟前，眼中冒出两股欲望的火焰，说："妈不要我要！看他整天尽跟什么女人鬼混，给了他，不定哪天送给个什么破烂货呢！"

宋霭龄听着不入耳，刚想说话，孔令侃早羞恼了，他知道令俊又在提自己与盛频臣妻子的事，立即反唇相讥："你也有资格说我？哼！这样的东西，你也该交个正经的男朋友，让他弄来送给你。哪里好从我这当哥的手上抢！"

兄妹两个一个非要，一个不给，眼看要动手争抢，宋霭龄喊："别闹了！还是给我吧。瞧你们两个臭嘴说的好话！"

令侃本是要送给母亲，现在母亲要去，他倒无所谓，却是孔二小姐志在必得，没有成功，大为不满。左思右想，有了主意：既然运输科是个肥缺，何不把它抓到自己手里？

几天后，趁家人都在，孔二小姐说话了：“外面传说林世良在那里花天酒地，财务上问题不小，这个人应该换掉。总不能他在那里发财，我们家替他背黑锅！”孔令侃一听就知道她的用心，坚决反对。孔令俊拿出一沓照片递到孔祥熙手上说：“看吧，林世良总有一天要出事，到时候后悔都来不及！”

孔祥熙翻检照片，有林世良搂着女人吃花酒的，有他在牌桌上狂赌的，还有一张是走进一家外国银行的背影。令俊说：“林世良在外国银行私人存款不少，他究竟私吞了多少，谁能说得清？”

孔令侃看到照片，也有些吃惊，看来小妹要插手运输科的主意已打了好久了。但他坚持说：“大账我心里是有谱的，林世良在那边奔走辛苦，总得给他点好处。再说那几条线上路途险恶，换个人根本玩不转。我看问题没有那么严重。”

孔二小姐说：“哼，只怕他在那里一统天下，连你也摸不清底细。如果到时他卷款一逃，看你还有什么咒念！这个人一定得换！”

“用人不疑！你怎么能平白怀疑人家会逃！”兄妹两个都激动起来，眼看又要爆发一场唇枪舌剑，惯于和稀泥的孔祥熙这才摆摆手说：“这样吧，再给林世良配个副手，协助一下也好。”

孔二小姐一番活动，使中信理事会正式任命了自己的亲信干将汪建方为运输科副主任。汪建方立即带领一班人赶到昆明，走马上任。他带着孔二小姐的重托，也要来这里大捞一把。

哪知孔令侃把底细透给了林世良，告诉他增派副手另有原因，自己对他依旧是百分之百地信任，不必多虑，继续放手干好。林世良心中有了数，便不把汪建方放在眼里。他大权独揽，只分给汪建方一些费心费力的活儿干，有好处的事根本不许他沾边。汪建方要插手一些事务，底下的人一律以“奉主任指示”顶住。汪建方势单力薄，折腾了半年，既完不成孔二小姐交代的任务，自己也捞不着油水，于是搜集了林世良一些徇私舞弊的事实，寻机与林世良大吵一通，离开了昆明。

汪建方跑回重庆，添油加醋地向孔二小姐汇报一通，说林世良专横跋扈，称王称霸，拿自己这个副主任不当人看，还经常指桑骂槐，对二小姐多有嘲讪诽谤之辞。孔二小姐听了微微一笑，问他还有什么，汪建方又把林世良贪污舞弊、生活腐化的一些事端了出来。

孔二小姐沉吟半晌，这才对汪建方说："你这回劳而无功，都怪我掉以轻心了。林世良如此猖狂，看来他什么都清楚。他背后有人，单凭你说的这些，现在扳不掉他。你再到昆明，要改弦易辙：设法跟林世良改善关系，多接近他。有了有力的把柄，我们再——"孔令俊说到这里，把手猛力往下一砍。又向汪建方说："量小非君子，无毒不丈夫！明白吗？"

汪建方自然心领神会。他返回昆明，马上置办酒席，当众向林世良赔礼道歉，态度极为卑顺。林世良肚里笑得咯咯响。当初汪建方愤而离去时，他向孔令侃要求干脆拿掉汪建方，免得碍手碍脚。谁知孔大公子不允，说不能搞得太僵，如果二小姐真要发起怒来，必然生出变故，那就不好办了，说得林世良有些脊背发凉。现在见汪建方主动认输，心中不免得意，认为孔令侃是揪着头发上船——小心过渡（度）了。二小姐一个姑娘家，能有什么锦囊妙计？仗着家里势力，头顶头、耍个横，欺负一下光棍还可以，这玩心计、弯弯绕的事，她怎么兜得转？汪建方越卑顺，林世良越发存心要挤对他。恰在这时，太平洋战争爆发，局势更显紧张，中国在境外的大批军需和特种物资必须抢运回来。货物多而运力不足的矛盾更加突出，国民党政府严令不得运送私商货物，违者严惩不贷。

这时，私人开设的大成公司的章经理找到汪建方，要求帮忙把他们存放在仰光的一批货物运回国内。汪建方仔细询问，得知主要货物是车胎、五金，价值约1600万元。汪建方算计又算计，虽然此时帮其运回可得大笔运费，但主要收入得归运输科，自己的好处并不多。后来他想起一个好主意，那就是让孔二小姐原价吃进这批货，再运回卖掉。他估计形势紧张，这些货物在国内将更加紧俏。那样孔二小姐会赚到一大笔，不枉二小姐费尽心机将自己安插在这里的一片苦心，自己也可以露露脸。汪建方跟章经理一谈，却遭到婉言拒绝。章经理当然不傻，国内的行情他比汪建方更清楚，这批货物的行情已经看涨，运回立即脱手，利润已有一倍多。章经理愿意多出运费，另外再给汪建方100万元好处费。虽然这对汪建方诱惑力极大，怎奈他已向二小姐做了汇报，二小姐务求必成，他不敢改口。章经理一来舍不得这块肥肉，二来对孔二小姐恃强硬买的行为不满，坚决不让。二人话不投机，汪建方露出狰狞面目："卖给二小姐你还可以收回本钱，如果在你手里，就休想运回。日本鬼子很快就会攻占仰光，留着你的宝贝慰劳大日本皇军去吧!"

汪建方见章经理悻悻而去，便派出坐探，打听动静，准备在适当的时候再来要挟。

出乎汪建方意料，章经理并没有被困住。不几天坐探回报，这批货已在仰光装车，不日即可运回。章经理走了什么门路，在军情如此紧急的情况下，找到人给他运货呢？

原来章经理与孔令仪的丈夫陈继恩有交情。章经理向陈继恩求援，陈继恩不了解情况，发给林世良一份电报，要林世良包运。林世良倒是明知汪建方要为孔二小姐硬吃这批货，但他自以为有孔令侃撑腰，有陈继恩相托，要栽汪建方的面子，就痛痛快快答应下来了。

汪建方打听清楚是动用中信运输科的车辆运货，大喜过望，这比章经理把货卖给孔二小姐还要好上百倍，这一回可算抓住了有力的把柄，可以把林世良彻底扳倒了。

孔二小姐听到报告，自然是恨得咬牙切齿，她恨章经理不识抬举，恨林世良狗胆包天，怎么来出这口恶气？她踌躇半天，知道向孔令侃交涉绝不会有结果。最后狠心一下，干脆来个毒的，不仅要借此拿掉林世良，还要让孔令侃也吃点苦头，让他今后做事客气点。她指示汪建方去向军统局告密，借助政府法令来达到目的。

军统局接到报告，自是喜出望外，管他谁咬谁，反正是鹬蚌相争，渔人得利，立即做了布置。

这天，被大篷布罩得严严实实的上百辆卡车，在林世良的率领下，越过国境，浩浩荡荡向云南省驶来。

在畹町桥头的军事检查站，车队遇到例行的盘查。林世良跳下车，一身傲气。

警察问："哪儿的车辆？"

林答："中央信托局运输科。"

"车上运的什么？"

"行政院特种物资。"

"我们要进行检查。"

"不行！事涉国家机密，任何人不得查看。我们有特别通行证。"

警察看过证件，又说："蒋委员长亲笔签署的《滇缅线运行物资管制条例》你是否知道？如有夹带的违禁物品请主动报关，可以从轻处理。"

林世良斩钉截铁地回答："没有，一件也没有！"

警察依然语气和缓："那好，请在保证书上签字。"

林世良心中吃惊，以往可没这一说呀，莫非……转念一想，或许是局势吃紧，刚刚决定的办法，犹豫反会露出马脚，事到如今只能硬闯了。于是故作镇静，提笔签下了自己的大名。

警察收起保证书，面露微笑："林先生，对不起得很，耽误你时间了，请上车。再见！"

林世良悬着的心终于落下，原来是一场虚惊。刚才要沉不住气就露馅了，他潇洒地一挥手："不客气，都是公务嘛！好，再见！"

进入云南，公路尽在群山之中蜿蜒盘旋。公路一侧是新辟的山崖，一侧是望不见底的深渊。坐在车上，就如在一个青面獠牙、血盆大口的恶魔手上，胆小的人会吓晕过去，胆大的也是浑身冷汗。坡陡路窄，弯多车多，车队吭哧吭哧地缓慢推进，第二天才到咽喉要道的澜沧江大桥。

警察放下了菱形拒马，照例进行盘查。林世良有了第一天的经验，胆子更壮了，他出示特别通行证，毫不犹豫地在保证书上再次签名。

这一次，警察收起保证书，脸色陡变："对不起，林先生！奉上峰命令，从今天起，所有货车必须经检查才能放行！"

林世良心知中计。如果昨天警察要强行检查，退一步就到了国外，谁也奈何不了自己，可现在却如网中之鱼进退不得了。他把心一横，决定硬干。

林世良一声呼哨，押车的武装人员立即包围了检查站。汽车已经发动，有人搬开了拒马，林世良要强行闯关！

"不许动！放下武器！"随着一阵喊声，埋伏在公路两侧的大批警察冲了上来，将车队和押运人员团团包围。一名警官来到林世良面前："林主任，切勿见怪，这儿有戴局长的手令，兄弟也是奉命行事啊！"

林世良看到杀人不眨眼的戴笠的名字，眼前一黑瘫软下去。

警察打开篷布，对所有车辆进行检查，没有一车是政府规定抢运的东西，全是章经理的那批货。跟车的章经理完全傻了。他这才醒悟到自己犯了商业情报保密不严的大忌。既然把底透给了汪建方，就得接受人家的条件，打掉门牙肚里吞。这一下遭了暗算，赔老本不说，弄不好命都难保。当警察查问货主时，他哪里还敢出头。林世良知道拉扯出章经理也不能给自己减罪，不如干脆全担起来，就谎称货是自己的。警察当即给林世良戴上手铐，押回昆明。

军统局怕孔家出面干涉，连夜起草一份报告，说林世良假公济私，阻挠军运，以致滇缅线号令不行，无法控制，报告了蒋介石。蒋介石十分恼火，当即批示严加查办。林世良随即被带上飞机，押往重庆。

林世良被关进土桥监狱，军法处突击审讯。有些人早就对孔家大发横财不满，于是威逼利诱，想使林世良招出孔大公子。林世良渐渐清醒，回顾以往几次出事，自己包揽罪责，孔家都极力营救，渡过难关后，自己更受器重，升官发财，好处不小。于是故技重演，凡被查实无法抵赖的罪行，如包运私货、走私夹带、侵吞公款，一律应承，绝不攀扯孔大公子，军法处再三审讯，均无进展。

孔令侃得知林世良的表现，不惜借孔祥熙的权势和手中钱财双管齐下，四处活动。军法总监何成浚掂量再三，准备以滥用职权罪判处林世良有期徒刑十年。孔令侃嫌判得太重，继续活动以图减轻。监狱方面受了孔家的好处，对林世良格外优待，不仅不限制他自由活动，还允许高级饭店把酒席送进监狱，供林世良享受，甚至允许林世良的女友留下过夜。林世良优哉游哉，过得很舒服。他估计用不了多久，孔令侃就能把他弄出来。

谁知由于孔令侃的活动，审判拖延了半年，到结案之时，林世良包运的那批货物价格一涨再涨，已经值 6000 万元了。军统局有人对案件深入钻研，发现如能将这批货物充公，按颁布的缉私条例规定，就可得 1/10 即 600 万元的奖金。600 万元可是一个令人惊喜的数字，军统局内许多人都为这个数字所鼓舞、所激动，挖空心思要把这笔巨款拿到手。但是要没收这批货物，只有在林世良被判死刑的情况下才能实现，林世良如判有期徒刑，则货物不能没收。军统局内许多人活跃起来，极力搜寻林世良的罪状，务求将其推上断头台。

孔令侃听到消息，一下子慌了手脚。林世良如果面临死刑，必然不肯再代人受过，就会狗急跳墙，把自己供出来。他立即布置对林世良封锁消息，使他继续保持即将被救出的幻想。他又找到孔令俊，向她大发脾气，指责她做事太绝，不顾后果，如今不仅林世良小命不保，自己也可能大祸临头。

孔二小姐听孔令侃跳手舞脚吼够了，才阴狠地说："活该！我做事绝？你们要不绝，当初也不至于把汪建方逼得那么惨！我不顾后果？你们要稍微顾点后果，也不至于自己捞了干的，连汤也不让别人喝！"

孔令侃见二小姐怀恨如此之深，知道再叫嚷也没用，只好检讨自己的不是，求她想法解救。孔二小姐撇撇嘴说："谁不知道你的本事大，怎么还来求我？如果当初姓林的对我有一点儿顾念，有一点儿恭敬，我也不会出这么损的招栽他！说实话吧，现在我也有的是办法救他，要是我出面，别说军统为600万元要开杀戒，就是6000万元、60000万元，也休想碰姓林的一根毫毛。可他姓林的当初只知道你的腿粗，眼角都不朝我瞅一下。所以这事我决不办！我一定要让你手下那些狐假虎威的王八羔子知道我的手段，以后再也别从门缝里瞧人！"

孔令侃看再哀求也没用，赌气就走。孔二小姐又喊住他："哎，我说，你只管保你自己就行，要是再为姓林的狗命折腾，我就连你扎出去！"孔令侃无可奈何，只好千方百计给林世良稳神儿、灌迷魂汤。军统局的外勤们纷纷写回报告，揭露林世良贪污、贩毒以及在香港、海防、仰光包占妓女、挥金如土的斑斑劣迹。局本部特别精选了最容易激怒蒋介石的几条罪行，进行加工演绎，送到了侍从室。蒋介石看后果然大怒，在原判决书上批了"立予枪决"。

戴笠亲到土桥监狱，告诉林世良将处死刑，暗示只要供出后台，还有活命机会。可怜林世良早被孔令侃灌迷了，把这当成又一场

“考验”，不肯吐口，结果被拉出来立即枪决。经过新闻舆论的宣传，林世良案件被列为抗战时期国统区最轰动的案件之一。

林世良执迷不悟，一命呜呼；孔令侃兔死狐悲；孔令俊却幸灾乐祸。孔令侃说：“姜子牙做过一首诗：‘青竹蛇儿口，黄蜂尾上针。两般犹皆可，最毒妇人心。’这回我算领教了。”

孔令俊说：“如果体会不深，下次还可以再领教领教。”

孔令侃说：“得得得，这一次我就服你了。你是真行！”

孔令俊说：“服不服在你。是不是真行还可以走着瞧！”

第十八章

股市大王

宋霭龄又使人在市场上制造假象，自己来炒自己的股票，更使其价格扶摇直上。最后由孔祥熙建议，以官僚资本购进股票，将华西公司改为华兴公司。宋霭龄自己此时又适时金蝉脱壳，抛光了原先低价所进的股票，狠狠赚了一大笔。

——题记

一

1943年6月，重庆碧华饭庄宾客如云，到场的都是全国的银行家。笑眯眯的孔祥熙先讲了一通抗战的大好形势，又讲抗战面临的财政困难，最后动员大家慷慨解囊，为抗战献金。有人看孔祥熙高调唱得蛮好，就先将他一军，在底下高喊："请孔院长拿出钱来！"有人就故意喊："孔院长带头了——100万，记账，记账——"

孔祥熙既不响应也不恼怒，他连连打躬，笑得像一美元喜钱似的："各位，各位！不要打趣，不要打趣！我是一个穷公务员，哪有余钱可捐？你们不知，别看这行政院副院长，月薪也只有800块，不够你们吃顿饭的。哎，当然，我也还不至于向各位讨自己饭钱，原因嘛，就是我业余时间还做点小本生意。"

孔祥熙说得也有一定道理，因为这时他确实正在做一笔"小本"生意。

战时国民党迁都重庆，遂使四川工商业获得大发展的机会。胡仲实、胡叔潜兄弟创办的华西公司，抓住得天独厚的条件和时机，这时已发展成为拥有煤矿、铁矿、炼钢厂、机器制造厂、汽车修理厂、木材加工厂、砖瓦厂、耐火材料厂、建筑工程本科以及专科学校的大型企业，获利颇丰。宋霭龄看在眼里，就想把这个公司弄到自己手中。

宋霭龄先派人捎话，表示愿意对华西公司投资，由孔祥熙出任董事长，结果遭到胡氏兄弟的婉言拒绝。

宋霭龄恼怒之下，想在市场上收购华西公司股票，达到一定股数后就可以名正言顺地由自己派人出任董事长，委任总经理。怎奈这个公司由于红利较高，一些股东害怕法币不断贬值，上市的股票很少。于是宋霭龄派人首先盗出了公司主要股东名单及所占股数，然后逐个查询每个股东的经济状况，准备从他们手中强买，也就是俗话所说的“硬吃”。不料这个计划又被胡家兄弟得知，他们派人对原来的股东一家一家做工作，大讲创业的艰难和光明前景，言以利，动以情，希望大家同舟共济。宋霭龄一时无隙可乘。

宋霭龄哪肯干休，与人合计后，由孔祥熙配合，使出了一套连环计。

有人手持一纸某兵工厂的公函，到华西公司洽谈订购钢材生意。来人口气很大，出口就要求公司每年供应50万吨。钢材是战争必需物资，有人求购本在常理之中，但来人不仅出价较高，还许以今后按物价上涨指数上浮价格。胡氏兄弟看到是一笔大有可赚的买卖，双方就签订了意向书，但华西公司的钢材产量根本达不到这个数目，兄弟二人就决定扩建一个年产30万吨的炼钢厂。

扩建钢厂需要大量资金，胡仲实跑了多家银行要求贷款，都被以银根偏紧为由谢绝，事实上这些银行都已事先听到招呼，不许向华西公司贷款。

胡仲实到中央银行恳求，又请客又送礼，最后先拿到前期工程一半的款。拿到这部分钱，兄弟二人立即向国外订购设备，开始厂房车间的土建。他们原本指望这样赚钱的项目，越到工程后期越会得到支持，却没有想到一条绞索正套到自己脖子上。

眼看贷款用完，他们再到银行要求贷款时，银行却以“前账未清，碍难照准”给予拒绝。胡氏兄弟骑虎难下，正准备发行新股，钢厂的窘境却被人捅了出来。莫说新股发行不动，原先的旧股价也一落千丈，许多人生怕血本亏损，纷纷抛出，宋霭龄乘机低价收购，取得了公司有支配权的股数。

“实业赚钱稳定，但周转慢，得利少；商业贸易有风险，可搞好了增值快。”这是宋霭龄一贯的经营思想，所以她并没有真正经营工厂的意向。对华西有了决定权后，她立即停止了扩建钢厂工程，将厂房稍做改建以作他用，避免再向公司增加投资，而仍以原先的经营项目为主，公司赢利又趋稳定，加上大作宣传，华西公司股票乃大幅度上涨。宋霭龄又使人在市场上制造假象，自己来炒自己的股票，更使其价格扶摇直上。最后由孔祥熙建议，以官僚资本购进股票，将华西公司改为华兴公司。宋霭龄自己此时又适时金蝉脱壳，抛光了原先低价所进的股票，狠狠赚了一大笔。

二

宋霭龄这次通过对华西公司玩弄的一手而赚到的钱财，对于她的巨额财产来说，确实不过是一次“小本”生意。而多年来，借助于孔祥熙掌管财政部，她在股票市场上的本领早已操练得炉火纯青了。

还在国民党政府西迁重庆之前，为了在上海富庶地区再大捞一把，宋霭龄操纵着由财政部次长徐堪、中央银行副总裁陈行、国货银行董事长宋子良成立了一个三泰公司，大做公债生意。他们放出整理公债的空气，声言政府准备发行一种新公债，来调换以前的旧公债，并且要对旧公债停止付息。由于抗战已经打响，中小业主和普通群众本来就害怕旧公债变成废纸，大都抱着能得着几个钱就比白扔了强的心理，赶紧把手里的旧公债向外抛售。几天时间，旧公债价格不仅跌破了面值，有的甚至不到面值一半也乐意出手。宋霭龄的三泰公司乘机收购，等收得差不多了，财政部才出面澄清：为抗战得以支持，国家最首要的是取信于民，国家发行的公债坚决维持原定利息不变，必要时到期还将给予若干百分点的优惠。这一来，旧公债价格立即蹿升，三泰公司又乘机哄抬，使价格直线上扬，然后悄悄抛出，赚了几千万元。

原先抛售旧公债的人吃了大亏，一些手中存货不多的人还只是亏本生气，而一些原先做公债生意的中等家庭，则一下子变成了穷光蛋，有人气不过，竟跳楼自杀以示抗议。后来终于有人发现了秘密，众议纷纭，人们把三泰公司称为“三不”公司，即“徐堪不堪、子良不良、陈行不行”，但较少有人知道三泰公司是宋霭龄的公司，所获暴利大部分进了她的腰包。

抗战爆发后，中国加紧从各国进口武器。德国原是老供应商，但此时德国受到日本压力，蒋介石也受到英美压力，双方不便公开往来，而暗中武器交易仍在进行。为补充德国武器弹药配件，中国在香港设立了兵工署驻港办事处。德国供应中国军火武器，中国用土产品出口，折抵货款。因这笔生意不便与宋子文掌握的英美借款相混淆，蒋介石就把这笔生意交给孔家来做。孔令侃接手后，打出了“奉蒋委员长手令办理38年度兵工储料事宜”的招牌，开始收购土特产品。他们办理的是政府规定统购统销的物资，如丝、茶、桐油、猪鬃、钨砂等，垄断市场、垄断价格，其中大有赚头，谁都想多把持一项业务。结果孔令侃在猪鬃收购上与宋子文的业务发生冲突，孔令侃不把娘舅放在眼里，宋子文也是寸步不让，搞得剑拔弩张。孔令侃在国统区斗不过亲舅舅，便转而到日军占领区收购，结果把历来中国政府不许出口的独有资源如中药材等也卖给了德国人。德国商人为感谢孔家，不时透些情报给孔令侃。

1939年9月，在希特勒袭击波兰之前，德国商行代表希米特接到本国政府通知，要他们立即撤离香港。希米特感到可能有重大事件发生，便把这个意思透露给孔令侃，孔令侃又告诉了正在香港的宋霭龄。宋霭龄经过一天苦想，判断德国必有战争行动。她由此推及，军火武器行情还要好，因来不及调运资金，便把孔令侃手中掌握的国家外汇全部挪出，派人在香港股票市场大量购进美国军火飞机商的股票。几天以后，希特勒以“闪电战”突袭波兰，第二次世界大战爆发，整个欧洲立即掀起扩军备战热潮，美国军火飞机商接到大量订货，生意兴隆，股票立即上涨。宋霭龄把股票抛出，又赚了一大笔。

三

宋霭龄利用权力做股票生意赚钱，自然无人可比，但同时她也会利用心计，玩弄手段。

抗战结束时，孔祥熙已经不再担任财政部长，但他们还在中国，还有宋美龄在蒋介石身边，于是他们抓住战争胜利、万众欢腾的有利时机，进行了在大陆的最后一次财产大扩张。

这时宋子文担任行政院长，他利用接收“逆产”之机，大发横财。宋霭龄当然不愿意光看人家吃肉，她指挥孔令侃、孔令俊、孔令杰这所谓“二虎一凤”，把各种公司迅速从巴蜀向上海周围转移，抢占有利行业，合并旧公司，形成更大资本，开设新的公司，利用海运、航运方便条件，展开了更大的资本扩张。

宋霭龄自己最熟悉的当然还是证券业，她在上海股市上又一次故技重演，大做了一把公债投机。

俗话说“长袖善舞，多财善贾”，股票市场历来是受大户操纵的，而利用雄厚的资金和制造假象、散布不可靠的消息，则是他们操纵市场的基本手段。宋霭龄当然是深谙其道的。

这时国民党政府共计发行了 50 多种公债，近 100 亿元，由于物价上涨，许多公债已几乎近于废纸，如 1937 年面额 100 元的公债，当时这笔钱能买一头牛，而现在如果仍按 100 元兑付，则只能买一只鸡。因此许多人对这种公债存在着严重的不信任，只要能换成钱就好。宋霭龄派人悄悄收购进一大批，然后就开始大造舆论，说政府对战前公债将采取实物比价的优惠办法兑付。这些人说得振振有词，什么政府赖于人民支持取得了抗战胜利，所有原先购买公债的人都是帮助了国家的有功之臣，现在抗战胜利，政府决不让公债购买者吃亏，而且还要给予优惠以示谢忱等等。这些话非常符合胜利后人们对国民党政府期望值很高的心理，而且好像政府也定会这么做，唯此才能对得起公众。于是公债转让的市场价格逐渐上升，不到一个月，100 元面额的公债已涨至 8400 元的最高峰，超出票面值 83 倍。宋霭龄让人以 8000 元的价格全部抛出。

原先宋子文只忙于接收日伪财产，对公债市场情况知之不多，当他听说公债行情上涨至如此吓人的高峰时，深感这一下可给自己出了难题。政府根本没有这个力量按这样的比价兑付，而不按这个价格兑付，又必将损害政府信誉。权衡再三，他还是让财政部出面辟谣——“按票面价值偿付战前公债，所有其他传说均系有人造谣，提醒广大群众切莫上当，一切后果自负，勿谓言之不预！”

但此时的宋霭龄早已从公债生意上稳赚了 1500 亿元，她已开始打点行李，另作他图了。宋子文也及时把自己抢救出来，让一切因此而蒙受损失者“后果自负”了。岂不知这样一来，公债价格一泻如注，直至跌破面值。莫说一般百姓吃亏上当，就连上海的十几家证券公司也在投机过程中撞上丧门星，倒腾的公债烂在手里，只有破产一条道路。几位老板资不抵债，只有自杀以避债主追索了。

第十九章
宋家老猫

蒋介石回国后，一贯对宋霭龄又怕又恨的戴笠和二陈，竭力向蒋介石证明，这场政变阴谋的幕后支持者，就是宋家老猫宋霭龄。

——题记

一

1943年11月1日，重庆中央礼堂彩旗飘扬，高级轿车一辆接一辆驶来，许多市民驻足观看，悄悄议论：今天这里又上演什么好戏？

今天这里确有一出好戏。

国民党军政要员聚集一堂，原来是举行一个不寻常的庆典：孔祥熙就任财政部长十周年纪念大会。

六百多人为一个部长的任期举行这样的活动，虽不是空前绝后，却也是稀奇古怪的事情。孔祥熙想不了那么多，他穿戴一新，喜气洋洋，被簇拥到前排正中的位置上，宋霭龄也作为特邀嘉宾，收到了一大束鲜花。

庆典开始，一阵鞭炮，一番奏乐，蒋介石首先登台为孔祥熙颁布颂词，他操着浙江官话，抑扬顿挫地念出了一段妙文：

> 度支之任，经治国用，遭时艰虞，厥责弥重。
> 未战之先，为战之血，革法圜法，实惟至计。
> 文战之时，肆应益劳，排除万难，黾免夕朝。
> 冉二十载，鬓发已苍，继是戮力，为国龙光。
> 下关民力，上计邦储，自强不息，日居月诸。

蒋介石登台示范，各路大员不甘落后，一个个相继上台为孔祥熙评功摆好。因“耳光风波”被蒋孔合谋夺了财政部长的宋子文，虽然一直憋着火，但在大庭广众之下，也不能无动于衷。不就是演戏嘛，你演我也演，戏散了台下看，关公不见得再是红脸，秦桧不一定仍是大奸。于是宋子文念念有词：

“本人以往一度也曾担任财政部工作（他没说后来怎么不担任

了），深知抗战财政，有一般人想象不到的困难，因为平时财政办理不善，其失败仅是负财政责任者个人；战时财政办理不当，那就不是个人的失败或政府的失败，而是全民族国家的灭亡。因此在抗战六七年当中，孔兼部长担当艰巨，为国家辛勤奋斗，卒能克服一切困难，使抗战经济能平稳发展，不但军事需要不虞匮乏，就是经济建设也能齐头并进。这种成就，实在是对国家民族的伟大贡献，为历史上显著功绩。"

宋子文讲完，参谋总长兼军政部长何应钦也急忙迈步登台，向孔祥熙致贺，他的发言调子又比宋子文高了八度：

"抗战迄今已达六年多，战争开始时，敌人根据我国当时经济与武力情况，估量我们最多只能支持一年半载，不料后来在财政方面意外坚强。财政部在孔兼部长策划下，对长期抗战之所需，均能供应无缺，不虞匮乏，而使我们的军事形势稳定下来。现代战争为消耗战，经济较武力尤为重要。战争所需之粮秣弹药，无一不赖财政维持，战争之胜负，全视财政有无办法。中国抗战能转弱为强，转败为胜，表面看来是前方将士浴血牺牲的结果，殊不知财政实为重要因素。目前敌人在我国，深陷泥潭的陆军有一百多万，被牵制的空军有 1/5，这庞大数字的敌军，随时在被消灭中。这种功绩，就是因为在财政上有办法，能强力支持军事的结果，也是孔兼部长苦心孤诣大力维持的功勋。现在前方将士，士饱马腾，军粮无缺，均为孔兼部长所赐。我谨代表全国陆海空军将士，向孔兼部长致以十二万分的谢意！"

宋霭龄冷冷听着，像这种胡吹乱捧，好像中国的抗战都是孔祥熙的功劳，这话要搁在平时有人说了，蒋介石这样小肚鸡肠的人听了不把他的舌头割去才怪，但今天老蒋就坐在这里，而且带头这样说，葫芦里究竟卖的什么药还很难说。反正，哼，黄鼠狼给鸡拜年，绝不是什么好事，小心着就是了。看看孔祥熙，却一副喜气洋洋的景象，听得像喝了蜜似的。

发言的人一个接一个，一个比一个调门高，把孔祥熙说得简直就是中国抗战的中流砥柱，有点石成金本领的神仙，能无中生有的赵公元帅，好像中国只要有个孔祥熙，就会有用不完的钱，军队就能转败为胜，经济建设就能不断发展。

孔祥熙最后走上台，对大家的赞颂连连称谢，他说："刚才领袖和各位所言，实在是对祥熙的谬奖，愧不敢当。其实祥熙在任期之内所做，也不过就是十件大事。哪十件大事？

第一，废除苛捐杂税，以苏养民生；

第二，实行关税改革，整理内外债，以树立国信；

第三，建立国家金融机构，以奠定金融基础；

第四，实行法币制度，以统一币制；

第五，创办直接税，以开拓税源；

第六，施行主计制度，以执行预决算；

第七，推行公库制度，以稽核收支；

第八，改正国家的财政收支系统，以期达到平衡预计之目的；

第九，举办田赋征实，以调节军粮民食；

第十，举办专卖事业，以创造国家资本，调节社会供应。"

孔祥熙在这些方面确实做了不少工作，取得一些成效，但这么列下来，毕竟功劳显得太大，于是孔祥熙就谦虚起来，又说：

"这些成就的取得，也并非都是个人的劳绩，上赖国父（指孙中山）遗教与领袖（指蒋介石）指导，下赖民众拥护和同仁辛劳，以及同盟国家，尤其是美国在财政经济上的帮助。"

孔祥熙接着讲他理财的三大诀窍说：

"一是政重于财。办财政的人，病在看重于财，而忘了政，因管钱最怕闹穷，所以往往在财字上多用心，而忽略了政，殊不知政没有办好，财便愈闹愈穷。"

“二是民重于官。对漏税逃赋的无知商民，处罚不妨从轻；而对中饱舞弊的官吏，处罚应当从重。一切税源的启发蕴积，只要藏富于民都不妨酌量宽大；一切征收对象，最好是有钱者多出钱，然后推于普通人民。善执政者，驭吏严，驭民宽，足为理财者所取法。”

“三是事重于人。每用一人，应先看其对这事内容是否明白，办理这事的技能是否精熟。只要其人对事务能担负得起，操守足于伏众，不管是仇是亲，识与不识，都应在可用之列。”

孔祥熙这几条讲得真好，台下为此掌声雷动，足见老孔对管理财政的真谛确是非常了解的。这是孔祥熙才华的一次大展示，连宋霭龄听得都觉出了水平，嘴角浮起了微笑。只是一片叫好声中，又响起了叽叽咕咕的议论声：说得比唱得好，屙得比尿得高！原来什么都知道，就是不照着做啊！

孔祥熙最后检讨十年收获说：“本人十年前到部的第一天，就怀着两个愿望：第一个愿望，是以财政补助国家政策之统一；第二个愿望，是要以财政促进民生主义之实现。从十年情形来看，第一个愿望已稍可自慰，第二个愿望却未能实现。”

孔祥熙的财政未能给普通百姓带来什么好处，这一点他是很清楚的，所以他还算有自知之明，在这上面没有乱吹。

孔祥熙讲完，蒋介石带头鼓掌，纪念会达到了高潮，台下的大员们纷纷上台给孔祥熙献贺礼，鲜花、字画、宝玩，孔祥熙抱都抱不过来。戴笠的贺礼尤其奇特，是一盘丈把长、一人高的特制算盘，横梁上一行烫金大字，鲜亮夺目：“民国铁算盘，理财第一人。”

回到家里，孔祥熙还沉浸在兴奋中，不停地来回踱步，不时地搓动双手。宋霭龄问：“高兴吗？”孔祥熙笑呵呵地说：“十年辛苦总算没有白费，我的成绩大家还是理解的，啊，是不是？这里有夫人的功劳啊，对，我应该向你致谢才对，怎么谢你呢？”

宋霭龄冷冷地说：“你这部长当到头了！有什么好东西留着谢自

己吧。”

孔祥熙大惊：“此话怎讲？”

宋霭龄说：“前有车，后有辙，你应该明白呀！”

孔祥熙拍着脑袋想了一阵，忽然说：“啊，你是说四年前让我交出行政院长大印时……”

宋霭龄重重地点了点头。

孔祥熙于是想起了那一幕。

1939 年 9 月 11 日，时任行政院长的孔祥熙六十大寿。在蒋介石带领下，国民党的五院首长、部会主管、封疆大吏、经济巨子、学界名流齐集重庆为孔祥熙祝寿，他们送来的礼物琳琅满目，难以数计。而尤其是蒋介石的祝寿词写得肉麻兮兮。老蒋的这篇《孔院长庸之亚兄先生六秩寿序》说：

“庸之先生以孔子之后，而服膺总理之教，深知笃行，终其身而不倦。抗战以来，任行政院长兼管财政部，艰难支柱，于兹两稔，忧劳况瘁，非寻常可堪。昔楚汉相持于荥阳京索间，萧何镇抚关中，主管军食，遂以破楚。今庸之亚兄先生继主政枢，总持大计，其所规划，不止一端，困心衡虑，有非前史所可比拟者。”

结果热热闹闹祝完寿，蒋介石就找孔祥熙，托言各方意见，要孔让出院长职位。孔祥熙刚收了人家贺礼，听了人家颂扬，怎么好就不为党国着想，不听取各方意见呢？只好乖乖辞去行政院长之职。

这一次，是否又是故技重演？难道这一番纪念、一通赞扬就把部长又拿去吗？是宋霭龄多虑了还是自己少虑了？孔祥熙一晚上大睁着眼，没有睡着。

二

1943 年 12 月，中、美、英在开罗举行三国首脑会议，宋美龄随蒋介石出席，达到了她政治生涯的顶峰，也是她遇到最严重危机的开始。

正是这个时候，蒋宋家族内部发生的严重分歧，正在幕后悄悄进行着最后的较量，人们通常所知道的，只是表面上的东西。

当初，宋美龄为排挤史迪威而到美国活动时，罗斯福总统避开了她，使她感到难堪。还有一件事情，更使她感到不快。

宋美龄在曼哈顿的时候，听说英国首相丘吉尔将到华盛顿去会见罗斯福。她立即给首相写了一封信，建议他在途经纽约时顺便来看看她，她说自己有一些重要的情况想跟首相交谈。丘吉尔对蒋介石、宋美龄从来就不那么重视，也不太关心中国战场的情况。战时的伦敦广播中有一个很长的广播连续剧，里面的主要人物是远东战场上的一个“捞钱将军”，英语“捞钱将军”的发音恰与中文里的介石将军相似，不知英国人是故意这样创作的，还是“纯属巧合”。反正是丘吉尔接到宋美龄的信后，反过来建议宋美龄到华盛顿去。他说，那样蒋夫人可以在他同总统共进午餐时到场，有什么话当着两国首脑的面一起交谈更好些。宋美龄认为这事实上是不可能的，白宫的主人是罗斯福，只有罗斯福邀请的人才能进入白宫，丘吉尔作为罗斯福的客人，怎么能不经主人同意又拉进去自己的客人？宋美龄看穿了丘吉尔的建议不过是个花招，她用相当傲慢的语气回绝了丘吉尔，令丘吉尔感到平生最大的难堪。

为使中、美、英三国共同组织力量战胜日本法西斯，以及决定战后对日本的处置，罗斯福提议三国首脑举行会谈，但他把宋美龄也拉进了这个会议，这使丘吉尔十分不满。

在尼罗河畔，礼宾官员安排三国首脑并排照相，目的是提高中国在反法西斯战争中的地位。这张照片上从左到右的排列顺序是蒋介石、罗斯福、丘吉尔、宋美龄。蒋介石身着紧身军装，高领上缀着一级陆军上将的三颗星，戴着白手套的手上握有饰着青天白日徽章的军帽。罗斯福以高超的技巧侧身面向委员长，好像在跟他进行着亲切的谈话。蒋介石面露微笑，好像他能自已听懂罗斯福的私下逗笑。宋美龄身着旗袍，外罩白色短外套，鞋上饰有白色蝴蝶结，她也想跟丘吉尔说点什么，但丘吉尔乘机报复，头转向镜头外一个说着俏皮话的人。

丘吉尔的轻蔑没能阻止蒋介石国际地位的提高，但国内一些级别低得多的人却几乎把蒋介石拉下马。

这一年最后的半个月里，战争期间晋升到指挥岗位上的一批年轻军官断定，要挽救中国，必须推翻蒋介石及其核心人物。这些年轻的将军同在华东训练国民党军队的美国准将廷伯曼商量，请求美国给予支持。美国表面上没有答应，但是美国战略情报局对这个阴谋很感兴趣，特别是多诺万刚刚同戴笠发生了那样不愉快的一幕。

政变的准备工作在悄悄进行着，他们选定了蒋介石出席开罗会议不在国内的时机，日期则定在西安事变的纪念日——那一次张学良、杨虎城捉蒋而没有倒蒋，他们则计划这一次倒蒋而不捉蒋，让他不能回国或者回国也是面临一个已被赶下台的事实。他在国内或国外都没什么要紧，只要他失去权力。假如他愿意苟活，那是他的耻辱——年轻人的想法确有新意。

嗅觉灵敏的戴笠通过他监视各路将领的军统特务系统捕捉到了这个信息。他并不需要什么直接的证据，只要有这个风声就可以下手抓人，“宁可错杀一千，不可放过一人”已经是他们的老手段了，过去对付共产党是这样，在自己窝里斗也是如此。戴笠联合陈果夫、陈立夫兄弟，军统、中统两大特务系统一齐动手，一下子抓了六百多名军官，并把其中最优秀、最有晋升希望的16名将军予以处决。

蒋介石回国后，一贯对宋霭龄又怕又恨的戴笠和二陈，竭力向蒋介石证明，这场政变阴谋的幕后支持者，就是宋家老猫宋霭龄。

正在失势的人最容易成为新一轮的攻击目标，也最容易被击中。

蒋介石相信一直对当不上第一夫人耿耿于怀的宋霭龄完全有这种动机，过去策划过暗杀和绑架的她有这种癖好和手段。况且这种行动仅仅是下级军官决没有这么大的胆量，必定有自己家族和政权内部的要人参加，正在失势的宋霭龄很可能孤注一掷。蒋介石巧妙地征询了宋子文的意见，宋子文对十年前孔祥熙从自己手上夺走权力仍心存不满，对最近宋霭龄的压制也恨在心头，他含糊其辞地做了回答，反而使蒋介石对宋美龄也加重了怀疑，因为宋美龄始终是受宋霭龄左右的。宋家的人过去不受宋霭龄操纵的，只有宋庆龄。现在宋子文摆脱出来，别的人仍然是宋霭龄的左膀右臂，蒋介石终于下定决心，除掉这股多年来一直帮自己也控制自己的力量。不管怎样，权力还是由自己掌管比别人入伙更有利。

考虑到战争期间张扬政变阴谋容易让敌人钻空子，同时也要维护自己最有权威、最受拥戴的面子，蒋介石严令戴笠和二陈保守秘密，不准就此事向外界透露一个字，只命令宋霭龄带上她的两个得力助手——孔祥熙和宋美龄离开中国。他知道政权内部的要人都有各自的对头，只要让她失去还手能力，她马上就会被撕扯得身败名裂，根本不需要自己亲自动手。

几十年来，宋霭龄一直是在笑声中度过的。这年春天的一个深夜，她第一次悲戚戚地哭了，不知是为自己最后一搏的失败还是为自己蒙受的冤屈。

宋霭龄知道，一个人的成功可以有几十几百次，但真正的失败只能有一次。在权力斗争中不需要第二次失败，也就是说根本没有机会第二次失败。

家族内部的撕咬和扭打可以用铁幕遮住，但是总不能没有一点外露迹象。在此期间，美国《纽约时报》记者布鲁克斯就发出报道，称重庆阴谋密布，“是一个充满忧虑、猜疑和诡计的女巫施术场。”

争斗的结局更不可能掩盖住。1944 年 4 月，一位与国民党上层人物联系密切的美国官员写下了这样一份备忘录：

“目前，最明显的事实是，财政部长孔祥熙博士受到几乎所有派别的攻击。同他一道成为众矢之的的还有他的妻子和小姨子蒋夫人。”

备忘录还说：“孔夫人在国内政治斗争中似乎变得不那么活跃，夏天可能去国外度长假。”

这个美国人仅仅是根据自己的观察做出猜测，可他的猜测却准确得令事实无法躲避。

这场斗争的结果对四大家族的每个人都产生了重大影响。以往一直对蒋介石唯命是从的孔祥熙从此一蹶不振，在政界再无立足之地。陈家兄弟虽一时得志，但后来蒋介石在清算国民党在大陆失败之责时又反过来指责某些人对孔祥熙造谣中伤，致使他失去理财专家，导致经济混乱，二陈背上了黑锅，也被迫退出政界。蒋介石本人则因为不断揭露的孔祥熙贪污黑幕，被看做是腐败政权的祸首，终于失去人心，被赶出了大陆。宋子文虽然暂时恢复了多年前被孔祥熙替代的职务，但宋氏家族的再次分裂已不能形成有效的力量，他孤掌难鸣，也在国民党失败时被蒋介石一脚踢开。至于这次立了大功的戴笠，则在两年后乘飞机从北平飞往南京时，莫名其妙地出现了飞机“失事”而丧生。实际上这场内部大决斗没有胜利者。美国作家斯特林·西格雷夫认为，蒋家王朝的垮台在宋家失势的内讧中已经注定了。

三

1944年6月，宋霭龄带着小儿子孔令杰夫妇陪同宋美龄，出现在机场，她们原准备悄悄离开，不让外界知道，但消息灵通的几个

第十九章
宋家老猫

中外记者还是追到了候机室。

“请问蒋夫人，此行是准备到美国访问吗？”

“请问夫人，有消息说您将长期离开中国，这消息是否确实？原因何在？”

宋美龄裹紧风衣，脸色铁青，一言不发。

记者们转而缠住宋霭龄。

“请问孔夫人，你们为什么同时离开中国？中国正在进行艰苦的抗战，非常需要你们，此时离开，是否有不便说明的原因？”

记者刁钻的提问使宋霭龄感到不能不开口了，因为不开口就等于默认记者的说法。

“我告诉你，蒋夫人这次出国是由于健康原因，她需要到国外进行治疗和休养。我作为大姐，在她生病的时候应该陪伴照顾她。虽然国内抗战非常需要我们与我们的军队和人民站在一起并肩战斗，但是治疗的时间表是按照医生的建议制定的。我问你，在你或你的家人患病的时候，你是否因为报馆每天要出报纸，而不去治疗呢？”

“说得好！我再问一句，蒋夫人以往治疗总是到美国去，那里科技发达，医术高明，为什么这次治疗不到美国去呢？”

宋霭龄的机智和口才并没有随着失势而失掉，她反过来问：“谁说我们不是到美国去呢？”

“那么您肯定这次航行的目的地是美国了？”记者想把宋霭龄置于对新闻界和广大读者撒谎的境地。

“我那样说了吗？”

“那么究竟是去哪里？”

“这很简单，我们下飞机后你看一下机场的名字就清楚了。”

宋霭龄甩开了苦笑的记者，陪宋美龄登上了飞机舷梯。

经过了漫长的空中飞行，宋霭龄和宋美龄迎着灼气逼人的热带气浪，在南美洲的重要城市巴西利亚下了飞机。人在失势的时候，一直当做第二故乡的美国也不是好待的地方。

在瓜纳拉巴湾中心巴西政府供要人玩乐的布罗科约小岛上，这两位中国贵妇人住进了一座诺曼底式的大厦，她们过着隐居的生活，避免与爱找麻烦的记者相遇。

宋美龄确实在进行治疗。

宋霭龄可没有整天守在宋美龄的病榻前，她有足够忙活的重要事情。

同巴西铁腕人物热图利奥·瓦加斯两次会见后，宋霭龄已同他成了最要好的朋友，他们可以在一起品茗、打台球、随便说笑。宋霭龄的交际能力是蒋介石的任何一届外交部长都望尘莫及的。

宋霭龄送给瓦加斯的礼物中，有中国明清两朝有作为的皇帝用过的一些宝物，这不仅使瓦加斯对东方文明有了实际了解，更重要的是宋霭龄的礼品暗示着瓦加斯也是至尊至威的中国皇帝式的统治者，这一层尤其令瓦加斯有相遇知音之感。为了显示他真正的权威，瓦加斯下令政府部门为宋霭龄在巴西的一切活动提供方便。

宋霭龄此行的目的已经非常明朗了。她在最高层的权力斗争中失败，孔祥熙的职务也将保不住。在国民党统治下，没有权力开路和庇护，庞大的家财不仅不能再增值，迟早还会连老本也被吃掉。她必须趁斗争结局没有公开化之前，把国内的巨额财产转移出来。南美洲离中国遥远，联系不多，把财产转移到这里，相对比较安全。同时这里矿产丰富，发展前景看好，向这里投资能够取得丰厚的利润。宋霭龄在巴西购买了大量企业股票，有石油、采矿、航运等产业，在圣保罗的银行里存进了巨额现金。

不能把所有的鸡蛋放在一个篮子里，始终是宋霭龄的理财准则。在巴西安顿一番后，她又飞到委内瑞拉首都加拉加斯、阿根廷首都布宜诺斯艾利斯以及秘鲁、智利等南美洲各地，把巨款分散存进银行，购置了日后有利可图的产业。

和宋霭龄、宋美龄同时离开中国的孔祥熙，倒是去了美国。他公开的使命，是到新罕布什尔州的布来屯森林，参加国际货币基金组织世界银行会议。

他们三人这一去，在国内抗战正炽的紧要关头，竟是整整一年之久。

蒋介石心里明白，姐妹俩和孔祥熙这一离开，就等于缴了他们的械，他们的前胸后背只能任人拳击脚踹了。

四

蒋介石严格控制着对孔祥熙攻击的分寸，政治态度和涉及与蒋介石的关系方面一丝不许露风，至于其他方面，那就由众人八仙过海，各显其能了。

宋霭龄为孔祥熙制定了“边打边撤、步步为营、增灶减兵”的战略方案，免得撤退太快使全军覆没。孔祥熙在内外夹击下一步步从政坛隐退。

先是陈果夫、陈立夫兄弟，跳出来大叫“孔祥熙权力太大”，于是孔祥熙提出辞去行政院副院长、财政部长之职。蒋介石发表了一通对孔祥熙赞扬的官样文章，“照准”了其辞职“请求”，换上了以往一直梗着脖子跟自己斗，但在这场关键的争斗中没有参与阴谋的宋子文。

接着美国人对孔祥熙的种种指责不胫而走。以往这类消息是严格保密的，现在却成了借刀杀人者求之不得的宝贝。

“哎，你听说了吗？罗斯福总统的私人代表居里来重庆住了不长时间就发现了孔祥熙许多劣迹。有一次居里当众说：‘中国要人的子女有一百七十多人在战争期间逃避兵役，在美国过着花天酒地的生活。'他说的这里边最主要的就是孔祥熙和他手下红人徐堪的子女。"

"嗯，美国人早就看出老孔不是好东西。那次美国人想在中国物色一人担任燕京大学校长，孔祥熙办铭贤学校尝到了甜头，想这是既捞名声又得实惠的好差使，就托司徒雷登为自己活动，结果美国政府来电说，孔祥熙政声不好，一口回绝了他，闹了个癞蛤蟆跳门槛——连跄鼻子带丢脸，哈哈!"

"美国情报局早在美国公布过一份材料，1942 年孔祥熙动用两亿美元的美国贷款，在上海向商人购买货物，结果你猜他购买的是谁的货?"

"谁的货?"

"他购买的是自己老婆的货！你想这还有好吗？那两亿美元公款不叫他黑掉一半才怪呢!"

"听说罗斯福早就向蒋委员长施加压力，要他撤掉孔祥熙的财政部长职务，可委员长一直不肯。这一次，孔祥熙的丑事都抖出来了，我看委员长非大义灭亲不可了，要不他也要受牵连了。"

"嗨，别信那个，老孔和宋家老猫对蒋委员长可是有大恩，你不拿出过硬的东西来，一般的事可别想让委员长下这个手。"

蒋介石这一手玩得确实高明，许多人根本想不到是蒋介石故意抛出了孔祥熙，还真以为老孔是经济上犯了事没法保了呢。

蒋介石当然清楚，对孔祥熙这样从南京政府一成立就任部长，以后一直是副院长、院长的大人物，仅搬出几件小事就让他下台，势必引起怀疑，还可能使他日后东山再起。非端出件大事搞得沸沸扬扬，让他彻底臭了才行。

像孔祥熙这样的人物，要端他的事当然有的是，但远的不行，那样人家会说早干什么去了，为什么现在才往外抖，要端就得端近的。蒋介石主意打定，就从孔祥熙私分美金公债开刀。一来这事涉及数额巨大，必能激起公愤；二来涉及美国，可以把美国人对国民政府腐败的指责转移到一个人身上。

五

蒋介石决定端出的美金公债事件是这样的。

太平洋战争爆发后，为了使中国能在大陆拖住日本，美国政府给了蒋介石国民政府5亿美元的贷款。孔祥熙同财政部和中央银行的助手们研究后，决定用3亿美元向美国购买黄金，1亿美元购买军火，1亿美元作为发行美金公债的储备。当时按官价汇率是法币20元兑换1美元，但开始这笔公债却没有人肯买，因为国民党发行的公债太多了，人们以为这次又是骗钱花招。后来风声透了出来，这次的公债确有美金准备，于是公债迅速成了最抢手的紧俏货。买到公债的人把它拿到黑市立即就可以以100元法币脱手。一看美金公债奇货可居，宋霭龄立即问孔祥熙，还有多少公债没卖出去。孔祥熙估计售出的还不到一半，宋霭龄说，好，公开销售就到此为止，剩下的我全要了。孔祥熙感到这样恐怕要惹麻烦，突然停止销售，民众可能闹事。宋霭龄一指头点到老孔额上："闹什么事？卖完了谁有办法？想要早干什么去了？"孔祥熙心领神会，指示国库局长吕咸和业务局长郭景琨等，要留部分公债慰劳办理公债的有功人员，要他们分头去办。于是第二天报纸上发出一则消息称：民众积极支持抗战，购买公债空前踊跃，全部公债可望周内售罄。第二天是星期五，报纸一出，各办事处来买公债的更是人山人海，办事人员得到指示，一是尽量少卖，二是延长办公时间。结果人挤得多，卖出的速度却很慢，一直持续到晚上5点钟，各办事处同时挂出牌子："公债售完"，实际剩下还有整整一半——5000万美元的公债。

郭景琨等人把没卖出的公债押解回库后，只分给办事人员一个区区小数，局长级的人大约分得两成，其余的就全进了宋霭龄的公司，跑到黑市上兴风作浪了。仅这一次宋霭龄就赚了近30亿法币。这件事当时就有人告发，蒋介石曾派人去查，事实确凿，但当时老蒋只把它当做一张底牌放了起来，没事就永远压着，有事嘛，那就抖出来，足以让老孔吃不了兜着走。

1945年初，国民党召开国民参政会，孔祥熙鲸吞美金公债事突然在会上传开，一时搞得沸沸扬扬。参政员们平时对孔祥熙、宋霭龄的不择手段敛财就有一肚子意见，只是过去每次都被老蒋压住，这次他们感到抓到了把柄，立即写了提案，准备在会上讨论通过，将孔祥熙交政府严办。

参政会主席团成员王世杰出面为老孔解围，他说，案情性质尚属嫌疑，若政府调查与事实有出入，恐对提案人和大会信誉都有损，请自动撤销提案另行设法处理。

王世杰这一激，参政员们劲头反而更大了，许多人签名联署，而且拿出了确凿证据。

监察院长于右任也提出了对孔祥熙的弹劾案。

陈布雷把这事向蒋介石作了报告，本以为老蒋会像往常一样大动肝火，不想蒋介石听了，叹口气说："这件事情，哎，很糟糕，庸之只好辞职了。所吞美券只好分期吐出。"

陈布雷一时还摸不着头脑，蒋介石停了一会儿又说："嗯，只是此事一列入提案公开，将会对政府造成极坏影响，让美、英、苏等友邦认为我们是一个徇私舞弊的国度，将对我们抗战不予继续支持。这样吧，布雷先生，你找他们谈谈，说清这种利害关系，就将大会提案改成书面检举，直接送我办好了。"

经陈布雷做工作，虽未用大会提案方式，但这一改动惊动了更多的人，比作为提案掀起的波澜还大，不少人会上会下大喊大叫，要"除权相"，要"杀晁错以谢国人"，孔祥熙的名声更臭了。

有些人觉得还不够劲，开会时又提出了一个"质询"案，要孔祥熙亲自来大会上说说清楚。这样直接裁老孔的面子，老蒋怕物极必反，反而惹出其他是非来，就派人取走质询案。

但经过这样几番折腾，孔祥熙徇私舞弊的事闹得满城风雨，威信扫地，名声一落千丈，孔祥熙只好在辞去行政院院长和财政部长之后又相继“辞”去了中央银行总裁、中国农民银行董事长、四行总处副主席等职务。这样孔祥熙出国开会一年，共辞去了五个最重要的职务，只剩下了中国银行董事长、国府委员和国民党中央执行委员这几个有名无实的空头衔。孔祥熙再没有任何实力替宋霭龄辩护了。

第二十章

顶峰跌落

随着青天白日旗在大陆的落地，宋霭龄亲手扶持并积极效力的腐朽政权崩溃，她重返大陆同蒋介石斗法的舞台失去了。胸怀博大的中国共产党和人民政府始终向一切愿意回国的人敞开着大门，但是她没有回来。

——题记

一

抗日战争胜利的锣鼓，没有给宋霭龄带来什么欢乐。

虽然迁回了南京故宅，却已物是人非，昔日车水马龙的旧居，已门可罗雀。

此时的宋霭龄，感受到了在他们离国期间政界风浪的余波。她总觉得就这样退出历史舞台实在窝囊。经过一个时期的察言观色，她决定要孔祥熙再争一争，即使不能东山再起，起码要挽一挽面子。

宋霭龄找到蒋介石，向他历数了自1927年支持他成立南京政府，拉回宋子文，对武汉政府釜底抽薪，与宋美龄一起为他拉拢美国，争取外援的功绩，历数了孔祥熙多年来唯蒋之命是从，特别是主管财政以来，为保证蒋介石的军费需求和积累官僚资本所做的努力，为蒋个人增值财富所给予的特殊照顾，她对蒋介石过河拆桥、卸磨杀驴的恶劣行径深表不满，她要蒋说清楚，为什么这样对待自己和孔祥熙。

蒋介石不想做任何解释，也不想改变主意。他静静听完，冷冷说道："下面揭出那么多丑事，究竟是真是假？你们身为国家要人，应该替政府着想，只知一味贪财，多少能够满足？事到如今，老孔职也辞了，年岁也大了，我不会忘记你们的功劳，以后用适当方式，为老孔多说些好话，你们安度晚年吧。"

"谢谢！"宋霭龄阴阴地说过，就告辞出来。她此行的目的并不指望蒋介石能够发什么善心，而是要探探这一年来他老蒋又有什么新花花点子。她达到了目的，看出了蒋介石对他们的仇恨并没有新的增加，只要不再对蒋的古怪行为干涉，基本可以相安无事。

宋霭龄已经决定和孔祥熙出国定居，不在蒋介石眼皮底下惹烦。

但是她算来算去，如果这样去，只怕还走不利索，难免又生枝节，溃退之时被人再追杀一阵出国也不安宁，于是为孔祥熙制定了一个以攻为守、佯进实退的方略。

孔祥熙听到宋霭龄要他继续在政界活动，手摆得像拨浪鼓："子文早说过给老蒋当部长和当一条狗没什么两样，我过去还不以为然，现在感到这家伙说得还真透。我早已心灰意冷，你就不要再要弄我了。行政院长都辞了，还争别的什么玩意儿，岂不惹人笑话？"

"唉！亏你还是什么博士，孔圣人的子孙，中国的文化权术一样没吃透！孙子兵法上说，善战者胜而不败，败而不亡，亡而不死。我们现在败也败了，亡也要亡（逃亡），只剩亡而不死了，这一条再做不到，就连命也没有了。"

孔祥熙这才算过账来，"还是夫人……"事情到这个地步，那"高明"二字到了口边也说不出来了。

在蒋介石的伪国大会上，代表们注意到了一个奇怪的现象，已连辞五个要职的孔祥熙，竟忽然相中了立法院这块风水宝地。他利用自己的山西祖籍大做文章，积极联络冯玉祥、阎锡山等北方出身的代表，请一些下层人士吃饭、给他们送礼品，和他们套近乎，摆出一副要竞选立法院院长或副院长的姿态。别看孔祥熙在台上时许多人说三道四，要除要杀的，现在真被拉下马了，不少人又感到老孔混到这个局面也太惨了点儿，毕竟为政多年，没有功劳也有苦劳，没有苦劳也有疲劳吧，一时他竟然颇受同情，竞选呼声很高。

立法院历来是 CC 系和政学系的后院。陈家兄弟和政学系首脑张群一看孔祥熙攻势不小，怕他真被选上来，那就不好动他了，急忙小会动员、私下串联，双方联手一致抵制，才使孔祥熙的活动没有奏效。

宋霭龄为孔祥熙制定的这一套策略还真管用。孔祥熙虽然落选，但总算是让人觉得他孔祥熙败而不亡，还有活动力量，令人不敢轻易攻讦。夫妇二人从容收拢清理财产，准备出国事宜。

不久忽然冒出一件宋霭龄始料不及的事，使她大费脑筋。

蒋介石的政府离开重庆返回南京后，四川尹昌衡、刘存厚、田颂尧等六十多人，联名给蒋介石写了一封呈文，要求派孔祥熙到四川任省长，"主持川政"。

这封呈文堪称天下第一奇文，文中说，据四川民意测验结果，四川人民一致渴望派庸公来川主政。说什么孔氏致力革命，劳绩卓著，而尤以抗战八年各方奔走不遗余力，全国的妇女小孩人人皆知。要想让战后的四川交通便利，农业进步工矿发达，救老百姓于水深火热之中，非孔祥熙不行。文中还引用古语"千军易得，一将难求"，建设四川，"舍孔氏其谁?"以往四川主政之人，只知剜肉补疮，各种投资有名无实，以致失了人心，无人相信政府。说现在四川人盼孔祥熙，就像大旱之中盼降雨一样，只有孔祥熙来了，以往"天下未乱蜀先乱，天下已治蜀后治"的老例才能改观。孔庸之公一来，四川幸甚，中国幸甚!

刘存厚等人向蒋介石递上这封呈文的同时，还把一份副本送到了孔祥熙手上，恳求他救救四川人民。孔祥熙看了这纸呈文，顿时竟热血沸腾。参政多年，虽受过不少褒奖，但还没有一次像这张呈文说得这么肉麻兮兮，自己简直就是救世主一般，老孔一时高兴得就有些手舞足蹈。他想想这一年多没有职务处处受冷落的惨状，忆起以往门前车水马龙，走到哪里均受盛情接待的奢华，感到在中国还是当官最好。再想想过去看到的那些地方大员，一个个简直就是土皇帝，中央离他们十万八千里，哪里能事事管着，还不是为所欲为，作威作福，连中央要人也有许多不及之处。要不中国有老话叫"宁做鸡头，不做凤尾"呢。想到这里就有些动心，哼哼唧唧说了句半截话："我孔某对四川有感情哩，果得人民信任，自是义不容辞，只是……委员长那里……啊，等等看吧。"刘存厚一听这话，立即一躬到地，“只要庸公有意，委员长那里，我们定会极力争取，您就听好消息吧。”

谁知刘存厚一走，宋霭龄仔细看了呈文，向孔祥熙当头泼了一盆冷水。

宋霭龄一句句剖析呈文，分析形势，她说：“瞧瞧，民意测验结果，咱国民政府何时搞过真正的民意测验？政府何时代表过民意？老蒋上台是民意吗？你老孔过去当部长当院长是民意吗？子文这次代你而任财政部长是民意吗？现在台上的这些人哪一个是民意，怎么到了这次要你到四川去就抬出了个民意？就是真有这个民意，也不如老蒋一个主意。你再别让人捧晕了头。中国真的除了你孔圣人没有人适合到四川主政吗？没有人愿意到四川吃这块肥肉吗？你看看这里对四川以往主管的攻击，就该知道不是没人，而是人太多了，这里面大有名堂，是争不过来，是要弄手腕。你没看过《三国》吗？看过就该记得一段故事，叫死诸葛吓走活仲达。”

孔祥熙嘿嘿一笑，不就是诸葛亮死后，曹魏的大兵又来了，姜维没有办法，只好把诸葛亮的尸首放在小车上，推到阵前，司马懿一见，立即吓破了胆，连忙撤兵逃跑了嘛。

宋霭龄瞟他一眼，“光知道故事不会用顶什么用？说穿了，刘存厚玩的这一套，不过是把你当诸葛亮的死尸用而已。蒋介石和四川军阀历来矛盾很深，四川军阀内部也是派系林立，现在抬出你来，不过是为了压制其他人，压那些不合他们意又没有正当理由来反对的人，绝不是真心欢迎你去；一旦你答应去，马上就会生出别的枝节。我们到这地步，千万不能干为别人火中取栗的傻事，是不是？”

一席话说得个孔祥熙后背发凉，喃喃说道：“这个，这个，俄还真没想到咯……”

孔祥熙为避免被动，主动请人给蒋介石捎话，自己无意担任新职，四川之地更不愿前往。蒋介石也很给“面子”，立即“照准”。孔祥熙的一方诸侯之梦也就烟消云散了。

二

离开祖国之前，宋霭龄回首大半生的足迹，不禁百感交集。想自己5岁进入马克谛耶女校，何等聪明早慧；15岁入美国威斯里安女子学院留学，增长多少见识；回国之初，在父亲手下积极投身革命，经历了多少险滔恶浪；孙中山回国，在他手下担任秘书，处理军机，考察铁路，一起流亡日本，艰难险阻，却能使理想的风帆高扬。可自从跟老蒋搭上手，虽然换来了老孔地位日见显赫，又积累了万贯家财，但策划于密室，立威于黑道，明争暗斗，费尽多少心机！求荣取辱，几度沉浮，历尽沧桑，泯灭了心性，麻木了同情，落的个天怒人怨，连父母之邦都无立足之地，到头来好不凄惨……

宋霭龄又想到孔祥熙，当初是何等一个有志有为的青年，但自投身蒋介石麾下，装糊涂卖傻，逆来顺受，整个人都变了，外界都叫他“哈哈孔”，似乎就会哼哼哈哈。本来字为庸之，是孔夫子主张的中庸之道的“庸之”，多么文雅而富含哲理的名字，却又被丑化成“庸俗之人”的庸之，连宋霭龄自己也觉脸上无光。蒋介石忘恩负义，心狠手辣，小肚鸡肠，玩弄权术，今日抬甲压乙，明日拉乙挤甲，使各派攻斗不已，可惜多少人还执迷不悟。就连兄弟宋子文也悟不透，受外人挑唆，与亲姐、姐夫视若寇仇……难道，宋孔家族就这样被一击而溃，风雨飘零了吗？

啊！不！孔祥熙走了，孔家还有二虎一凤！蒋介石总不能连子侄辈也妄加罪名。我这个宋家大姐走了，宋美龄暂时受些冷落，但蒋介石终究要靠宋美龄与美国保持联系。蒋介石没有美国的支持一天也无法维持，而在美国人的眼里，宋美龄的形象才代表中国，美国人只接受这个除了脸型其他方面完全同他们一样的中国人。美国支持中国其实是支持宋美龄，蒋介石最终不能不靠宋美龄。假如有一天宋美龄接了老蒋的班，那天下还是在宋家手里。只是目前有个蒋经国，虎视眈眈。要设法让自己的后辈全力扶助宋美龄，那样，将来之天下，姓什么还很难说……

想到这里，宋霭龄忽然一扫悲凄哀怨，两眼又闪出火焰般的光。她把孔令侃、孔令俊、孔令杰召集到一起，留下了三条锦囊妙计，要他们如此这般这般……

一切安排停当，宋霭龄与孔祥熙一起再次重返太谷。

祭扫先人之墓，是出国前不可或缺的科目。但是他们并不曾预料这一去之后，蒋介石在大陆兵败如山倒，两年后也屁滚尿流地逃往台湾，祖先陵墓所在之桑梓，竟只能在梦中相见了。

宋霭龄眼前又浮现出第一次到太谷时的情景——秋风萧瑟，遍地枯叶中，突然响起的喜庆的唢呐和鼓钹，16 人抬的大花轿，每到一处欢迎的酒宴，太谷城里的鞭炮，围观看热闹的乡亲，孔家长辈怜惜的眼神话语，淳朴乡风中的补办婚礼……而这一次，春和景明，绿草茵茵，却没有一丝的喜庆气氛，官僚乡绅们打着客气而敷衍的哈哈，邻里乡亲冷漠地远远注视，没有人上前招呼，没有人指指画画——宋霭龄心里明白，对地方官僚，他们是塌台人物，没有任何巴结逢迎的价值；对普通百姓，他们依然是“党政大员”（孔祥熙还是国府委员、中央执行委员），简直如同动物界里非禽非兽的蝙蝠，两个阶层都不把他们看作同类，受此无言的冷落自是理所当然……宋霭龄想来，真不如一直和祥熙留在太谷，做个山野村民，也许心里并没有如今沉重的失落。但时间不能倒流，人的一生只能有一次关键的选择，悔和怨都是没用的。

和 32 年前第一眼看到的太谷相比，宋霭龄最明显的感觉，是黄土高原更贫瘠、更残破了，人们的衣衫更加破烂，脸上的菜色更重了，对此惨景，孔祥熙再不会说出“纽约不如太谷”的豪言也罢幽默也罢的话语了。对此情景，宋霭龄也能理解人们没有以往的热情的深层缘由了，孔祥熙担任政府要职20年，光是财政部长（莫论院长、副院长）就是十几年，可给老百姓究竟带来了什么？把国家治理成这个样子，确实于心有愧啊。

临进家门时，迎面来了一人，蓬头垢面，上身穿件破对襟褂子，下身却极不相宜地依旧捂着一条龇牙咧嘴的挽腰棉裤。宋霭龄心里一激灵，刚想厌恶地背过头去，却一下认出了这就是当年闹洞房时想往自己身上压的二赖子。二赖子显然已认出了他们，可他早已没有当年的活泼和激情，更没有那种不知高下的淳朴和友善。二赖子定定地剜了他们一眼，表情木然地靠墙站住，给他们让路。宋霭龄忽然生出一种同情，她想给二赖子打个招呼。她堆出笑来，故意大声地说：“哎，这不是二赖……啊，这不是二弟吗？走，到家里坐坐吧！”

“我？到你们家坐？”二赖子下意识地摸摸满是窟窿的大棉裤，眼睛先是闪出一丝羞惭，紧接着又露出一种敌意，攥住拳头别过了身去。

宋霭龄停着脚步，一时竟不知该如何动作。

“先回家吧。”孔祥熙轻蔑中夹着醋意，拉了宋霭龄一把。

三

孔祥熙在父母墓前摆了时鲜水果和酒水点心，孔家老坟里的每座墓前都供了丰盛的祭品。宋霭龄和孔祥熙并排站在一大堆兄弟子侄的最前面，孔祥熙甩了两下袖子，一群人呼啦跪倒，孔祥熙点着了香烛纸马，随即一股小旋风裹着纸灰在坟前升起，身后的小孙子欢快地叫起来：“老爷爷来拿钱了，老爷爷来拿钱喽！”

所有的人中只有宋霭龄没有跪，她把腰弯得很低。

多年来，她在人前一直保持着夫唱妇随的形象，唯有在这种涉及信仰的仪式中是例外。

离开老家的前一天，孔祥熙把宋霭龄带到了太谷城西五里远的程家庄。进了井儿院，他第一次动情地给她讲了自己的身世和少年贫困生活的真相，指给了宋霭龄自己出生的西厢房土炕。

宋霭龄吃惊了。

“你不是一直讲生于山西首富之家吗？怎么老院会是这种样子？幼年怎么至于去捡煤渣？”

“霭龄，我对你隐瞒了幼年家贫的历史，一生也从未给任何人吐露过家庭情景的真相。我这样做，开始是为了面子，以便借此抬高身价。后来担任政府要职，就更要这样讲了，目的是为了证明现在的财产大部分是祖传的，并非在官职上舞弊所得。第一条我成功了，第二条却没有奏效，到头来还是给我加了个贪污的臭名……”

“怪不得有人说你表面平庸，实则老谋深算赛过千年狐狸。你这一套，居然连我都骗了一辈子……”

“平庸也罢，狡猾也罢，到头来还不是让你那贤妹夫给坑了……”

“跟他的账还要慢慢算！”宋霭龄咬牙切齿地说。

“完了，我们输完了，我 67 岁了，来日无多，没有机会了！”孔祥熙重重地叹了口气。

“没出息！姜子牙八十遇文王，还开创周朝八百年基业呢！”

“虽有贤相，恨无明君啊！”

“哼！”宋霭龄气咻咻地走出了井儿院。

回城路上，只见田野里绿草盖住了黄土，田埂上开满了白色粉红色小花，路旁小树抽出了嫩绿的新枝，一片春和景明气象。宋霭龄又想起终生难忘的太谷第一眼印象，对孔祥熙说：

“看见这绿树红花，我忽然想起一句古诗：昔我往矣，杨柳依依；今我来思，雨雪霏霏。不知怎样改一下才符合眼前的情景？”

“噢，”心事重重的孔祥熙望一眼西下的夕阳，“我想起的古诗只有一句，‘日暮乡关何处是，烟波江上使人愁。’”

“愁愁愁！不说出口来行不行？”其实，宋霭龄的心里更烦闷。

四

离开太谷，宋霭龄和孔祥熙一起来到北平，拜会昔日的朋友，官场上对这位失去行政院副院长、财政部长实权，而只有国府委员、国民党中央执行委员官衔大人物的接待，是客气中透着冷漠，礼貌中藏着轻视。倒是那些官位不高又没有受过孔祥熙什么好处的几位旧交，显得情真意挚，热情非常。孔祥熙得势时，很少想到他们，对他们偶尔提出的一两个小小要求，很不在意。面对此情，孔祥熙曾愤愤不平地第一次骂了娘。宋霭龄瞪圆眼睛，呵斥老孔：“有什么不平的？富在深山有远亲，贫居闹市无人问，这是咱中国人几千年的传统了，有什么可抱怨的？要骂应该骂你自己，你自己在这方面做得如何？”孔祥熙又一次发出了一番高论：“我骂所有的人，骂那些得过我好处而今疏远、冷淡我的人，也骂那些没得过我好处而今对我热情的人，他们这是挖苦我、讥讽我，他们越对我好我越难受！也骂我自己，过去真是瞎了眼，好人没好待，待好的没好人！要再给我一次机会，哼，看我不……”

“再给你十次机会你也还这德性。台上的孔祥熙和台下的孔祥熙压根儿不是一个人，里里外外都不是！”

第二十章
顶峰跌落

“我不信！”

“信不信由你，不光你孔祥熙，连你遇到的这些人，在你得意失意时都不是一个人。”

“怎么会这样呢？”孔祥熙不想争辩了，他感到了疑惑。

“这就是中国人！中国人虽不是全都是连你在内的这三种人，可这三种人确实都是中国人。要想不生这闷气，除非你以后不与中国人打交道。”

“对！不与中国人打交道！走，咱们上青岛，那儿有外国人等着我呢。”

青岛，当年孔祥熙步入政界的发祥之地。旧地重游，感慨良多。孔祥熙不由自主地到了当年鲁案公署的衙门，回忆了那段时间不长却印象极深的坐办生涯。想起潘益民当初相面给自己带来的虎气和动力，孔祥熙不禁又热乎乎的。但很快他又犯了疑，潘的相术的确很高明很灵验，自己确实达到了那时连想也不敢想的一人之下、万人之上的高位，但他没说自己最终结局如何，目前这一段经历究竟是一生中的一“劫”呢，还是自己最后的命运？出国定居是将老死异国呢，还是一条东山再起的终南捷径？孔祥熙疑疑惑惑，可惜潘益民不在身边，不能问个明白。再一想，就是在身边，他会说真话吗？他真的能预测人生未来吉凶祸福吗？

孔祥熙把这种想法说给宋霭龄。宋霭龄倒是干巴脆：“相面那一套，还不都是察言观色，连蒙带唬。孔圣人都不相信的事，你还那么认真。”

“可潘益民说得还真对呢！”

“说得对，是因为你本来有这种条件，加上一激励，你更有了动力，成功的希望就大了。假如，你听了有那种可能，躺倒等着，还有这么灵吗？我是从来不相信命运，只相信奋进、竞争！只要拼命去争，许多情况就会出现意想不到的结果。”

孔祥熙默然了。他有一句话无法说出：拼争有时有好结果，有时，比如现在，唉，还不如……

比较起来，同美国太平洋舰队司令柯克上将的谈话倒使孔祥熙获得一些安慰。因为这场谈话事关他们到美国后居留生活的一系列根本问题，宋霭龄为这次会见做了精心安排。她不是像对待瓦加斯那样送他一些古董文物，外加一些廉价的吹捧，而是提供了一些美国军方感兴趣的东西。比如关于未来中国可能发生的变化，她让柯克将军能够有所预料，能够处于比美国同行更有利的位置，知道各种力量的真正底数，特别是宋家和孔家能够发挥的作用。她努力使柯克上将相信，宋家和孔家仍然是对中国以后发展趋势有操作力的势力，是保证美国在华利益的可靠伙伴。

在青岛海滨的洋房别墅里，柯克将军盛情款待了孔祥熙夫妇，进行了坦率的交谈。宋霭龄的努力没有白费，柯克将军明确保证他们在美国居留时将受到友好对待。

宋霭龄在上海万国公墓拜谒了父亲、母亲的陵寝，她没有把这一仪式搞得像孔祥熙那样隆重、那样伤感，她始终坚定地认为还会回来，还有在中国发挥作用的机会。明年是敬爱的查理父亲逝世三十周年忌辰，那时情况可能会有所好转，她准备到时把兄弟姐妹们都召集起来，搞一个像样的仪式，借以把家人重新聚合在一起……

在上海虹桥机场临上飞机前，宋霭龄接到了大妹宋庆龄的电报，宋庆龄祝她旅途顺利，到美国后生活愉快，也希望她能认清形势，适当的时候重返国内。当飞机舷窗外片片白云掠过的时候，宋霭龄心头忽然泛起一阵懊悔和沉重，她感到这大半生自己最对不起的人，是像这白云一样纯洁无私、光明磊落且一母同胞的宋庆龄妹妹……

秋天，孔祥熙接到宋霭龄的电报，说她身染重病。孔祥熙以这封电报为由，匆匆离开中国，踏上了美国的土地。

宋霭龄的确病了。

第二十章
顶峰跌落

在人民解放军彻底摧毁蒋家王朝的最后岁月，孔祥熙已从国民党政治舞台上消失了。在四大家族中，他是唯一没有被人民列入战犯名单的一个。

随着青天白日旗在大陆的落地，宋霭龄亲手扶持并积极效力的腐朽政权崩溃，她重返大陆同蒋介石斗法的舞台失去了。

胸怀博大的中国共产党和人民政府始终向一切愿意回国的人敞开着大门，但是她没有回来。

多年来一直坚定地坚持孙中山先生革命理想，同背叛孙中山三民主义和三大政策的蒋介石毫无畏惧地进行斗争，为人民解放事业做出杰出贡献的宋庆龄受到人民的尊敬和爱戴，在新成立的人民政府中担任了重要的领导职务。宋庆龄不计前嫌，向宋霭龄、宋子文发出深情的呼唤，但是他们由于种种原因，一直飘零海外，直至葬身异国。

宋霭龄这番出国，与 15 岁时到美国留学时的感受截然不同，那时的她每天都看到新的太阳升起。而这一次，看到的却总是日薄西山的景象。黄昏的离愁像影子一样追逼着她，密西西比河河水日夜滔滔，流不尽她去国怀乡之愁……

第二十一章
斜谷伏兵

孔二小姐驱车来到南京，直奔宋美龄内室：“干妈，您快出面吧，蒋经国把戴维抓起来啦！上海滩上人都疯了，都在给他叫好呢！”宋美龄吃了一惊，继而不免嗔怪道：“你们做事怎么不避避风头，如今叫我怎么管？”

——题记

一

宋霭龄和孔祥熙走了，但是她留下的二虎一凤还在国内。她交给他们的任务，一是继续利用国民党政权赚钱——在宋霭龄考察过的国家里，国民党掌权的中国是赚钱最容易的。二是想方设法给蒋经国捣乱，帮助宋美龄巩固地位，使她在争夺蒋介石继承权中处于有利态势。

孔令侃、孔令俊记得最牢的却只是赚钱。

1948 年盛夏，素有火炉之称的南京，郁闷湿热的低气压，堵得人胸口都喘不过气来。关在总统府里的蒋介石，烦躁不堪。东北、西北、华北、中原，各个战场军事失败的消息像雪片一样飞来。蒋介石反剪双手，大步转圈："娘希匹！都是饭桶，笨蛋！飞机大炮居然打不过共产党的小米加步枪！都是饭桶，饭桶……"

"父亲！"一直笔挺站立的蒋经国终于找着机会开口了。蒋经国虽是老蒋的亲生儿子，却没有蒋介石的高颧骨、直鼻梁、薄嘴唇和高挑身材，而长就一副方圆脸盘和敦实个头，但那眉眼神气却一脉相承。蒋经国从苏联留学回来，已在军政界任职多年，自以为对中国的事情已经研究透了，他要在蒋介石政权风雨飘摇之际，献上一条妙计，挽救这个即将解体的王朝，也使自己成为有功之臣，将来好袭位接班。

"噢，你讲。"蒋介石转过头来，望着经国。"父亲，比起苏美，我们的武器装备还是不行，实际上并没有形成对共军的绝对优势。你给我组建 100 个坦克团，我可以保证在半年内，不让共产党剩一兵一卒！"蒋经国一字一板地托出了他的计划。

"什么，100 个坦克团？"蒋介石闻言，像被绳子拉动的木偶人，身子一下子转了 180 度。蒋介石定定地在蒋经国脸上望了足有两分钟，然后倒退三四步，瘫坐在沙发里。他右手捂住眼睛，左手指住蒋经国：“你、你……唉！”

蒋介石还以为蒋经国真有什么回天的锦囊妙计，不想却是开了这么个吞天大口。100 个坦克团能不能打赢姑且不论，只说拿什么去买这么多坦克吧。去年一年的军费开支已是 100 万亿法币，而全年的财政收入总共不过 17 万亿，眼下这大窟窿还不知道怎么补呢。再说就是有钱，这坦克也不一定能买回来。满朝文武本来就是贪官污吏，现在眼看覆亡在即，捞钱更是不顾一切了。前不久大国舅宋子文报告，一艘装着 60 辆坦克的轮船在太平洋上沉了底儿。可派人一打听，嗨！那 60 辆坦克在美国根本就没装船。再打听，那 60 辆坦克在美国军工厂压根就没有制造。那订购坦克的钱呢？除非变条大蛔虫，钻到宋子文肚里去探问。

蒋介石心乱如麻，现在这个摊子已是一塌糊涂。而经济上的混乱比军事上的失败更糟糕。到处官贪商奸，走私贩私，投机倒把，再加上财政部只知道开动印刷机印票子，整个国统区的物价飞涨已到了天方夜谭的程度。1937 年能买两头牛的 100 元法币，到如今只能买 2 粒大米了。照这样下去，老百姓的死活可以不管，但这政权是非完蛋不可呀！

过了半晌，蒋介石缓过神儿来，呷了口白开水，说：“经儿，前方打仗的事，你就别操心了。现在我要你立即赶往上海，把私人手里的一切黄金、白银和外汇，全部收回换成金圆券，严厉打击投机倒把的奸商，平抑物价，把大后方的经济形势稳住。这样跟共产党的仗才能打下去啊！”

蒋经国接受了经济管理督导员的任命，一时间倒也踌躇满志。为了蒋家的天下，他决心跟只管自己发财的贪官奸商大干一场。

1948 年 8 月 20 日清晨，蒋经国率领“行政院戡乱建国大队”、

“大上海青年服务总队”、“青年会联谊会”等亲信组织的大批人马，浩浩荡荡抵达上海，杀气腾腾地掀起了中国现代史上的一场经济风暴。

蒋经国一到上海，立即发布命令：黄金、白银一两不准出口，一两不准留存，全部送到银行换金圆券；一切商品的物价，全部停留在8月19日水平上；所有商店、仓库的货物，必须敞开销售，不准囤积居奇，不准转移外地……如有违犯，严惩不贷！并且号召市民出来告密，揭发那些贪污受贿、走私贩私、投机倒把的官员和商人。他在电台广播中慷慨激昂地大喊：“打倒投机家，消灭暴发户！”“专打老虎，不拍苍蝇！”

一时间，蒋经国说到做到。他亲自指挥上海的宪兵、警察，连同选拔的几万青年，一齐出动，检查物价，审查账目，查封仓库，接受告密，刮起了一股摧天拔地的“打虎旋风”。

财政部秘书陶启明，泄露经济机密，大搞股票投机，被人赃俱获，蒋经国朱笔一批：“杀！”

上海警备司令部经济科长张亚尼和稽查处第六大队长戚再玉贪污勒索，蒋经国大笔一挥：“杀！”

行政院长孙科的经纪人、大富商王春哲囤积居奇、哄抬物价，蒋经国钢牙一咬：“杀！”

三板斧下来，蒋经国威名大振。外国记者称他为“经济沙皇”。上海市民欢呼雀跃。那些贪官奸商则一片恐慌，不知哪一刻自己的罪行暴露，被蒋经国的铁腕扼住喉咙，脑袋搬家……

而此时，上海最大的两只“老虎”——孔二小姐和她的长兄孔令侃，却稳坐在四川路上的嘉陵大楼里品茗斗嘴。

孔二小姐得意扬扬地把脑袋歪到一边说：“戴维，人都说你生意精。这回呀，自从3月份得到币制改革的消息，我的嘉陵公司已经利用它赚了这个数——”孔二小姐捏起三个指头，在孔令侃面前晃着，眼睛笑成了一条缝，“怎么样？”

孔令侃乜斜一眼，二郎腿一翘：“哼，我破仓库里那批货出手，也比你赚得多！”

孔二小姐腾地从沙发里跳起来：“别小瞧人！你当我就没有东西啦！”

孔令侃正要说话，忽然门被笃笃笃敲响，不等屋里人说话，一个身材瘦长、腰像虾米的人跨进门来。孔二小姐满脸不悦：“范河马，你闯这儿干什么？”

范河马点头哈腰：“二位先生，我有急事给我们总经理报告，顺便也想告诉二位先生，杜老虎昨天夜里往香港运金条，被抓起来了！”

孔令侃大吃一惊：“什么，抓了老虎？蒋经国知道他是杜月笙的儿子吗？”

范河马赶紧回话：“就是蒋经国下的令，他说‘就是玉皇大帝违令也得抓！’总经理，咱们是不是……”

“知道了，你先回去吧！”不等孔令侃发话，孔二小姐径自下了逐客令。

范河马走后，孔令侃在屋里踱了两步，把手里的雪茄狠狠拧灭说：“好啊，这蒋太子也太凶啦，他难道不知道老蒋上台还有杜大耳朵一份功劳吗？今天竟敢抓他的儿子，真是王八吃秤砣——铁了心啦！”

孔二小姐呵呵一阵冷笑：“怎么，害怕啦？那我劝你趁早去向督导员先生投案，把咱们怎么得到经济机密，你利用它赚了多少，手里还有什么货，通通供出去，争取宽大处理，免得被抓被杀——”

“哼！你别激我，蒋经国不过是做做样子，借以抬高自己。我的情况他也不是不知道，就是别的公司都动了，我的扬子公司谅他也不敢伸手！”孔令侃似乎理清了思路。

“啃——”孔二小姐皱起鼻子，声调拉得长长的，“这么说，我的嘉陵公司也比不上啦？”

孔令侃耸耸肩膀：“那还用说！”这一下，孔二小姐急了，她可是从来不服输的人，顿时眼珠子一转：“这么着，咱们打个赌！”

“打赌？”孔令侃一时不解。“对！咱们这样，如果蒋经国向你的扬子公司下了手，你输我50万美金；如果向我的嘉陵公司下了手，我输你50万。如何？”孔二小姐逼视着孔令侃，一字一板地说出了这场大赌的价码和条件。

“这——”孔令侃想到了蒋经国的过去。1939年，蒋经国在赣南任行政督察专员兼保安司令，上任就喊出：“打倒封建恶霸势力”，禁烟、禁赌、禁娼，严刑峻法，杀的、关的、罚的，一度使那里有名的恶霸势力凶焰有所收敛。这次到上海，更是摆出一副铁面无私、六亲不认的架势，万一他要……转而他又想到自己，哼！我孔令侃也不是好惹的。上学期间，我就建立了“南尖社”，网罗了一大批像效忠希特勒一样效忠自己的喽啰。这几年无法无天的事干过多少，谁敢过问？香港《大公报》曾发表文章《爸爸在朝当宰相，人人称我小霸王》，那算只说对了一半。干预政治，连行政院长的绝密情报我都敢截获；经营商业，压根就是靠走私逃税起家。这扬子公司最初的资本，还不就是抗战时期在滇缅线上非法运输积累起来的。现在我的公司只做现货交易，不做期货生意；只收黄金美钞，不收国币，哪里还有第二家？你珍妮特的嘉陵公司，我还不知道根底？不就是在美国人武道手中“买”回一张什么经济学硕士文凭后，自以为会做生意了，非要把父亲一直经营着的裕华银行、祥记公司、广茂兴商行、普丰源商行组成一个联合公司，交你经营。父亲本不同意，结果你大闹一场，迫使老父做出让步，把除了裕华银行之外的三家商行拨给你吗？当然啦，你做生意也有一套，你那时经常从香港空运重庆缺乏的物品，打上国家的招牌，关税分文不付，赚了不少。你对抗国家法令胡做硬干是胆子不小，能耐不小，你那时的货物都由财政部总务司司长边定远做收货人，一次航空检查站查出破绽，要没收货物，结果你软硬兼施，恫吓和贿赂并用，最后倒把航空站也拉入了你的伙。可我孔令侃干得也不善，我套用国家外汇购进美国汽车，专卖黑市价，哪一笔利润没有三四倍？前年我走私运进一批马口铁，被海关查住，结果又怎样？最后不仅乖乖放行，还被我卖给国家，多赚了几百万。说到底，这国家还不是我们的……

想清了这些，孔令侃充满自信，“好，赌就赌！”

“慢！”孔二小姐还有条件，“不论风声多紧，公司的一切活动照常进行，你要是趴下避风，也得算输！”

“顶风上？”孔令侃又有些犹豫。

“否则，那算什么能耐？”孔令侃咬咬牙：“好！你这嘉陵公司还不都是非法走私、买空卖空的勾当？蒋经国就是真要下手，也得先从你开刀！”

孔二小姐长长的一串冷笑，让人听来毛骨悚然。笑声中，兄妹二人三击掌，就算赌上了。

二

且说蒋经国的铁扫帚在上海滩上东刷西扫，一时间倒也颇见成效。现在又抓了青帮大亨杜月笙的儿子，满以为大功告成在即，不想晚间各方报来的情况，形势并不太妙。一是银行收兑的黄金越来越少，这一天全上海只收到六钱；二是各公司的物价虽不再上涨，却是水牌高悬，宣称无货。市民们原先的一点欣喜，又被淹没在一片经济恐慌之中。

夜深了，蒋经国还在伏案苦思，症结究竟何在？突然，“嗖”的一声，一绺头发飘了下来，定睛看时，一把雪亮的飞刀，掠过脑门，深深扎入桌口。蒋经国不由脊背一阵发凉，他拔出刀来，上面带张纸条：

督导员先生：

打虎精神，可钦可佩。不过杜老虎之流，尚属虎崽，斑斓猛虎是否敢打？如有胆量，请到蒲石路扬子公司、四川路嘉陵公司一行。

这封又是恐吓又是挑衅的信，定是黑社会亡命之徒所为，不过倒也提醒了蒋经国，不擒虎王，无以服众，这次行动也难收大功。不过这孔家也确实不好惹，抗战前宋霭龄曾利用国家财政机密，大搞股票投机，被工业部长吴鼎昌搜寻了一切证据，捅了出来，但最后结果却是宋霭龄毫毛未损，吴鼎昌反而丢了部长。孔令侃、孔令俊抗战中的多次违法舞弊行为，也没有一次得到处理。但此时蒋经国不信这个邪，他自恃有老蒋的尚方宝剑，就是太岁头上也要动土。立即集合人马，就要出发。

蒋经国的心腹爱将王升悄悄拉住他问如何行动，蒋经国说："兵分两路，你去嘉陵，我去扬子！"

想不到王升竟嗫嚅着说：

"嘉陵那里，是孔二小姐那个魔头，我恐怕……"蒋经国说："那好，你去扬子，我去嘉陵！"王升把蒋经国拉回屋内，这才低声说："这件事还是莽撞不得。"

蒋经国眼睛一瞪："过去那些人只管保全自己，不为国家着想，我却是舍得一身剐，真心为国家，有什么好怕的？"

王升说："吴浩宇查孔家仓库的事你可知道？"

蒋经国眼睛一瞪："彼一时此一时也，现在我们难道还怕他不成？"

第二十一章
斜谷伏兵

“怕当然倒不必真怕，不过那次查库中，要依着孔二小姐，非把吴浩宇杀了不可，是宋霭龄有更好的主意才没让她那么蛮干。现在宋霭龄不在了，孔二小姐失了约束，就怕她真的做出绝事来。这孔令侃虽同样是心狠手辣，但有时还顾个大场。那孔二小姐可是个不顾后果、一味硬干的主儿。这次捅她的马蜂窝，她要是玩命，咱们为党国牺牲性命事小，岂不要误了委员长整顿经济的大事？”

蒋经国沉思半晌，才说：“杀我们她恐怕不敢，那样她的脑袋也保不住。”

王升急了：“哎呀！就算事后能拿她抵命，你不算算你的命值多少钱，她那条命值多少钱？这抵得过来吗？”

蒋经国踌躇半天，跟她拼个你死我活，自己确实太吃亏点，但就此罢休，又于心不甘，便问王升：“那你说怎么办？”

王升说：“咱们先拿孔令侃的扬子公司开刀，这也算杀到孔家头上了，然后看看动静，再想妥当办法向孔令俊这只雌老虎下家伙，行吧？”

蒋经国又想了会儿，也只好这样了。蒋经国率领全副武装的缉私队，来到扬子公司。13 层大楼里，堆满了汽车零件、呢绒、西药，蒋经国宣布立即查封。可是没有黄金。他们又来到坐落在一条窄巷子里的破旧仓库，范河马懒洋洋地起来，阴阳怪气地说：“谁呀？白天这里连个鬼影也没有，晚上怎么跑出这么多人？难怪报纸上说南京十万乌龟搬家哪！”

一个队员向他亮出搜查证，呵斥道：“少放屁！我们要搜查仓库！”

范河马依旧睡眼惺忪：“这里都是些破铜烂铁，你们愿意就帮忙整理一下吧！”

队员们折腾了半夜，库内灰尘飞扬，一无所获，只好撤回。

走到半路，蒋经国突然大叫一声：“停下，回去再搜！”

王升赶过来问:“怎么啦?”蒋经国说:“我们搜查的时候，范河马好像无所谓。但最后我们撤离时，我感觉他长出一口气，是如释重负的样子。这库里肯定还有名堂!”

蒋经国又杀回马枪，范河马吃惊不小。仔细一搜，果然在一堆烂箱子下面，查出一箱箱黄灿灿的金条。附近正有一扇小门直通海港，显然是准备偷运出境的。

蒋经国勃然大怒:“抓起来!”

“慢着!”一个西装革履、戴着金丝眼镜的年轻男子不知何时来到跟前,“这批货是我的，要抓人就抓我吧!”

蒋经国仔细一看，来人正是大表弟孔令侃。蒋经国觉得嗓子有些发干，沙哑地说了声:“表弟，你——”孔令侃把眼一眯，平举两手说:“什么表弟不表弟，你来抓呀!”

蒋经国把心一横:“私藏黄金，违犯禁令，给我铐起来!”

黄金和孔令侃都被带走了，站在远处的孔二小姐笑得直捂嘴。

在临时关押处，孔令侃托人找来了孔令俊，哭丧着脸说:“咱俩打赌的事算我输了，你快想办法救我出去吧!”

孔二小姐却轻松自若:“慌什么，等几天看嘛!要是把我也抓了，你那50万不就省下了?”

孔令侃气急败坏:“还是你有办法，我服我服;你快去想办法，谁知这狗太子会怎么处治我呢。等不得了，等不得了!”

孔令俊笑嘻嘻地安慰着:“你等着，不出三天，我保你安然回家。不过，出来后可不许赖账!”

三

孔二小姐驱车来到南京，直奔宋美龄内室:“干妈，您快出面吧，蒋经国把戴维抓起来啦！上海滩上人都疯了，都在给他叫好呢！”

宋美龄吃了一惊，继而不免嗔怪道：“你们做事怎么不避避风头，如今叫我怎么管？”

孔二小姐说：“他就是太子，你还是太后呢，你说话他总得听吧？”

宋美龄双眉蹙成了疙瘩：“他从不把我放在眼里，在苏联留学时就在报纸上写文章，说我是狐狸精，迷了他老爹，使他生母遭受遗弃。回来又是当面‘我的妈’，背后‘他妈的’，你又不是不知道，我说话他能听吗？”

孔二小姐可不听这些：“反正这事你得管！不行你叫老头子出面嘛！”

宋美龄还是面有难色，“蒋经国去上海是他亲自安排的，让他出面干预不是让他自打嘴巴吗？”

孔二小姐见恳求无效，脸色一变使出了杀手锏：“干妈，你先告诉老头子，三天之内戴维要是回不来，我就要在报纸上公布你们在国外的财产！好戏大家唱吧。”

孔令俊这一刀扎在了宋美龄、蒋介石的心窝子上。他们的大笔私人财产都在美国、巴西，由孔祥熙照管着。这时正值美国一些人在嚷蒋介石政府是个腐败的政府，要考虑换马。国民党内反蒋势力也非常活跃。这魔头真要狗急跳墙，把那些国外财产的内幕揭出来，蒋介石非立即下台不可。

孔二小姐这一手立见成效。第二天，宋美龄乘飞机直抵上海，要蒋经国撤手。蒋经国梗起脖子哪里肯听。

第三天，蒋介石又乘“美龄”号从北平赶到上海，一下飞机就当着众多军政大员的面宣布：“扬子公司一案立即撤销，上海经济管制结束！”

蒋经国万万没有料到轰轰烈烈的“打虎运动”竟是如此收场，

他悲戚戚地发表了个《告上海同胞书》，说时局艰难，要上海市民防备奸商，好自为之，然后怀着一腔哀怨，灰溜溜地回到南京。

孔令侃对二小姐真是又气又恨又爱，每次发生争执，她连亲哥哥也恨不得撅翻了；不论什么事情，她总是要占上风，这盘豪赌又输了个惨；可要遇到难题，她还真有办法！唉，说别的都没用，付钱吧，少她一个子儿她也不干哪！

宋霭龄对孔令侃、孔令俊在上海干的这一手，很不满意，他们虽然使蒋经国的经济管制没取得大的功效，但蒋经国轰轰烈烈的开场已经得了不少分。他们没帮宋霭龄得着一分，反倒使孔家失去了在上海赚钱的基地，真个是一盘赔本生意。可说什么呢，谁叫自己生养的就是这样的子女呢！

第二十二章
悠然自得

孔祥熙咧嘴笑了：向我放箭的时候，一个个都是力大无穷，气壮如牛，到头来下场比我还惨！还不如我及早撤出，早营造安乐窝，现在既不看蒋介石脸色，更不用受蒋经国的窝囊气。自己现在有钱有房，自成一统，豪华日子照过，要不是先一步下台，哪有这等安闲舒适？

——题记

一

孔祥熙接到宋霭龄电报，飞到了美国，二人住进了早已购好的里弗代尔别墅。

为了排遣被贬以来的郁闷心情，宋霭龄特地使人将曾国藩的一副对联用楠木雕刻，挂在了卧室堂前。

“庸之，每天早晚，你要把曾公这副对联吟诵一遍。”

“水宽山远烟霞回，天淡云轻古今同。”孔祥熙听从夫人指示，摇头晃脑，一字一句认真吟诵，但不是一遍，而是每天两次，每次两遍。

深藏不露的宋霭龄生怕老孔憋不过气来，伤了身体，赔了老本，她挂这副对联就是要提醒孔祥熙静心养身，宽心处事，先忘掉那些不愉快的事情。她始终相信留得青山在，不怕没柴烧。

孔祥熙虽是孔子子孙，却远没有孔老夫子的豁达，他的不平也不是宋霭龄一副对联所能排遣得了的。

在美国闲待一阵后，孔祥熙又溜回香港，办了一份报纸，密切注视着国内动态，准备一旦时机相宜，再度出马。毕竟当国民党的官，前呼后拥，作威作福，比在完全不买账的美国经商或当寓公，有滋有味多了。

他等来了什么呢？

首先看到的是四大家族的第三次分裂。

如果把 1927 年宋庆龄反对蒋介石背叛孙中山革命理想，反对宋美龄嫁蒋，反对宋霭龄、孔祥熙和宋子文拥蒋，毅然树起反对蒋介石新军阀的旗帜，看作四大家族的第一次分裂的话，毫无疑问，孔祥熙受二陈攻击，被蒋介石免职，宋霭龄再不能支配宋子文，则是四大家族的第二次分裂。当然这两次分裂不能同日而语。宋庆龄从家族中冲杀出来，那是在历史转折的关键时刻，革命和反革命、正义与非正义的原则之争。而孔祥熙、宋霭龄这次被逐，则纯属争权夺利的撕咬中上风下风之分。第三次分裂当然仍是此种性质，但也让孔祥熙高兴了一阵子。

1933年，孔祥熙在蒋介石、宋子文闹翻后，欣喜地从宋子文手上接过了副院长兼财长的肥差。12年后，蒋介石又从孔祥熙手上夺过副院长兼财长的职位，重交宋子文。不久，宋子文再升至行政院长，但到了1947年初，宋子文又遭到孔祥熙同样命运，也在短期内接连被免去行政院长、最高经济委员会委员长、行政院绥靖区政务委员会主任委员、四银行联合办事处理事会副主席等要职，只剩下国府委员、中央执行委员，与孔祥熙一模一样。所不同的是，孔祥熙被邀主持川政而未去，宋子文后来被任命广东省长却乐滋滋地上任了，年底他再被委任为广东绥靖公署主任、军管区司令，继续为蒋介石政权卖命，而终于被人民解放军列为仅次于蒋介石的第二号战犯。

孔祥熙早已下台，他没被列入战犯名单，他感到这也是因祸而得的一福。

接着，孔祥熙看到的是蒋介石的日子也不好过了。

辽沈一仗，东北失守；平津战役，傅作义献出了北平；淮海决战，蒋介石半壁江山尽失。人民解放军再接再厉，百万雄师过大江，蒋介石连老巢南京也丢了，他像个丧家之犬，只好灰溜溜地逃到台湾苟延残喘。看到这里，孔祥熙心理平衡了。他虽没了再度在大陆出山的希望，但蒋介石也不再是个能够呼风唤雨的“主子”了。

孔祥熙“黄鹤楼上看翻船”，看到了宋子文翻船，看到了蒋介石翻船，国民党在中国统治的船整个翻了。他怀着看了一肚子笑话的好心情，飞到了美国。

“嗨，你猜我现在心情如何？光念你那‘水宽山远’不行，我这一趟山景观下来，才真信了‘天淡云轻’。宋霭龄，你抬头看，真个是天淡云轻咯!”

“别人倒霉你高兴，劣根未除!”宋霭龄故意绷着脸。

“他们倒霉你不喜?”孔祥熙有些纳闷。

“你如果把这种事当做喜，我还有大喜告诉你呢。”

“什么喜，快讲快讲。”孔祥熙一副迫不及待的样子。

“喏，刚送来的，你自己看去。”宋霭龄的情报渠道依然畅通着。

孔祥熙急忙接过密报细看起来。

二

蒋介石败逃台湾，为了自己牢牢控制住这块弹丸之地，他又向过去依靠的“重臣”、“元老”一一开刀了。孔祥熙看到的正是这些昔日“英雄”的悲惨下场。

——宋子文逃离了老蒋快沉的船，也怀着一腔怨气到了美国，而到台湾的要员们则吵着要把他“开除”;

——四大家族彻底分裂，二陈失势，到台湾后失去了对秘密警察的控制，往日的威风尽扫;

——何应钦丢了军权，成了名义上的“战略委员会主任委员”，后来又成了“道德重整会”的“专家”，实际被“冷冻”了;

——大陆最后一任“行政院长”阎锡山，到台湾后被夺权，打发到台北附近的一座什么山上，去当“理论家”写反共文章了;

——白崇禧和薛岳更惨，被蒋介石怀疑搞阴谋，蒋经国带人到家搜查，翻箱倒柜，连地板都被刨开了。

孔祥熙咧嘴笑了：向我放箭的时候，一个个都是力大无穷，气壮如牛，到头来下场比我还惨!还不如我及早撤出，早营造安乐窝，现在既不看蒋介石脸色，更不用受蒋经国的窝囊气。自己现在有钱有房，自成一统，豪华日子照过，要不是先一步下台，哪有这等安闲舒适？

又一处因祸得福。

从此，孔祥熙心平气和，除了陪宋霭龄看病，就隔天到中国银行上班，照料他的财产。

一天，孔祥熙正在硕大的写字台后翻阅当天的报纸，领班进来报告说，有一人自称是孔院长的老部下，要求晋见。孔祥熙看了名片，见上面印着“曼哈顿房屋发展公司总经理”头衔，看名字却是原山东韩复榘部下的一个团长。那一年老孔用李毓万之计，从韩复榘手中骗回税收大权时，此人曾暗中帮忙，出过大力。韩复榘因丢弃山东被蒋介石处决后，孔祥熙对老蒋托出这段隐情，此人得以继续率领部队，而且出于稳住韩的部下的考虑，此人又被连连提职，到抗战胜利，已成兵强马壮的一军之长。在接收日伪财产这一千载难逢的发财机会中，已下台的孔祥熙眼看行政院长宋子文独吞果实，于心不甘，经宋霭龄提醒，召来此位将军，暗中令他到福建“抢收”，所得一分为四，一份上交，其余三份由宋霭龄、宋美龄和他本人瓜分，结果每人发了一笔。后来孔、宋赴美，已不知此人消息。现在突然也在美国出现，况且变成了什么“经理”，老孔一时不知其意欲何为，一时拿不定主意见还是不见。

孔祥熙问：“他来找我要办什么事有没有透出口风？”

领班说：“他只说见你，我问他何事他说是您老部下，特来问安的。这就什么也没法问了。”

孔说：“能不能打听一下此人现在的住处、真实的身份，我们也好对他的来意有所预料？”

“哎呀，这可比不得国内，暗中查访他弄不好警察会找麻烦。不如干脆告诉他您不在，打发走算啦。”

孔祥熙摇摇头：“你告诉他我今天正有重要客人，明天再来吧。”

“明天？明天您不来上班呀。”

“就这么说吧。”

第二天上午10点，这位昔日的马军长、今天的马总经理忽然来到里弗代尔孔祥熙住处门前，直嚷着要给孔院长贺喜。看来此人把一切情况都摸透了，根本没到银行，而直奔家里来了。

孔祥熙再躲不过，只好出来。

马军长一看到老孔，就双拳紧抱，直喊“恭喜恭喜”，并叫人抬上来一个大花篮。

孔祥熙莫名其妙：“喜从何来？”

“哎呀，孔院长当初洞察局势，不恋栈位，及时退步抽身，所有家产悉数转移出来，丝毫未受损失，这不是天大喜事吗？”

孔祥熙一听，原来说这陈糠烂谷子的事呀，心里没大好气，只说道：“哪里是我先见之明，受人逼迫，不得已如此，你来看我笑话吗？”

“岂敢岂敢！孔院长，我这是效仿古人，事出有因啊。唐朝韩愈老先生写过一篇有名的《贺失火书》，说那位官吏原先总被人攻击做官不廉，家财万贯，却无以自明。家中火起，众人去救时，才看到家里并没有什么财产。一场火烧出了一个清官名声，从此将会仕途得意，所以失火可贺。孔院长虽然提前退下，但财产都保全了。现在大陆丢了，咱们这些人后半生还不得靠钱生活吗？可是看看政府里、军队里那些一直在位的大大小小的人物，最后哪个不是仓皇逃走，财产都丢给了共军，大都落个一贫如洗？您是唯一财产未受损失的人哪！两相比较之下，我才敢来给院长贺喜呀！”

“因祸得福哪！”孔祥熙算把这句话记牢了，不过他马上又教导姓马的：“我这院长也早下台了，你呀就别再给我戴这高帽，给我惹麻烦了。你还是叫我老孔好了。”

“是！院长。我还想把当初对不住你的人最近的惨相给你说说，您就知道我这喜贺得有道理了。”

孔祥熙听到这儿，不由一阵高兴，这才把姓马的请进客厅，亮开嗓门高喊一声：“看茶！”

孔祥熙自下台以后，最爱听的就是别人倒霉。他让姓马的详细谈谈，那些曾经攻击自己嗓门最大的人最后是如何丢财舍业的。姓马的这下得以发挥，添油加醋，把那些人一个个贬了个狼狈不堪。孔祥熙听到生动处，不由连道：“报应，报应呀！”

马军长说着说着，不知何时扯到了自己身上。他说：“我呀，也是真傻，眼看共军占领了江北，还净信老蒋说的长江天险，固若金汤，划江而治，伺机反攻的鬼话。结果，嗨，我只把孩子老婆和一点金银细软送到了国外，那些企业房产，一点没顾上处理。那天听说解放军要过江，我想怎么也得守个一年半年的，就想赶紧处理还来得及，刚想找人谈，那天早上一觉醒来，说解放军来了，我还说扰乱军心，就是神兵也没这么快呀。没容我反应，城外已经响起了枪声，电话也断了。结果哪，别说处理财产，就连部队也没集合起来，我们就完了。瞧，到现在，也就只剩这条命了。我到这里，看中了一处房子，一家人也得有个窝呀，可，财产都丢了，钱一时凑不齐，院长能否看在过去的交情上，帮我一把……”

孔祥熙吃了一惊，“你不是房地产公司经理吗？怎么自己还没安顿好？”

姓马的苦笑一下：“幌子，要不我怕没人肯见我呀！”

孔祥熙还沉浸在听别人笑话的快乐中，没想姓马的说话技巧这么高，没容他反应过来，已经把皮球踢出来了。孔祥熙一直庆幸自己没受损失，这一下怎么办？想哭穷装蒜也拐不过弯了。他沉吟了半晌才说：“我的财产是转移出来一些，可我大都用于投资了。这在国外做生意，咱们一时还真没经验，赔得多呀！”

“瘦死的骆驼比马大，您拔根汗毛比我腰粗，大观园里刘姥姥说得不错。我听说您刚在纽约附近又买了高级住宅，160万美金呀！还在纽约最繁华的百老汇路租了房，一天就是150元。我就要点贷款，只要我的生意开张，还本付息是不成问题的，您总不忍心看我一家去住贫民窟，给咱中国人丢脸吧?”马军长显然对老孔的情况摸得很透，想蒙哄他不容易。

孔祥熙还在沉吟，宋霭龄早从里边转了出来，她亲热地跟马军长打过招呼，把一张两万美金的支票塞到了他手上："初来乍到，生活上定有许多不便处，这钱你先用着，以后有什么困难尽管说，老朋友了嘛，不要客气哟!”

马军长忙不迭说："我写借据，我写借据。"

宋霭龄严肃起来："你要借钱还是到美国银行去。咱们是老朋友，互相帮忙是应该的。哪一天你发了财，说不定我还得求你。你要跟我们认真，那以后可就不好相见喽!”

马军长见宋霭龄如此说话，只好一躬到地："那我就代表全家谢院长和夫人了!”

孔祥熙急忙转弯："何必客气！啊，就在这里吃饭，咱们边吃边聊吧!”

马军长急忙起身："谢谢了，谢谢了。我今天还有急事，以后再来叨扰。"

姓马的一走，宋霭龄给老孔说："这种知道我们根底的人不能得罪，可你要借钱给他，以后他还会常来。给他一笔钱，都是有脸面的人，他以后就不好再开口了。以后再有这种人，还是这样打发。有过几个，别人就不好来了。以后要注意在美国多交朋友，特别是政界有希望的朋友，而慢慢避开从国内逃出来的人。中国人中只在我们圈内的人当中活动，方可保证安全。财产的事，以后再不要讲因祸得福、丢官保财的话了，搞不好会招来大麻烦的。"

孔祥熙连连称是，但不久他们的财产还是招来一场大风波。

第二十三章

绝处逢生

1950 年美国参议员选举，宋霭龄拿出了 100 万美元，打发小儿子跑到洛杉矶，捐给尼克松做竞选活动经费。她还亲自出谋划策，动员了加利福尼亚州的华侨都来投尼克松的票。尼克松顺利地当选为参议员，成为宋霭龄在美国政界的一位代言人。同时，她在败逃台湾的国民党人中也重新抬高了身价。

——题记

一

宋霭龄善于敛钱，也很会用钱。

她到美国后用很大精力研究美国的政治形势，逐渐筛选出了一批要全力结交的政治家，初出茅庐的尼克松就是有代表性的一个。

宋霭龄派孔令侃去和尼克松做朋友，在他需要的时候，不惜代价地给予资助，并且经常邀请他到自己新购的一所豪华别墅里做客。这所新房位于纽约长岛。那里风景优美，是全世界最有钱的人聚居的宝地。

尼克松年轻英俊，是强硬的反共派。宋霭龄认为他日后大有发展，必在政界占有位置。可是在美国要想在政界出头离不开金钱，尼克松缺乏活动经费。

尼克松想在政界出头但苦于没钱，宋霭龄有钱需要寻找美国政界靠山，双方一拍即合，很快成了密友。

1950 年美国参议员选举，宋霭龄拿出了 100 万美元，打发小儿子跑到洛杉矶，捐给尼克松做竞选活动经费。她还亲自出谋划策，动员了加利福尼亚州的华侨都来投尼克松的票。尼克松顺利地当选为参议员，成为宋霭龄在美国政界的一位代言人。

才华横溢的尼克松在政界平步青云，宋霭龄喜滋滋地看着自己的投资正在产生效益。有了这样的王牌，她在美国的居留有了可靠保障，在败逃台湾的国民党人中也日渐重新抬高了身价。

青天白日旗在南京的总统府被解放军大炮轰落了，蒋介石又把它挂在了台湾的总督府上，总督府被改成了又一个“总统”府。二百多万人涌入台湾，这个只有三万多平方公里的岛屿一下子热闹起来。由于陈诚的苦心经营，台湾已没有原四大家族中宋、孔、陈三家的市场，其他什么桂系、奉系、川军、滇军各地方势力也由于在大陆被老蒋推到前线，部队基本被歼，失掉了与老蒋对抗的本钱。已经下野的蒋介石又腰粗气壮起来，未经任何手续就宣布自己又成了“总统”。他声称这个小岛就是“中华民国”，并发誓要从这里出发，重新去收复大陆。

蒋介石忘记了，他此时不仅是中共通缉的战犯，而且国民党内也还有许多人不承认他的地位，甚至连过去长期支持他的美国人也没有把他看成一个政权的头目。

罗斯福总统由于贡献卓越和正处于第二次世界大战期间，1944年打破美国宪法规定的一个人只能连任两届总统的惯例，第四次当选。但是没几个月他就病逝在任期内，副总统杜鲁门按规定继任总统。杜鲁门虽然仍然支持国民党政权，但却不支持蒋介石。他认为蒋介石独裁腐败，不符合美国民主政治的要求。蒋介石在台湾宣传自己在战争最后期间下台已经不算数的时候，杜鲁门仍然只承认李宗仁是民国总统。

当蒋介石好不容易把宋霭龄、孔祥熙和宋子文都挤出执政的核心圈，使宋家只剩下一个宋美龄在身边的时候，他看出了自己其实是离不开宋家的。只有在美国受过教育的宋家兄妹能和美国人搞好关系，只在日本军校混过的自己和美国人经常是格格不入的。没有了宋家就没有了美国的支持，在与中共对峙的情况下，失去了美国支持就无法生存。算清了账的蒋介石开始重新调整对宋家的关系。

蒋介石和宋美龄早已和好。他们年事已高，又处境不妙，不允许再闹离婚风波，况且多年的生活使他们都清楚除了感情以外，对方那里还有自己需要的东西，命运和利益已经把他们紧紧地捆在了一起。

自大陆溃退之后，失败的责任问题已经远远超过了其他内部的纷争，只要宋霭龄和孔祥熙不再直接威胁自己，蒋介石愿意借他们去压迫其他派系。这就出现了一个奇怪的局面——被蒋介石逼下台的孔祥熙又不断受到蒋介石吹捧，成了他开脱自己责任的招牌和打击他人的石头。

二

忠心耿耿的陈诚已经把总督府修葺一新，并且辟地修建了江南水乡式的精致花园，好让心情灰暗的蒋介石尽量有一个仍在南京统治全国的幻觉。

1949 年 11 月底，宋希濂兵团全军覆没，胡宗南 40 万大军土崩瓦解，卢汉 12 月 9 日在云南起义，白崇禧的几十万部队在广西被歼……宋美龄发现蒋介石突然变老了，步履蹒跚，腰也躬了，盛气凌人、动辄发怒的怪戾脾气也变了，变得死气沉沉。他经常一人向隅呆坐，很爱自言自语，不时咕噜几句谁也听不明白的话。

宋美龄感到必须给蒋介石一些鼓舞，使他从失败的沮丧中振作起来。

“老头子，杜鲁门虽然不喜欢我们，但隔着一个海峡，共产党没有强大的海军，一时总不会打过来，海峡两岸可能有相当长的对峙时间。我们现在除了加强金门、马祖等前沿岛屿的防卫，我看我们要加紧发展经济。只要人们丰衣足食，不再像大陆时期那样很多人饥寒交迫，我们就能争取人心，站稳了脚再图反攻……”

“发展经济？我们有从大陆运来的几百万两黄金，有从上海搬来的工厂设备，足以维持了。现在党内人心不齐，美国佬也不知哪天会抛弃我们，现在用很大力气搞经济，难解燃眉之急啊！”蒋介石另有想法。

“美国的态度确实令人头疼，对这个杜鲁门我觉得还是没有什么好办法。噢，对了，大姐现在美国结交了一批政界朋友，已经形成一股势力，有些人还很有希望不久在美国掌权，这可是改变台湾目前处境的一线希望。可是……你……以前，对大姐和她那个孔圣人也太那个了，如果借用的话，恐怕还得……”宋美龄说到这里就不往下说了。

“嗯，说下去说下去！”蒋介石眼睛里有了光彩。

“这主要是看你的了。”

“大姐过去对我帮过许多忙，这次一定还会帮忙。嗯，庸之先生是理财好手，主持抗战财政很有成绩，我过去几次破例表彰，后来嘛，嗯，后来嘛主要是有些人挑拨，对大姐和庸之兄造谣中伤，我是完全不信的。唉，要是仍旧由孔先生主持财政，我就不会被共产党打得这么惨，这仗主要输在经济上啊！这都是党内那些不负责任的混账东西为争私利来回搅和坏的，我对他们是没有一点成见，非常信任的。你可以把我的这个意思转达一下，总归是一家人，还要同舟共济啊！”蒋介石脑瓜转得很快，听说宋霭龄有用得着之处，一反上次与宋霭龄谈话时的仇视、冷漠和绝情。

“亲爱的，你能这样想真是太好了！多年的事实证明，蒋家和宋家，和则两利，分则两伤。你的这些话最好公开讲出去，先做一个姿态，也是对那段历史的一次澄清，对大姐也是一种安慰。”宋美龄抓住机会就不肯放过。

“好的好的，只要他们不回台湾跟我捣乱，怎么说都可以。后天有一个大陆失败检讨会，在会上我就着重讲讲这一条：孔先生被迫辞职，使我们财政一片混乱，是导致失败的重要原因。还可以借此压一压那帮老家伙，嗯，是不是？”

“很好，这是一个好的思路，省得那些人老是说军事指挥失误。那样说来说去，还不把账都算你头上？不过，也不要忘了给共产党算上一笔，就说孔先生去职，是共产党的反间计。”

“好啊，我的达令！你到底想问题角度刁。”蒋介石一扫脸上的阴云，腰竟挺直了不少。

“什么‘我的达令’，达令是英文‘亲爱的’，跟中文搅在一起说可是不中不洋，不伦不类噢。”宋美龄一脸娇嗔。

“好的好的，表达意思嘛！”蒋介石眉开眼笑了。

“报告！顾大使急电。”二人正说得来劲，一个毕恭毕敬的侍卫官站在了门口。

蒋介石接过电报，原来是驻美大使顾维钧拍来的。一看之下，蒋介石脸上的愁云又堆了起来，压得两条眉毛直往外突，嘴唇发抖，竟一句话也说不出来了。

宋美龄接过来一看，顿时也怔住了。停了一下，她把电文“啪”地往桌上一拍，嚷道：“李宗仁也太过分了，明知你已经复正大位，他还想以‘总统’身份去见杜鲁门。他现在还有什么东西能撑起这个‘总统’？”

“夫人，这不仅是栽我的面子，还关系到台湾的前途。你马上到美国去，想尽一切办法阻止他！阻止他！”蒋介石竹节般的手指在空中伸着、抖着。

“亲爱的，我马上准备动身，不过……”宋美龄欲言又止。

“需要带什么，你讲你讲。”

“别的都暂时不要。只是此去必然离不开大姐协助，我们刚才议的事情要马上办才好。”宋美龄盯着蒋介石的眼睛，生怕他又变卦。

“你快去准备，马上走，马上走！我明天就宣布孔祥熙先生为‘总统府资政’，刚才议的意思还是放在后天的正式会议上讲，那样庄重、有分量，你该放心了吧？”蒋介石似乎有些不耐烦。

“这‘资政’是一个什么头衔？”宋美龄还是第一次听说这名词。

“反正是好大好大的官呗，总不能还叫他来‘当院长’吧？”蒋介石又有些激动的前兆。

“我也没有那个意思啊。不过要人出力，总是要让人有那个心情。”

“好啦好啦，我懂！庸之兄是好说话的，哪像……”蒋介石把后半截话又咽了回去。

三

宋美龄星夜兼程赶到美国，一下飞机就去医院看望李宗仁。

李宗仁是去海南岛视察时，突患胃出血病倒的，他当时明知蒋介石在台湾宣布了复出，飞往美国做手术时却明令“行政院长”阎锡山以责任内阁立场处理国政，不许蒋介石插手。

宋美龄给李宗仁送上一大束鲜花和一堆高级补品，做出一副对李宗仁健康无比关切的神情说：“德公，你刚刚动过手术，一定要安心静养啊！一转入政治活动的旋涡，恐怕要老病复发的呀！”

李宗仁自然明白宋美龄的意思，他苦笑了一下说：“夫人，我何尝不想安心养病？可杜鲁门总统来请，我硬顶着不去恐怕有失礼貌吧？”

宋美龄往沙发上一躺，“噢，杜鲁门怎么说的呢？”

李宗仁从枕头底下摸出一封信，递给宋美龄：“这是艾奇逊国务卿写来的，你看看吧。”

宋美龄接过来，只见上面写道：

“总统”先生阁下：

欣闻贵体于动手术之后日趋康复。迅速复原，早庆勿药，实所至祷！如贵恙痊愈后，杜鲁门总统切盼能来华府一行，为贵我两国之相互利益，拜晤一叙也。

艾奇逊

宋美龄看到这封确实把李宗仁称作“总统”的信，手指不由微微发抖，但她仍强打精神说：“德公，你是党国德高望重的元老，希望能以大局为重。蒋先生已在全国军民拥戴下，复任‘总统’之职，这是举世皆知的事，如您仍以‘总统’身份前往会见外国首脑，岂不是我‘民国’有天出二日、分裂不和之象？因此蒋先生建议你以‘副总统’身份，做他的专使，去同杜鲁门会见，这样我看是比较妥当的，你说呢？”

李宗仁听到这里，不由从床上坐了起来，义正词严地说：“蒋夫人，按我国‘宪法’第四十九条规定，‘总统’缺位时由‘副总统’继任。正副‘总统’均缺位时由‘行政院长’代行权，并由‘立法院长’在三个月内召集‘国民大会’，补选‘总统’。蒋公在国家最危难时，卸任而去，把一个行将崩溃的摊子撂下不管，我按宪法规定继任‘总统’，这是名正言顺、人人皆知的事实。现在蒋先生要复任‘总统’，根据的是‘宪法’哪一条？这‘国家首脑’，怎么成了他不想当时就由别人顶着，他想当了别人就得随时让位？‘宪法’岂不成了儿戏？别人岂不成了木偶？我想提醒你，我的‘总统’是受之于‘宪法’的，并非蒋先生私相传授也。”

一席话说得宋美龄脸红到脖子根，她没有想到李宗仁竟这样硬气，搬出“宪法”来作对。因为一时实在找不出像样的理由给予辩驳，只好嗯嗯两声，嘱咐安心养病之类，匆匆离去。

宋美龄找到驻美大使顾维钧商议对策。她说：“我想马上见到杜鲁门总统或艾奇逊国务卿，要他们放弃会见李宗仁的想法。他的桂系部队已经在广西被共军全歼，撤到台湾的部队都是蒋公的嫡系，李宗仁已成光杆一条，没有任何力量了。我要警告这些目光短浅的美国佬，他们如果放弃蒋介石，在中国就没有任何人可以代表他们的利益，蒋介石的完蛋就是美国利益的完蛋，就是美国的失败和耻辱，就是美国多年来对华政策的破产！”

第二十三章
绝处逢生

宋美龄越说越激动，似乎她面对的就是杜鲁门而不是顾维钧。等她说够了，顾维钧才嗫嚅着说：“夫人，这些话很好，很有分量，但一定要当面给美国人说才行。我是绝对忠于蒋‘总统’的，我一定设法周旋，让杜鲁门早日会见您。”

“好吧，我等着你的消息。”宋美龄已经有气无力了。

宋美龄住进了里弗代尔宋霭龄的寓邸，她见一向好说话的孔老爹并不热情，便赶紧把和蒋介石达成的协议说了出来。宋霭龄说：“老孔任职不任职是小事，关键是要对过去的事有个说法。姓蒋的听信一面之词，冤枉无辜，坏我们百年名声，他要把这件事说清楚。究竟是谁打的小报告，居心何在，我们到底是什么人，对他姓蒋的怎样，把这些说清了我们才好和解，才好合作。”

宋美龄说：“啊呀，事情过去这么长时间了，涉及别人的事就不要再追究了，把别人端出来并没有多少好处。只要他公开重新评价孔先生的贡献和业绩，就是对那些人的否定，也就是承认他自己听信谗言的错误，你们的名誉就正式恢复了，这不就很好了吗？”

孔祥熙说：“既然承认过去对我不公，就应该恢复我的职务，只给一个资政的虚衔，拿谁当小孩子哄呢！”

宋美龄说：“好了好了，现在他也遇到了大难处，杜鲁门连他的总统地位还不承认呢。我们要齐心协力帮他渡过难关，他的地位巩固了，你的问题才好解决啊。”

宋霭龄说：“也好，我帮他，我要让他看看我们到美国并不是避难行乞的，我们有实力，有发展，在这里比那些守在他身边的人作用并不小。”

宋美龄赶紧说：“那是那是，我从小就最佩服大姐，大姐从来都是有办法的人。”

一句话把宋霭龄说乐了：“我最佩服的倒是你那张小甜嘴，用着人的时候，一脸皱纹能说成一脸双眼皮。”孔祥熙扑哧一笑，天大的事情就算化解了。

第二天，孔令侃带来一位英俊的美国青年。孔令侃介绍说："姨妈，这位是美国参议员尼克松先生，他是美国院外援华集团的骨干成员，过去为争取美国对华援助出过大力。尼克松先生很欣赏注重实力的蒋总统，愿意为台湾的前途献计献策。"

尼克松向宋美龄鞠躬致敬，说了一通恭维奉承的话。宋美龄非常高兴，请尼克松坐下来畅谈，想听听他对目前这件事的主意。

尼克松说："我过去听过你的演说，加深了我对中国的印象。我认为中国是一个伟大的国家，人民很勤奋很勇敢也很聪明。中美两国应该携起手来，在世界上发挥重要作用。我不赞成杜鲁门总统目前的做法。但可惜我没有权，不过我可以呼吁新闻界人士和议员先生们向杜鲁门发难，多一个人就多一份力量。如果有一天我掌了权，我会改变现行的对华政策，采取有利于中国的措施。"

一席话说得宋美龄热乎乎的，她连连称赞说："尼克松先生，你真是年轻有为，远见卓识，前途不可估量啊！今后我们一定全力支持你，为你在政界崛起提供后援。"

此后尼克松上升很快，在当选副总统后，曾秘密到台湾访问，并在朝鲜战争爆发后参与了向台湾派驻美军的决策。1972 年，在总统任期内，他到大陆访问，与毛泽东主席和周恩来总理进行会谈，承认中华人民共和国为中国唯一合法政府，承认只有一个中国，为实现中美关系正常化做出了贡献。不过这是后话，暂且不表。

宋美龄刚把尼克松送走，顾维钧匆匆赶来了。宋美龄一看他那垂头丧气的样子，就知道情况不妙，但还是赶紧问道："维钧，怎么样?"

顾大使摇摇头，叹了一口长气说："杜鲁门根本不见我，艾奇逊虽然接见了我，却说，要把台湾建成一个民主政治的示范区，靠蒋先生是根本不行的。今日的蒋先生已经成了贪官污吏、反动政治的代名词。你瞧瞧，这……”

“太过分了，太过分了……”宋美龄手揉着太阳穴，努力不使自己晕过去，半晌才喃喃自语说：“难道真到了山穷水尽的地步了吗？”

一直默默不语的宋霭龄突然问：“杜鲁门要见李宗仁，要算两国总统会见，那么外交上应该通过什么途径？”

迷惑不解的顾维钧望着宋霭龄：“在外交礼节上应该通过大使馆呀！”

“那你愿意给李宗仁当这个踏板了？”宋霭龄不紧不慢地说。

“哎呀，我怎么会为他效劳？天人可鉴，天人可鉴！”顾维钧还以为宋霭龄要挑剔自己，赶忙表白。

“呵呵，不是那个意思。”宋霭龄一乐，接着又神秘地一笑说，“既然两国首脑会见要通过大使馆，我们不妨——”

宋霭龄一卖关子，宋美龄和顾维钧赶紧伸过来耳朵，催促说：“怎么样，你快说呀！”

宋霭龄却不说了，只是神秘地笑着。宋美龄一下子明白了：“噢，大姐的意思是说，让顾大使躲开，抽掉了踏板，他们暂时就不好相见了，是吧？”

宋霭龄还是不言语，顾维钧连忙说：“好主意，好主意！对，我明天就走，看他们怎么办！”

宋美龄说：“不，你今天晚上就走！让我们看看李宗仁这出戏怎么唱！”

顾维钧一走，宋美龄暂时松了一口气。她嘱咐孔令侃去买通记者，大造舆论，阻止杜鲁门会见李宗仁，同时派人密切注视李宗仁的一举一动。

第二十四章

再助妹夫

宋美龄嘴叼一支薄荷女士香烟，正在窗前悠闲地抽着。孔令侃跑进来就嚷：“姨妈，不好了，我们失算了！我妈那个主意根本不行，倒让人钻了空子了！”宋美龄瞋他一眼：“小孩子家不要这样说话。怎么回事你慢慢说。”

——题记

一

杜鲁门刚从白宫出来，就遇到了一大群记者的包围。一个记者抢上前问道："请问总统先生，你认为台湾的出路在哪里？"

杜鲁门本是对付记者的老手，这种场面经得多了。他摆出一副胸有成竹的姿态，挥挥手说："台湾唯一的出路，是建成一个民主政治的示范区，与大陆的极权政治形成对照，以争取既失的民心，从而为中国的民主政体打下基础。对于国民党来说，这是万分绝望中的唯一希望，如果国民党人不能在这方面做出努力，台湾就毫无希望！"

这些被孔令侃买来的记者本来是要突然袭击杜鲁门，专等挑他说话的毛病，好在报纸上喝倒彩的，不想杜鲁门讲得很精彩，一些记者竟不由自主地为他鼓起了掌。

倒是一个女记者不忘使命。她先妩媚地一笑，然后提出了一个十分尖刻的问题："请问，'中华民国总统'蒋中正先生已经在台湾复正大位，可是我听说你却准备以'总统'之礼会见李宗仁先生，一个'国家'怎么可能出现两个'总统'呢？你这样做会不会被说成是对中国内政的干涉呢？"

杜鲁门盯着女记者仔细看了一会儿，才说："李宗仁的'总统'地位是按照'宪法'继任的。蒋介石先生的'总统'职位是怎么来的？我从国务院得到的报告上说'中华民国'只有一个'总统'，那就是李宗仁先生。我倒要请问记者小姐，你说蒋介石是'总统'的根据是什么呢？"

女记者潇洒地甩了一下披肩长发说："啊呀，这个情况台湾方面早就公布了，看来国务院运转不灵，把这么重要的情况都漏报了。”

一句话把艾奇逊惹恼了，他往前一站说：“如果有一个精神病人明天在纽约宣布他是美国总统，那么你是不是就准备把他当总统来宣传？我看不是国务院运转不灵，倒是有人可能得了钱，忘记了新闻职业道德。”

这一句话又像捅了马蜂窝，记者们乱嚷起来。杜鲁门和艾奇逊赶紧钻进轿车开走了。

孔令侃看这里没戏，又去找盯着李宗仁的人，不想一去就听到一个新情况，又慌慌张张地赶回家。

宋美龄嘴叼一支薄荷女士香烟，正在窗前悠闲地抽着。孔令侃跑进来就嚷：“姨妈，不好了，我们失算了！我妈那个主意根本不行，倒让人钻了空子了！”

宋美龄瞋他一眼：“小孩子家不要这样说话。怎么回事你慢慢说。”

孔令侃这才喘口气说：“李宗仁借口顾大使不在，要派他的私人代表甘介侯直接与美国政府交涉。你瞧，这不是弄巧成拙了吗？”

宋美龄一下子把烟甩在了地上，她缓了一会儿说：“不是我们的主意不好，是李宗仁太不知深浅了。好吧，快发电报让顾大使回来，这样好歹对李宗仁还有个牵制。”

1950 年 3 月 2 日，李宗仁乘车从纽约抵达华盛顿。顾维钧早已等在白宫门口。艾奇逊叮嘱顾维钧：“一定要以总统身份介绍李先生，否则就降低了我国总统的身份！”

顾维钧左右为难，既不能有负蒋夫人托付的使命，又不能得罪美国老爷。最后想出一个折中办法，用代总统的身份向杜鲁门介绍了李宗仁，杜鲁门皱了皱眉，没有说什么。

午宴以后，杜鲁门和李宗仁边走边谈，进了一间大客厅，顾维钧寸步不离地紧紧跟随。谁知大客厅里面还套着小客厅，杜鲁门和李宗仁一边说着，一边穿过大厅又进了小客厅，顾维钧刚想跟进去，艾奇逊却拉住他在大厅里坐下。随李宗仁来的甘介侯也准备在大厅坐下，国防部长约翰逊却推了他一下，甘介侯心领神会，赶紧跟了进去。顾维钧眼睁睁看着小客厅的电动闸门落地关严，里面的情况一点儿也不知道了。艾奇逊和约翰逊夹着顾维钧东拉西扯，顾维钧急得直想哭。

见到宋美龄，顾维钧真的哭了："夫人，这不是对我个人的侮辱，是对中华民国的轻视啊！"

宋美龄气得咬牙切齿："杜鲁门，咱们骑驴看唱本——走着瞧，早晚我要你的好看！"她转身对宋霭龄说，"大姐，你可得再帮我一把，咱们要想办法把杜鲁门拉下台！"

宋霭龄却不愠不火："咱们不愿意美国人干涉中国的事，我看咱也不要管美国人的事，何必结这个仇敌呢？"

宋美龄倒急了："大姐，我想不到你会变成这个样子，难道你没看见杜鲁门给我的难堪吗？我们怎么能忍受这口气？"

宋霭龄说："匹夫见辱，拔剑而起，挺身而斗，此不足为勇也。天下有大勇者，当善待时机，伺机而动，不作无用之功啊。何况我现在是老弱病残，样样俱全，身心交瘁，怎比年少之时！"

宋美龄不满地说："大姐老了，我还年轻，那你就当旁观者，看我怎么跟他斗吧。"

孔祥熙这时插上来一句："蒋先生这个人哪，不是我老孔说风凉话，确是毛病不少，现在把国家弄成这个样子，怎么能让人看重？他要真想奋发图强，我倒考虑过几条意见，谁知有没有人听呢？"

宋美龄心里不顺，说话也没好气："你先好好想着，等需要的时候定来向你请教！"说完就要打道回台北去。宋霭龄和祥熙互相看了一眼，同时摇摇头，也不再强做挽留。

二

自从蒋介石发表了肯定孔祥熙战时功劳和理财手段，以及对国民党的一片忠心的谈话后，孔祥熙感到浑身轻松了许多，年轻了不少。他对自己的寓邸又特意进行了装修，里里外外不仅显出一种豪华富丽，也透出一种喜庆的色彩，活像节日期间的宫殿。特别是各国企业界人士赠送的一对大石头狮子，他把它们从二门里面搬到了大门口，更显出一种雄壮威仪。这对狮子不像一般府邸门前镇宅驱邪的狮子那样死气沉沉，而是一副仰天怒吼之态，特别富有生气。

孔祥熙指挥人把它们安放妥当，又仔细欣赏了一阵。石狮角上刻着“睡狮已醒”四个大字，下面又有一行是“赠给为唤醒中国商业之狮做出最大贡献的孔祥熙先生”，再下面是赠送人的落款。孔祥熙感到这些字题得略有些美中不足，如果仅仅题“睡狮已醒”四个字就好了，那样适用面更宽，不仅是对老孔过去功绩的肯定，还寓有未来更加辉煌的意思。但这没有办法，不可更改。孔祥熙从心里希望今天把它摆出来就具有预示前程锦绣的意义，因为它的位置比原来靠前了嘛。

孔祥熙又想起潘益民来，也不知他现在在什么地方，虽然他现在不能为自己再测吉凶了，但那一套东西已经深入头脑，时不时就要想到吉凶的预兆，总想着某种预兆给自己带来好运。

果然，孔祥熙刚进去，就有人来通报，美国客人来访。他对着镜子略作整理，来到客厅，美国朋友山姆已经进来了。孔祥熙格外高兴，他大声地问好后，就开门见山说：“嗨，老朋友，我相信你今天定给我带来了好消息！”

山姆大吃一惊：“孔先生难道有神机妙算？”

孔祥熙自得地一笑:“中国文化，博大精深，预知祸福，预测未来。”

“孔先生是否真正掌握了这种预测术，还有待于看事情发展来确定啊。”山姆不无幽默地说。

“好好，请告诉我今天带来的消息吧。”

“尼克松先生明天下午想来府上拜访。”

“啊，尼克松是我们的老朋友了，但是自从他担任副总统以来，难得来我们这里做客了。这次能来我非常欢迎，欢迎啊!”孔祥熙激动起来。

“副总统这次来，一是看望你们，二是在这里顺便会见一下蒋夫人，有些事情需要大家私下谈谈。届时请孔先生和孔夫人一起谈，如何?”

孔祥熙回过味来，敢情不是为了看我们，而是借这块地方和宋美龄会晤。他嘴上不便明说，只说:“尼克松先生刚访问过台湾，在那里什么不好谈，怎么又要在这里谈呢?”

山姆说:“到时你就知道了。”

第二天上午，宋美龄由台北匆匆飞来，她照例把宋霭龄的家作为自己下榻处。

尼克松来了，宋霭龄、孔祥熙和宋美龄都到门口迎接。他们热情寒暄过后，尼克松首先向宋美龄表示祝贺说:“美国强大的第七舰队已经进驻台湾海峡，在台湾的空军基地也在大规模扩建，还将有地面部队到那里驻扎，台湾的安全有了绝对保障。如果中共要进攻台湾，首先遇到的就是同美国的关系，蒋先生现在可以睡安稳觉喽!”

宋美龄高兴地说:“谢谢，谢谢!你们美国人还是够朋友的。不过，你们要把台湾抛弃，对美国在世界上的形象也不利呀!人家会说美国人靠不住的。”

尼克松一笑："是啊，美国人中确实有靠不住的。这个你也是知道的。"

宋霭龄插话说："这些变化还不是因为朝鲜战争的爆发，美国的做法也是为了牵制中共，使他们不能把更多的军队投入朝鲜罢了。"

"反正对台湾有利，是吧，蒋夫人？"尼克松把头转向宋美龄。宋美龄愉快地笑笑："也祝贺你们呀，副总统先生，你们在朝鲜进展顺利，听说马上就打到鸭绿江了。"

"夫人，这正是我们今天要谈的主题。"尼克松换了一副神情，"许多人只听杜鲁门在广播里吹牛了，你们哪里知道，真实的情况是，彭德怀的部队已经突破三八线，飞渡汉江，直指汉城，我们快被赶下海了！"

"有这么糟糕？"宋美龄顿时泄了气，半天才说，"我们愿意出兵朝鲜，但是在解决朝鲜以后，美军要从那里向东北推进，帮助我们收复大陆。"

尼克松做了一个有力的手势："不！问题不在兵多少，最根本的是决策人不行，政策不对头。要在朝鲜取胜，必须把杜鲁门赶下台，把杜鲁门的亲信麦克阿瑟赶下台。"

宋美龄一听来了兴趣："杜鲁门对我们很不友好，能让他下台最好了。可，这是你们美国人的事，我们怎么帮忙呢？"

"当然能帮忙，夫人！"尼克松眼睛里闪出光来，"我们可揭露朝鲜战争失败的真相，先把麦克阿瑟拉下马来。然后，换上我们的朋友——二次大战的英雄艾森豪威尔元帅。只要麦克阿瑟下马，杜鲁门也就失去台柱了。"

"可你并没有说我们能做什么呀？"宋美龄还是不解。

"噢，夫人，我听过你的演说，二战时期，你的演说倾倒了多少美国人，他们为你的言辞所打动，情绪随你的手势而变换，你的见解精辟深刻，语言艺术炉火纯青，还有，单是你的潇洒完美漂亮，也令人着迷呀！夫人，为了台湾的前途，为了我们共同的利益，你再出一次马吧！”尼克松期待地望着宋美龄。

“这……”宋美龄摸一下旗袍的领子，“18 年了，我老了，只怕难收其效啊！”

“夫人，相信自己行，就行！对于夫人，我充满信心。”

宋美龄明白尼克松在利用自己，但一想到杜鲁门当初给自己的冷遇，就决心干一场了。但她还是有些犹豫地问：“仅仅这样做能行吗？”

“不，夫人，”尼克松看攻下了一关，语调更有力了，“我们会从多方面展开攻势，美国的事情我们美国人当然会用更大力气。对，还有，”尼克松把头转向宋霭龄和孔祥熙：“我也希望得到中国财团的大力支持。孔先生和孔夫人一向在这方面是深明大义的，这次还望能带个好头。”

孔祥熙一听，好啊，不仅要用我的地方，还要让我出钱，这结果怎样还很难说，万一搞不成，我等于花了钱请人赶我离开美国。这样一算计，就显出一副为难的样子：“我，我们现在没有什么号召力啊，只怕有负副总统先生的重托。”

尼克松大度地笑笑：“孔先生，这次行动我们有必胜的把握，这是一笔利润丰厚的投资啊！”

宋霭龄适时地插进话来：“从长计议，咱们从长计议吧。”

尼克松听不懂这种模棱两可的中国式语言，又给宋美龄上了一把发条：“蒋夫人，我祝你旗开得胜！”说完就告辞走了，把一团乱麻疙瘩甩给姐妹俩自己去解了。

三

宋美龄到处找人谈话，搜集材料，积极准备她到各地的演说。

她想到这样的活动需要大笔经费，就向宋霭龄开口了：“大姐，这次行动我想请你再捐助这个数！”宋美龄伸出了三个指头。

“300万？”宋霭龄说。

“不，3000万。”

宋霭龄皱起了眉头：“这对我们可不是一个小数。你知道，在美国我们失去了过去在国内经营的许多优势，现在经营状况并不是很好，要这样下去总有一天我们会住进救济院的。”

宋美龄把头一扭：“这个话你给小孩子说去，我不要听。”

宋霭龄撇开这个话题：“小妹，你知道这次行动的本质吗？我觉得这一次跟以往不同，不是我们在利用美国人，而是美国人在利用我们。卷入一场外国人争权夺利的斗争旋涡，我们在财产和人身安全方面都要冒很大风险，这件事还需要认真考虑。”

“大姐，这不是你的性格！只有投入战斗的人才能分享胜利的果实，这个道理你不是不懂。我看你就是舍不得钱，有钱不用，死了能带进棺材吗？”宋美龄说话尖刻起来。

“这不光是钱的问题，主要是这次行动的意义如何。”宋霭龄努力克制着自己。

“就是钱的问题，就是钱的问题！我真不明白一个深明大义的人，上了点岁数，怎么就成了守财奴呢！”宋美龄爱激动和强烈的征服欲又冒了出来，看来她不达到目的是不肯善罢甘休的。

爱和稀泥的孔老爹最不喜欢这种场面，他赶忙说：“好了好了，3000万就3000万吧。不过——”

宋美龄一看有人答应，马上换了笑脸：“大姐夫，大姐，我真谢谢你们了，支票现在就给我签了吧。”

孔祥熙翻了翻眼珠：“我话还没说完呢。”

宋美龄说：“你说你说，答应了的事可不能变卦。”

“钱我们可以出，但这次行动并不是为了你我，那些丢了大陆发了财的人也该做点贡献，将功补过才好。”孔祥熙对自己下台的那场变故中居然重新被重用的宋子文一直耿耿于怀。

“这个好说。你把支票给我拿着，我决不会让他出的少于这个数。”宋美龄逮住的就不会松手。

看着宋美龄说拿了支票去诈宋子文，孔祥熙眯着眼笑了：“让子文也出点血吧。”

“没那么简单，我看她一分钱也要不出来。没几个人像你这么好说话的。”宋霭龄拿白眼斜着老孔。

“花钱买路嘛，说不定我们以后还要到台湾去。叶落归根，我们总还是中国人。”

“台湾会要你？这几个钱能管用？我看你是做梦娶媳妇——想得美!”

“我要娶媳妇就在白天醒着娶，才不要在梦里娶呢。”

宋霭龄哼了一声，就去给在巴西经管财产的总经理打电话去了。

宋美龄一进宋子文家，嫂子张乐怡就热情招呼，唤女仆端上可口可乐。像父亲查理一样身材有些发福的宋子文却窝在沙发里不肯起身，只用挑衅性的语气说：“小妹，‘花生’派你来干什么呀？是不是又遇到难题了？”

宋美龄对哥哥竟然效法史迪威对丈夫这样称呼很不满意，但今天是来要钱的，只好暂且忍着，把这次行动需要他资助的意思说了一遍。

“国民党是个厕所，不管怎么冲洗也除不尽它的臭味，我已对它失去了任何兴趣，不要指望我会为你们做什么事。”宋子文的怨气显然还没有消除。

“即使抛开你几十年官高名显的政治生涯不说，就是你今天能在美国过安稳生活，还不是靠国民党执政时发的财？做人也该讲点良心。”宋美龄不得不反驳了。

“良心？你倒要我讲良心？真要讲良心，我当初就该坚决顶住，不让你跟那个野心家结合！现在要讲良心，我就该拉住你，再不让你回到那个失尽人心的独裁者身边。”

“我不跟你辩论。我只想说，这次行动非常重要，对台湾前途，对我们这些人的未来都会产生影响。大姐可是出了3000万，你到底肯出多少？”宋美龄压着火，把孔祥熙刚刚签发的支票拍到桌子上。

宋子文一看是孔祥熙的签字，一下子从沙发里跳起来：“他出3000万，他出30亿也应该！他本不过是黄土高原上一个土财主，居然在政府里爬上那么高的位子！把我为国家经济所做的努力全破坏了，他究竟捞走多少？”宋子文越说越气，“孔祥熙，蒋介石，他妈的，这些家伙，自从沾了我们宋家的边，一个一个全发啦，全成了大财主，大股东，暴发户！哼，我这个宋家长子，一心为国，倒被挤兑得无容身之地，无一天安宁！好了，需要多少钱你再找他要去，我这里一个子儿也没有！”

宋美龄踉踉跄跄回到大姐家，她重新洗脸化妆，点燃一支香烟。正考虑今天的事怎么跟大姐说，孔令侃风风火火回到家里，一见宋美龄就说：“姨妈，我刚才得到消息，TV（宋子文）可能正参与一个阴谋……”

宋霭龄、宋美龄、孔祥熙、孔令侃几颗脑袋凑在了一起。

第二十五章
不甘寂寞

宋霭龄也伤感起来:“我最近也老是做梦，都是童年的事，都是与父母弟妹在一起的事，每次醒来半天心口堵得慌……”

——题记

一

尼克松纠合宋美龄要拉杜鲁门下马，杜鲁门心中也有数，他也物色了一个人物对抗宋美龄，这个人就是宋子文。

宋子文一直不明白，蒋介石不通常理、不符合西方民主准则的独裁统治，如何能在大陆维持那么多年。在大陆一败涂地之后，居然还能在台湾复辟。自己一直致力建立西方式的政治制度和经济制度，竭尽全力，却每每被破坏殆尽。而自己也只不过成为蒋介石手中的玩物。现在宋子文才58岁，身强力壮，他不愿意追随蒋介石到台湾再成为人家的仆从，但也并不想从此就蜗居一室，老死异国。现在他和在美国的李宗仁、胡适，在香港的张发奎等组成的所谓“第三势力”来往密切，准备在台湾有所作为。

杜鲁门在白宫会见了宋子文。他开门见山地说：“TV，我的朋友！你的小妹蒋夫人正在利用美国的言论自由到处发表演讲反对我，他攻击麦克阿瑟，目的是把我搞下台。她跟院外援华集团的骨干成员正组成一条战线，包括尼克松、斯佩尔曼红衣主教、埃弗雷特、德克森参议员、迈阿密运输公司的老板、美国驻巴西大使等等，这是不能容忍的！你对此有何说法？”

宋子文还不完全明白杜鲁门的用意，以为他要自己对此负责，或者劝说宋美龄。当了多年外交部长的宋子文当然知道利用这种机会来要价。他不紧不慢地说：“总统先生，国民政府在大陆垮台，与你的援华方针是有关系的，我看他们这样做不无道理。”

杜鲁门辩解说：“我并不是不支持国民政府，而是不支持蒋介石的独裁统治。假如有一个受过西方教育并且愿意在台湾建立民主政体的人掌权，我是会全力支持的。”

第二十五章
不甘寂寞

宋子文耸耸肩:“你知道你的假如仅仅是一个假如，所以你永远不必为此做出什么。”

“你误解我了，TV！现在明明就有这样的人选，这种假如很可能短期内就成为现实。”杜鲁门说后半句话时狡黠地向宋子文挤着眼睛。

“那是谁呢？宋美龄受过西方教育，可你不喜欢她。蒋经国受的是俄国教育，不符合你的标准。陈诚……”宋子文一个一个掰着指头数给杜鲁门听。

“不要玩捉迷藏游戏了，TV，你才是中国的希望！你何时行动，我一定全力配合。”杜鲁门单刀直入了。

“我？我可没有这种兴趣，也没有任何行动打算，总统先生不要开这样的玩笑。”宋子文头上已经沁出了汗珠。

“哈哈哈哈！”杜鲁门笑得是那样放肆和怪气，“你的秘密全在我的掌握之中。你购买了大批枪支弹药，包括美国机械公司的最新产品——恩匪尔德步枪。4.5万支啊！现在就放在加拿大的仓库里，它的使用地点是台湾！而台湾当局并不知道这件事，这意味着它的作用将是一场政变……”

宋子文惊得张大了嘴巴。半晌才有气无力地说:“总统先生，这种玩笑开不得呀！”

杜鲁门昂头不理。

宋子文只好说:“不错，我是想改变一下台湾的状况。我不管什么主义，实际上没有主义更好，只要对经济发展、社会安定有好处的办法我都愿意一试，以效果为最高准则！”

杜鲁门嘻嘻一笑:“对嘛，真人不要说假话。我的情报绝对准确。但我不是要坏你的事，而是要全力支持你！现在你的妹妹蒋夫人正在美国施展她的老魔术，与我作对。现在我们做一笔交易怎么样？我支持你在台湾的行动，你在美国发出另一种声音与她对抗，怎样?”

“这样做会不会暴露我们的企图呢?”宋子文有些犹豫。

“TV，我们西方有句话叫‘过分隐蔽反而会暴露秘密进攻的企图’，你们中国兵法中好像也有类似的话，是怎么说的?”杜鲁门紧盯着宋子文的眼睛。

“也对，三十六计中是有这样的话，叫‘太阴，太阳’，是说隐藏太深的，反而等于放到最明显的地方，因为让人疑心太大了。”

“对，就是这样。你现在在美国和蒋夫人一唱反调，大家以为是正常的，按你的性格逻辑应该如此，会认为你是谋求在美国立足，而忽略你还会在台湾采取行动，这不也是一种声东击西吗?”

“好，我干!”宋子文一拳擂在桌子上。

一台好戏就这样开场了。

在宋美龄开始发表演说攻击麦克阿瑟，到处鼓吹艾森豪威尔才是下任总统最佳候选人的同时，宋子文成立了反对麦克阿瑟下台的指挥部，向支持杜鲁门的人提供援助，并且亲自出马发表演说，挖苦艾森豪威尔“明明知道自己不能当一个公道的总统，何必去竞选呢?”

宋子文得到美国现任总统的支持，明显占了上风。美国最大的报纸《纽约时报》在一版显著位置刊登了宋子文演说的照片，并且配发评论说:“我们深深欣赏宋子文先生的口才，佩服他对事业的热情和坚强意志。他是中国第一个头脑清醒、敢说实话的演说家和政治家!”

宋美龄演说的消息被放在无足轻重的社交版，评述中称:“蒋夫人是世界上头号俱乐部的女会员，她的演说只是一种东方式的梦魇，无论见解和口才都不能望其兄之项背……”

二

宋美龄气恨恨地在屋里走来走去。孔令侃望着宋美龄："姨妈，你说吧，我可以用何手段对付他？"

宋霭龄瞪他一眼："他是你舅舅！"

"大姐，你说怎么办？这事我看只有你有办法。"

宋霭龄坐得稳稳的，没有发表意见的意思。

孔祥熙嘟囔着："这杜鲁门也真邪门，怎么想出个让中国人对付中国人的办法，而且是叫你们兄妹自己窝里斗。这不跟他妈老蒋一个样吗？"

宋美龄斜他一眼，还是望住宋霭龄："大姐，起码，你可以劝劝他吧，多年来他可是听你指挥的。"

宋霭龄呷一口柠檬果茶："今非昔比，现在他哪里还听我的？"

"反正得阻止他，你说用什么办法？"

"兄妹间事，我本不想介入的。谁也不远，谁也不近，我都是大姐，我一帮谁，不显得我这个大姐不公了吗？"宋霭龄还是不愿出招。

"好了大姐，这样吧，你是对我那老头子还有芥蒂，我现在说话还管用，我要他把台湾的外汇存底都放在姐夫的中国银行里，你也拿住他一把，今后他也不敢轻易对你们怎么样，这样总可以吧？"宋美龄最懂大姐的心思。

"真的？"孔祥熙眼里闪出光来。

"姨妈，你真好！要是这样，今后我一切全听你的！"孔令侃跳到宋美龄面前，用力抓住宋美龄的胳膊晃着。

这一桩事非同小可，这不仅给孔家带来巨大的经济利益，还等于给孔祥熙恢复了政府职务，他可以对台湾的经济起某种遥控作用了。七八十年代，台湾外汇存底达到700亿美元之巨，一直被孔家的银行操纵着。

宋霭龄面无喜色，只说："这样也好。你要抓紧办，这是对我们两家都有好处的事，你也方便了嘛。"

宋美龄点点头："我说了的一定办成，你们可以放心。大姐，你倒是说说，怎么对付子文吧？"

宋霭龄把头往宋美龄跟前凑凑，声音压低了说："你哥这一招，我看是项庄舞剑，并不一定只对着你目前在美国的活动。"

"啊，你是说，他还会在台湾有所动作？"宋美龄真正吃惊了。

"你想吧，美国的制度人人明白，哪一个人也不能当一辈子总统。子文一生做文官，胆子小，算计多，是他的特点。如果没有更远大的打算，他很难让人拉上自己出面和你作对，又涉及下届总统人选争斗的问题。他不知道这样做对他居留美国的风险吗？即使这次杜鲁门胜了，也只能再任四年，艾森豪威尔还有机会上台。所以，他很可能与杜鲁门有交易，将在台湾有所动作。他与第三势力的来往你没听到什么吗？"宋霭龄一字一句，有板有眼。

"哎呀，是的，大姐。多亏你能这么深入地分析，经你一点拨，我也想起来了，他肯定还有别的打算。这就不是光涉及眼下我的面子和台湾对美关系的事了，这涉及谁在台湾做主的根本问题。你看怎么办才能防止台湾出现不测的局面呢？"

"老蒋是我的妹夫，子文是我的兄弟，其实，谁掌管台湾对我来说是一样的。"宋霭龄又要往回缩。

"不，这可不一样。如果老蒋对你们不好，有我在，我还可以施加影响；而他要是得势，不听你的，你可就没有别的办法了。"宋美龄也很会抓关键。

孔老爹早忍不住了："我说你就帮帮小妹吧，子文毕竟还是个未知数，能成不能成还很难说，我们还是把宝押在保险的一方。再说这次大事上我们出了力，老蒋也不会没数的。”

“就你能！”宋霭龄不满地剜了丈夫一眼，头扭到一边去了。

宋美龄这下笑了：“姐夫的话并不错，他只不过把肚里的小算盘放在桌上来拨拉了，一家人嘛，说明白了更好。”

“对咯！咱老孔是实在人。”孔祥熙自我解嘲地笑着。

孔令侃又来了劲：“姨妈，你也别光信我妈多大能耐似的，其实她的分析还不是听了我的情报才……”

这下该宋霭龄笑了：“你瞧瞧这一对活宝，真是有其父必有其子，把我的西洋景都戳穿了。”

宋美龄说：“其实他们是大智若愚，姐夫把好处摆到了明处，外甥证明了你的正确，你们三个人合伙涮我呢，当我不知道。”

宋霭龄道：“不说这个了。其实子文是命运多舛之人。我真不愿和他为难。他虽身为文官，没有一桩顺利的事，一生六次被刺，也是次次惊心动魄，弄得惊弓之鸟似的。”

“六次被刺?”宋美龄和孔令侃都还是第一次听说。

“是啊。第一次是在武汉政府任财政部长时，一些人因反对国共合作，收买不法分子捣乱。1927 年 3 月，一个白俄暗藏武器，闯进财政部，幸被发现，一审之下，才知是受命刺杀子文的；第二次是 1931 年 7 月，在上海北站，几名暴徒又扔炸弹又开枪，子文的秘书当场毙命。这一次最险，知道的人也较多。”

宋美龄说：“这一次都知道，妈咪就是这一天在青岛病逝的，我以为就这一次呢。”

“第三次是 1931 年 11 月，他在南京的公馆起火，虽说扑救及时，只烧了两间房，但那一次人家纵火的目的，是要烧死他的。”

“同年 12 月，南京铁汤池财政部又起火，目的还是烧他。不过那次敌人情报不准，他那天正好到了上海。那是第四次。”

“第五次是1932年1月，在他上海法租界的家中，发现一颗定时炸弹。这一次也是玄得很哪。”

“第六次是他访美回国途中，路经日本横滨，一名法西斯分子企图在他上岸时行凶。”

“这六次没有一次刺中，但对他精神刺激颇大，恐惧感一直不能消除。他敢舌战苏美首脑，威名震动天下，一封恐吓信却使他几天不敢出门，这就是人们说他胆小如鼠的根源。”

宋霭龄讲完进了卫生间，半天也不出来。忽然孔令侃说：“姨妈，对付TV，我有办法了！”

宋美龄严肃起来：“不管怎么说，他可是你的舅舅。”

孔令侃嘿嘿一笑：“我有数，保证他绝对安全。”

宋霭龄回来坐好说：“对子文，我看主要是分化他同第三势力的关系，只要能拉出一二个重要人物，其余人害怕暴露企图，也就妥协了。一时拉不出人，也不妨用用离间计，使他们互相猜疑。”

宋美龄高兴地说：“大姐，今天晚上我请客，到最好的酒店去。”

宋霭龄说：“我有病，不能出门，你不知道吗？”

三

宋子文在一次演说中又遇到刺客，照例是随从遇难，本人无险。但他随后发表讲话，表示“结束政治生命”。果然此后一心收藏青铜器，直到1971年被一根鱼刺卡住喉咙，窒息而死，再没有参加任何政治活动。他对孔祥熙的成见也更深了，1967年孔祥熙去世，宋子文虽近在咫尺，却没有出席葬礼。

宋子文半路息兵，宋美龄一路风光。杜鲁门不抵大势，先撤下麦克阿瑟，换上克拉克为朝鲜“联合国军”总司令，接着自己亦被选掉，艾森豪威尔当选为新一任总统。眼看台湾局面好转，蒋介石坐稳了小岛江山，宋美龄前番诺言兑现，孔祥熙到银行上班更有劲了。

1954 年，蒋介石在台湾召开第二届所谓“国大”，要在小岛上再搞一次选举闹剧，证明他还是“民国总统”。孔祥熙听到消息，就有些坐不安稳。

“夫人，台湾要搞选举，我想去试试运气。”孔祥熙先征求宋霭龄意见。

“怎么试法?”

“那‘总统’自然还是老蒋，这‘副总统’嘛，我倒想争一争。”

“想法不错，只是希望不大。”宋霭龄倒冷静。

“只要你能说服美龄帮我，希望还是有的。”孔祥熙很执拗。

“也好，只要能争到提名，就是胜利。那将是对你被迫下台最好的平反，最好的正名。”

“这首先就得看你的了。拜托夫人!”

“山西来人了吗?”宋霭龄一本正经地问。

孔祥熙丈二和尚摸不着头脑:“没有呀!”

“那咋这么酸的老陈醋味!”宋霭龄刚说完还是憋不住笑了。

“老鸹死了三年——”孔祥熙明白是捉弄自己，不满地回了一句。

“怎么讲?”

“就显那张嘴了。”

“好好，以后我再不开口，再不动嘴，行吧?”宋霭龄正襟危坐起来。

“不行不行，辨析事理，预设计谋，不动嘴怎么行?”孔祥熙怕她当了真。

在台北的宋美龄忽然收到一封电报，说大姐病重，急忙匆匆赶到纽约。

一见面，宋霭龄正笑眯眯地吃芒果呢。宋美龄不悦地问："大姐，这电报不是你拍的？"

"怎么，看到我躺在床上不能动你就高兴了？"宋霭龄反将一军。

"我，不是这个意思。我这段正忙，一说大姐病重，把我急得嘴唇都起泡了，结果……"宋美龄只好又为自己辩解。

"这里有些事非你亲自来不行，用别的名义发电报不妥，权当我自己咒自己吧。"

宋美龄没了脾气。

姐妹俩谈了一会儿南美生意上的事，宋霭龄开始转题了。

"小妹，这次台湾'开国'大选举，'副总统'有些什么人选呀？"

"陈诚，蒋经国，还有人提名我来。"

"你来？开夫妻店，国际上影响好吗？"

"我并没有这个意思，只不过……"

"这就好，这就好！这蒋经国——，你同意？"

"要论资历，他差得还太远，我也不同意。不过他很会抓人心，谁知道会不会出现突变。"

宋霭龄说："这个你可要做工作。你只要讲讲历史上太子成事太早，势力过大，导致逼宫的几段故事老蒋就会明白。"

"嗯，有个熊掌难熟的故事，还有什么呀？"

"你找人一查就行，这类事起码有六七起，列出来送给老蒋。哎，陈诚这些人你估计结果怎样？"

"很可能在这些人中产生，尤其是陈诚，他最早来经营台湾，国民党才有今天这样一个地盘，否则我们已无立足之地了。他功劳不小，深得老头子信任，在下面也很有威信。"

宋霭龄伸出了指头："这就是说，第一他很能干，第二他有功劳，第三很有人缘。是吧？"

第二十五章
不甘寂寞

宋美龄点点头:“是的，所以他的可能性最大。”

“完了，这祸根就种下了!”

“怎么讲?”宋美龄眨巴着眼。

“前事不忘，后事之师。上届总统、副总统之间的事，今犹在目，难道这第二届还要重演吗?”

“陈诚没有独立的势力，他好像也没有野心，大姐是否过虑了?”宋美龄已有些疑惑起来。

“野心是随着地位变化滋长的，这是一。第二，没有独立的势力更可怕，因为他与老蒋用的同一股力量，所以一旦要搞名堂，老蒋连制止的力量都找不到。不像李宗仁属于桂系，老蒋还有自己的嫡系与之抗衡。不能不防啊!”

宋美龄沉思一会儿:“也有道理。不过这话只能给老头子私下讲，陈诚目前呼声很高，给下面的人做工作，总不能说这种话吧?”

“当然。可以讲另一种道理。美国有一道智力测验题，说一个小岛上有九个人正在度假，他们是州长、医生、副总统、歌唱家等。突然传来消息，说这个小岛将在当晚的地震中沉没，而来救援的直升机只能载走八个人。问应该留下谁让他听天由命?”

“留下谁?”宋美龄被这个问题吸引住了。

“正确的答案是留下副总统，因为副总统是最没用的人。州长、医生、歌唱家都是社会生活中必需的人物，而副总统在总统健在时没有一件事可做。他唯一的作用是在总统缺位时递补。对台湾来说，副总统连这点作用也没有，因为老蒋的身体肯定能任满任期。这样把一个非常能干的人选上副总统就把人才浪费了，不如给他安排更能发挥作用的职务。”

“这个道理很好。哎，说了半天，这个不合适那个也不行，你到底想干什么?”宋美龄这才想到宋霭龄的目的。

“我给你推荐一个人选怎样?”宋霭龄笑眯眯地说。

"谁?"宋美龄警觉地问。

"别那么紧张!我推荐的人有功劳、有资历、有威望,就是没野心、没危险、没威胁,不争权、不生事,老蒋可以绝对放心,所有的人也可以绝对放心,怎么样?符合老蒋一贯的用人准则吧?"

"哎呀,这么完美、这么理想的是活人吗?是庙里的泥胎木偶吧?"宋美龄故作惊奇地说。

宋霭龄呵呵一笑:"差不多呀。你看看你这个大姐夫不是跟泥胎木偶差不了多少吗?"

"噢,你说他?"

孔祥熙适时推门而出:"亲爱的小妹呀,这个忙你可要帮的!我只要这个名,不谋求任何利益。你帮了这一次,今后你再有困难,就是要活人脑子我也现给你挖……"

宋霭龄不满地瞟一眼:"至于吗?我们过去给小妹那么多支持,人家是不会忘记的。知恩图报,人同此心,是吧,小妹?"

宋美龄只好答应了。

孔祥熙立即行动起来,先派了心腹骨干魏道明到台湾活动。魏道明原任过台湾省主席,熟悉情况,在台湾有一定人缘基础,是个很合适的人。岂知蒋介石费了九牛二虎之力,才把四大家族中三家的势力逐出决策圈,虽对孔祥熙说过几句好话,只不过是利用而已,根本没有请神的意思。他不驳宋美龄的面子,只把孔祥熙的打算透露了出去。结果魏道明一到台湾,就招来了蒋经国、陈诚等人的一片喊打声。他们借助报纸,大骂"豪门误国",影射魏道明是"豪门走狗",并翻出魏任"台湾省主席"时一些烂污,大有与魏算清旧账的劲头。孔祥熙还想另派人,宋霭龄看出竞选无望,一面劝说孔祥熙放弃打算,一面传令魏道明停止活动。谁知魏道明停止了活动那些人还不放过,竟将他扣留台湾,不许返美。最后还是通过宋美龄做工作,台湾当局才允许他离开。

“副总统”的桂冠到底还是戴到了陈诚头上。孔祥熙最后一丝复出的希望也破灭了。

四

随着年龄的增长，宋霭龄越来越感到一种异域独处的寂寞和孤独。她想起童年生活，上海虹口路的家园如同仙境般缥缈，多么想去重温儿时的旧梦；想起一起长大的妹妹兄弟，如今与宋子文成了仇人一般，虽住在同一个城市，却互不相见，双方都有成见，化解的可能性很小；宋庆龄没有被蒋介石和自己家族的打击而压垮，成了不仅是中国而且是世界上绝大多数人尊敬的新中国领导人，宋庆龄多次捎信儿请自己回去，但总感到没有这个颜面。虽然现在锦衣玉食，却感到生活中缺少些什么，时时生出一种想听到乡音、想见到故土的强烈欲望。

孔祥熙吃过早饭，就把身子蜷在沙发里，歪着头在那里叹气。宋霭龄提醒几次，今天是该去银行上班的日子，孔祥熙照样一动不动。

“怎么了，是不是身上不舒服?”宋霭龄关切地问。

“不，我梦见我在井儿院把半筐捡回的煤渣倒在灶前，奶奶瘪着的嘴露出了微笑；后来又梦见在铭贤学校给学生讲矿产开发课，学生们嚷着要我带他们去搞实践……唉，都是梦！要是时光能够倒流，我后半生决不到政府做官……我要另选一种生活。”孔祥熙说着眼角流出了浑浊的泪水。

宋霭龄也伤感起来：“我最近也老是做梦，都是童年的事，都是与父母弟妹在一起的事，每次醒来半天心口堵得慌……”

两个人都不吭声了。

“我听说人老想过去是年老的特征。我们真的老了吗？”宋霭龄还是先开了口。

“老了——”孔祥熙伸出干枯的手去挠花白的头发。

“老了……”宋霭龄喃喃地说，“我准备在父亲逝世30周年时好好祭奠一下，可这么多年我没能到父亲墓前去看过一次，父亲给了我多少慈爱……”

两个人无言，一会儿都嘤嘤啜泣起来。

孔祥熙忽然坐正了：“霭龄，你想家，想祖国？”

宋霭龄瞪圆闪着泪光的眼：“是的！”

“我们——回去？”孔祥熙试探着说。

“回哪里？”

“大陆——”

“啊！”宋霭龄浑身一哆嗦，“自从1927年我们把宝押在蒋介石身上，到1947年整整20年啊，共产党能饶了我们吗？”

“我们把财产都送上，算是折罪……”

“不行，不行！”

“杜聿明、卫立煌都放出来了，连沈醉也开始当起了文史研究员，我们回去总不至于比他们还差吧？”孔祥熙认真起来。

“他们，哼！我可是听说共产党给人都划了成分，我们回去还不是地主、资本家？监督劳动、改造！不行！你别说了！”

“树高千丈，叶落归根。眼看我们都是快入土的人了，难道要落外丧，当野鬼？”

“要不，到台湾看看？不管怎么说，那儿总还是中国。”

“对，到台湾看看！”

孔祥熙飞到了台湾，蒋介石还算给面子，派蒋经国到机场迎接，接着一起吃饭、叙旧。接连多少天，过去的老相识都来看望叙谈。一下子活动在中国人的圈子里，听到的是中国方言，看到的是黄种人面孔，孔祥熙感到比在美国多年说洋话看大鼻子心里舒坦多了。他给宋霭龄发去了电报，请她到台湾来。

宋霭龄悄悄飞抵台湾，孔祥熙和二小姐孔令俊迎接了她，宋美龄在草山给她安排了住处，姐妹俩自然抒发些感慨。接着宋美龄请了些朋友给宋霭龄接风，大家说了些彼此想念之类的话，一时倒也热热闹闹。

宋霭龄本为怀旧而来，在台湾住久了，渐渐感到些不满足。台湾的气候风光与她熟悉的上海、南京差别不小，再说小岛弹丸之地，三转两转就没什么看头了。但是最主要的，她接触的多数是从大陆撤到台湾的老年人，老年人谈论的话题无非是两个，一是儿童时代的往事，二是死和死后问题。

一次，蒋介石请孔、宋两家的人和儿孙辈一起到一个地方春游。汽车开出台北 60 公里，来到一个山清水秀的地方，宋霭龄一阵兴奋，感到这个地方似曾相识，只觉青山叠翠，湖水如镜，一座四合小院掩映在红花绿树之中，大不同于台湾当地民居，倒像是大陆某个地方。

宋霭龄还未说话，孔祥熙先开了口："哎呀，宝地宝地!"蒋介石赶忙凑过来问："亚兄，你说什么宝地，怎么个宝地法啦?"

孔祥熙喉间咕噜了两下："风水宝地!"

一行人在山水间游览一番，在绿草地上进行了野餐。乘着饭后的兴致，蒋介石带大家进了四合小院。暗红色围墙，楠木画廊，室内是明清式家具，还有袅袅香烟从明堂飘出。

宋霭龄马上返身折出了小院。

宋美龄追了出来："大姐，你……"

"噢，没什么，我只是觉得这地方，像是佛堂，或者是祠堂——"

蒋介石跟了出来："嗯，大姐好眼力。唉，都老了！这地方——

今天趁着大家都在，我干脆明说了吧。三年前我第一次到这里散心，就发现这儿很像我的故乡浙江奉化溪口镇。庸之兄，那山，像不像四明山？像！我今生只怕回不了大陆，今天我对着大家宣布一条，算是遗嘱之一。我死后，灵柩就先停在这里。但我的最终愿望，是把我安葬于南京紫金山下总理的脚边……经儿，纬儿，你们要争取能回到大陆，不管什么方式……唉，我，亡国之君啊！”

蒋介石说完，颓然坐下，埋头沉思去了。上午游览时的热闹气氛一扫而空，所有的人都怔怔的，不知道说什么好。

五

“大姐，你真要走了？”宋美龄站着，看宋霭龄匆匆收拾东西。

“走吧，在这里，干什么呢？”宋霭龄怅然望着窗外。

“大姐，我们老了，有些东西要看得轻些……我们姐妹在一起，总可以说说话，彼此有个安慰……你一走，我感到孤单单的……”宋美龄说着，用手绢擦起了眼角。

前几天，宋美龄听说孔祥熙发牢骚，嫌蒋介石给的“中央评议委员”是无用的虚衔，宋美龄以为大姐决定走是为了这件事。

“不，小妹，我们到了这把年纪，还有什么看轻看重的事？太伤感了——前几天，又听见于右任老先生吟诗——‘仰望高山兮，怀我故乡’。台湾，老人太多了，怀旧气氛太浓，大家聚在一起，总是怀乡怀乡，就连那些老兵也是这个调。我担心待在这里，心脏受不了，还不如离开……”

宋霭龄说着，已经有些哽咽了。

宋美龄停了一会儿说：“大姐，过两年，我找你去……”

“中央社”发了一条消息，说前行政院长孔祥熙博士抵美做健康检查，在美治疗后仍将返回台湾。

宋霭龄从广播中听到这条消息，翘起嘴角摇摇头：“老蒋还要这个面子……”

1967 年 7 月 22 日，88 岁的孔祥熙忽感不适，送到纽约医院后，虽经全力抢救，终于不治去世。

宋霭龄没有哭，不仅是因为基督教的规矩，而且因为这一生该经历的都经过了，家族分裂，亲人反目；官场沉浮，世态炎凉；国共分裂，大荣大辱；日寇入侵，抵御外侮；勾心斗角，争财夺利；少年留洋，老来流亡；转移财产，有国难投……斗智斗力，结恩结怨，大悲大喜，什么都经历了。人既然是哭着来到这个世上的，想必在这个世上有许多不顺心的地方，那么就让他安安静静地去吧。何况自己病得也不轻，不留他了，不久自己也将追随而去……

宋美龄带了一个五人的护旗队，和蒋纬国从台湾赶来，给葬礼增添了庄重肃穆的气氛。

宋子文没有出面，哪怕是礼仪式的吊唁。

美国《纽约时报》发出了一个不偏不倚的评价：

> 孔先生是一位有争议的人物。他以前的一位下属最近说：他是一个很难相处的人。他喜欢闲谈，但是他从来不愿意发出明确的指示。至于他的能力，他像所有山西银行家一样，是一位精明的办事员。但是，他不是一位有政治家风度的理财家。

多年来一直担任宋美龄私人管家的孔二小姐看了报纸很不服气：“妈，你们花多少钱结交美国朋友，我爸死了就给这么个评价？”宋霭龄翻翻眼皮：“美国人嘛，就这么回事！人都死了，跟他们计较这个干啥？”

刚说完，孔令侃把一纸电传递到宋霭龄手里：“妈，老蒋写了这么个东西，你看看。”宋霭龄展开细读，是蒋介石亲自签署的一张《“总统”褒扬令》：

> “总统府资政”孔祥熙，性行敦笃，器识恢弘。早岁负籍美邦，志存匡济，追随国父，奔走革命，宣力效忠。北伐以来，翊赞中枢，历任实业部长、工商部长、国民政府委员、中央银行总裁、行政院副院长兼财政部长、行政院长等职，多所建树。万以财政金融制度，擘画兴革，克臻统一，八年抗战，长期戡乱，而军需民食，未曾匮乏，其汁谟勋业，自足千古。况时值政府戮力安攘，乃以外交军务，或承命以驱驰，或排难而弭乱。在艰弥励，益懋勋猷。综其生平，为国尽瘁，不矜不伐，当兹复兴之际，方冀老成匡辅，遽闻溘谢，震悼殊深。应予明令褒扬，并将生平事迹宣付国史馆，以示政府崇报耆勋之至意也，此令。

宋霭龄艰难地笑了一下：“老蒋还是有心计的，这也算是一个平反昭雪式的盖棺论定吧。”

刚说完，孔令杰又拿了一纸电传匆匆进来：“妈，老蒋还写了一个东西。”

原来蒋介石在褒扬令之外，又亲自写了一个2500字的《孔庸之先生事略》，对孔祥熙又加一番吹捧。但到最后，却“猪八戒耍把式——倒打一耙”，把逼迫孔祥熙下台的那场纯内部的争斗栽到了共产党头上：

> 乃至第二次世界大战告终，即我抗战结束之初，共党乃千方百计，造谣惑众，动摇中外舆论，企图推倒我国民政府者，必先推倒我财政当局之阴谋，于是其矛头乃集准于庸之先生之一人，使其无法久安于位，而不得不出于辞职之一途。

第二十五章
不甘寂寞

宋霭龄一把把电传纸扔到了地上："什么狗屁文章！你爸被逼下台是共产党动摇中外舆论的结果吗？谁不知道共产党骂得最多的是他蒋介石？'独夫民贼'说的谁？'美帝走狗'说的谁？若以共产党的舆论，第一个应该下台的是蒋介石！第一个应该砍头的是蒋介石！他蒋介石为什么不下台，为什么不自毙以谢国人？真正是黑白颠倒，欲盖弥彰！"

宋霭龄倒在红木太师椅里，头歪在一边喘粗气。孔令杰捡起电传纸，小心翼翼地说："妈，这下边还有话呢。"宋霭龄眼也不睁，恶声恶气地说了声："念！"孔令杰颤抖着声音念起来：

"在庸之先生功成身退之时……"

宋霭龄又发脾气："什么功成身退……"孔令仪劝慰道："妈你听他念完再说吧，我们都在这儿。"

孔令杰又念起来："在庸之先生功成身退之时，虽遭中外诽谤，所谓中国政府贪污无能之'共匪'谣传，社会之中，亦竟有受此影响而多存怀疑之心者，至此当可以事实证明，其为贪污乎？其为清廉乎？其为无能乎？其为有能乎？自不待明辨而晓然矣！"

"屁话，屁话！"宋霭龄激动、狂躁，"说政府贪污无能，首先是指他老蒋！事过多年还扯这一番屁话，明是为你爸辩冤，实是旧事重提，暗含射影！生怕后人不知你爸当初下台缘由。从死人身上捞稻草，也就是姓蒋的能做出这种事来，这个上海滩上的流氓，我怎么当初就看不出来……"

"妈，你冷静些，我看他不见得就是你说的那个意思。"孔令仪为宋霭龄捶着背。

"不是？怎么不是？这个流氓……"宋霭龄越说越气。

"别说了妈，我姨妈就在外间，她听了会不高兴的。"孔二小姐也来相劝。

"叫她听，叫她听！"宋霭龄一下子背过了气，屋内顿时乱作一团。

六

宋霭龄一病不起，长年住在纽约哥伦比亚长老医院。

宋子文病危的时候，她本想去看看的。最后的时刻，原谅别人，也请他原谅自己，这本是基督的品德，但她已经力不从心了。

病房写字台的玻璃板下，不知何时放了一张三姐妹在威斯里安女子学院学习时的合影。那时的姐妹三人，正值豆蔻年华，她们都在努力学习，开始探索人生之路，对未来充满信心和向往。照片上，宋霭龄坐在中间，两只手搭在一起，神态自若地凝眸注视前方，宋庆龄坐在右边，一只手搭在大姐身上，一只手搭在小妹身上，文静的眼睛睁得大而圆，水灵灵的；调皮的宋美龄斜倚在大姐身上，脸上丰腴洁白，眼睛神采飞扬。

宋霭龄常常独自凝视这张照片，嘴里喃喃自语。

当初风华正茂的三姐妹，是多么亲密纯真。三姐妹的横溢才华，使查理父亲引发多少骄傲！宋家三姐妹，曾是多少中国家长教养女儿的楷模。可如今，三姐妹天各一方，一个在大陆，一个在台湾孤岛，一个在异国医院里。自己风烛残年，百病缠身，生命的蜡烛随时都会熄灭，再不是令人仰慕的女中豪杰，而更像是一个落魄流亡者。虽然手里有亿万财产，但每日所用，一床白被，一钵淡饭而已。《圣经》上说："人活着，不仅仅为了面包。"中国古代圣贤说"君子役物，小人役于物"。自己这一生是"役物"还是"役于物"呢？是上帝当初就做了这样安排？还是人生脚步哪里迈错了？

宋霭龄自语的也许正是这些问题。

她没来得及寻找到正确的答案，1973 年秋天在医院溘然长逝。

宋美龄赶来和她做了最后的诀别。

第二十五章
不甘寂寞

最后的年月里，她一直没有回大陆，也没有回台湾。有人说宋家三姐妹每年在香港团聚一次，但那已纯属民间传说了。

《纽约时报》对她的死亡没有太大的兴趣了，只在一则简短的讣告中提到了这件事。

一位外国记者这样评述说：

> 这个世界上一个比较令人感兴趣的、掠夺成性的居民就这样在一片缄默的气氛中辞世了。这是一位在金融上取得了巨大成就的妇女，她也许是世界上靠自己的精明手段敛财的最有钱的妇女。她是介绍蒋介石和宋美龄结婚的媒人，是宋家神话的创造者，是使宋家王朝掌权的真正设计师。

没有什么官方的评语，她不需要。正像武则天给自己造的无字碑一样，这样也许更好。她书写了自己独特的历史，这就够了。至于评论，每个人都可以综观她的一生，得出自己的结论。

尾　章

异国孤魂

1994 年 1 月，某新闻社发出一篇报道：《四大家族油尽灯枯，孔宋子孙异域飘零》。报道说，蒋纬国的重病和孔二小姐的绝症缠身，使人想到旧中国的蒋、宋、孔、陈四大家族，已是油尽灯枯。目前他们的第一代在世的只有宋美龄和陈立夫，第二代已大半步入风烛残年。

蒋纬国不久前到纽约探望宋美龄，向记者介绍宋美龄的身体“上上下下”，亦即时好时坏。事实上，将近 100 岁（生于 1897 年）的宋美龄，比 77 岁的蒋纬国还要健康。当时她大部分时间住在曼哈顿的公寓，理由是到哥伦比亚大学附属医院看病比较方便。宋美龄唯一的消遣是阅读书报，听听秘书和台北访客报告台湾政情。

宋家六个兄妹中，老幺宋子安最早去世，他 1969 年 2 月死于香港，终年 63 岁；长子宋子文 1971 年 4 月死在旧金山，终年 74 岁；长女宋霭龄 1973 年 10 月病逝于纽约，终年 83 岁；次女宋庆龄 1981 年 5 月在北京去世，终年 88 岁；次子宋子良 80 年代中死于纽约州，终年 80 余岁。

宋氏三姐妹中，宋美龄因早年在美国做了输卵管结扎手术，终生未育。

宋庆龄 1922 年曾有过一次怀孕，同年 6 月陈炯明叛乱炮轰总统府，宋庆龄为掩护孙中山转移亲自殿后，在过被叛军封锁的栈桥时，因炮火所惊流产。那是她一生唯一的一次怀孕，所以也没有留下子女。

宋霭龄所生四个子女，亦即孔家的第二代，长子孔令侃 1992 年 8 月死在纽约，终年 75 岁；次子孔令杰，50 年代台湾有意组建海防队时，蒋介石原想叫他当司令，孔令杰予以拒绝，但表示愿意当驻爱尔兰公使，后来公使没有当上，却在台湾驻美国大使馆中作威作福，连顾维钧大使都畏他三分。孔令杰一生有两件事上过美国报纸的花边新闻，一是与好莱坞二流明星黛布拉·佩吉特演过电影《折箭为盟》《大神秘》，二是在休斯敦耗资 1800 万元兴建防核弹的“地下宫殿”一事。

孔家的几个子女先后迁往美国，只有孔二小姐继续追随干妈宋美龄，在蒋介石从大陆败退时又跟到了台湾。她仍然是孤身一人，只不过二十多年里再不抛头露面，默默充当着宋美龄私人管家的角色。几乎没有人知道她在哪里，在干什么。1975 年 4 月，她目遮墨镜，搀扶宋美龄，出现在蒋介石的葬礼上。这是她到台湾后第一次公开亮相，许多人感到突然和吃惊。

宋美龄出走美国后，孔二小姐却在台湾留了下来，开始公开经营一个奇特的公司。

孔二小姐的一家饭店坐落在台北近郊，名叫圆山大饭店。它的资产总额达 23 亿元，过去由士林官邸出面贷款而建，非公非私。孔二小姐是这座饭店的实际负责人。随着年龄的增长，她已不再疯疯癫癫，而恢复了女装。此后人们在圆山饭店有时可以看到这个身着西装的中年妇女。无情的岁月销蚀了她以往锋芒毕露、盛气凌人的傲态，只是对饭店的主要业务进行着实际的控制和管理。一次曝光轰动之后，她也成为一个普通人，不再引人注目了。

不料 1988 年 7~8 月间，孔二小姐又成了人们议论纷纷的对象。台北市面上忽然传开一条消息，说孔二小姐在圆山大饭店私藏了许多故宫国宝，伺机运往国外。消息传开，顿时沸沸扬扬，舆论反映强烈。民进党籍监察委员林纯子自告奋勇，主动申请前往调查。

8 月 18 日，林纯子带领一千人马来到圆山大饭店，经理徐润勋出面接待。这些人即根据传闻所说珍宝藏匿的地方，突袭 3 楼 329

室。进得 329 室，果见有许多铁箱子，一些人情绪高涨，跃跃欲试。从中挑选一个，当众打开查验，结果都是破衣服、旧毛毯之类，哪有什么“宝物”的影子？林纯子大失所望，也不及检查其余铁箱，带上人马匆匆撤出。内幕究竟如何，外人不得而知，倒是经此一查，传言失掉支撑，“东风无力”了。

有人估计，早年蒋介石常在圆山饭店举行“国宴”，款待外国政要。宴会之前，往往要向外国首脑赠送礼物，有可能一批故宫珍宝寄存在圆山饭店内。也有人认为，以前从无孔二小姐参与故宫盗宝的说法，也可能是宋美龄的一批宝物。蒋经国在台湾掌权后，宋美龄移居美国，宝物一时不好出境，寄存于圆山饭店。但不论哪种说法，终归是传言和猜测，没有铁证，只能不了了之。

孔二小姐 1994 年病逝于台北，台湾税务部门曾于 2006 年宣布，她的财产继承人应补缴 1.5 亿元（新台币）遗产税。

宋子文与张乐怡（1988 年病逝纽约，终年 79 岁）共生了三个女儿：长女宋琼颐，嫁冯彦达；次女宋曼颐，嫁余经鹏；幺女宋瑞颐，嫁杨成竹，皆住美国东西两海岸。1993 年 1 月，纽约“华美协进社”举办末代皇帝生平文物展，向北京商借了一批溥仪使用过的文物，幕后推动这项特展的人就是宋子文的长女宋琼颐。

落户美洲新大陆的孔宋家族第二代殊少与中国来往，他们以“白华”自视，要在中国人的眼中保持永恒的神秘色彩，以显示他们与一般中国人“实在不一样”。

在邓小平“一国两制”思想的引导下，香港、澳门已经回归祖国，台湾海峡两岸也将最终走向统一。四大家族的第二代、第三代如能为祖国统一作出贡献，人民将会诚挚欢迎，历史也将给他们以新的评价。

人们期待着。

图书在版编目（CIP）数据

无冕女王：宋霭龄／陈廷一 著．—北京：东方出版社，2018.1
（百年人物）
ISBN 978-7-5060-9736-9

Ⅰ．①无… Ⅱ．①陈… Ⅲ．①宋霭龄—传记 Ⅳ．①K827＝7

中国版本图书馆 CIP 数据核字（2017）第 261413 号

无冕女王：宋霭龄
（WUMIAN NÜWANG：SONGAILING）

作　　者：陈廷一
责任编辑：李　烨
出　　版：东方出版社
发　　行：人民东方出版传媒有限公司
地　　址：北京市东城区东四十条 113 号
邮　　编：100007
印　　刷：北京京都六环印刷厂
版　　次：2018 年 1 月第 1 版
印　　次：2018 年 1 月第 1 次印刷
开　　本：640 毫米×940 毫米　1/16
印　　张：25.25
字　　数：316 千字
书　　号：ISBN 978-7-5060-9736-9
定　　价：52.00 元
发行电话：（010）85924663　85924644　85924641